普通高校"十三五"规划教材·金融学系列

行为金融学

吕彦昭 白 云 ◎ 主 编
孙立梅 贾立江 ◎ 副主编

清华大学出版社
北 京

本书封面贴有清华大学出版社防伪标签，无标签者不得销售。

版权所有，侵权必究。举报：010-62782989，beiqinquan@tup.tsinghua.edu.cn。

图书在版编目(CIP)数据

行为金融学／吕彦昭，白云主编. —北京：清华大学出版社，2019.12（2024.8重印）
 普通高校"十三五"规划教材. 金融学系列
 ISBN 978-7-302-54134-9

Ⅰ. ①行… Ⅱ. ①吕… ②白… Ⅲ. ①金融行为-高等学校-教材 Ⅳ. ①F830.2

中国版本图书馆CIP数据核字（2019）第248635号

责任编辑：吴　雷
封面设计：李伯骥
版式设计：方加青
责任校对：宋玉莲
责任印制：杨　艳

出版发行：清华大学出版社
　　网　　址：https://www.tup.com.cn，https://www.wqxuetang.com
　　地　　址：北京清华大学学研大厦A座　　　　邮　编：100084
　　社 总 机：010-83470000　　　　　　　　　　邮　购：010-62786544
　　投稿与读者服务：010-62776969，c-service@tup.tsinghua.edu.cn
　　质 量 反 馈：010-62772015，zhiliang@tup.tsinghua.edu.cn
印 装 者：北京鑫海金澳胶印有限公司
经　　销：全国新华书店
开　　本：185mm×260mm　　印　张：16.25　　字　数：354千字
版　　次：2019年12月第1版　　印　次：2024年8月第5次印刷
定　　价：49.00元

产品编号：081061-01

前言 —— PREFACE

长期以来，经济学似乎与理性严谨有着与生俱来的紧密关系，建立在理性基础之上的一系列严格的理论假设已成为主流经济学的基石，并统领着经济学科的各个分支。传统经济学的"经济人假设"是基于亚当·斯密诗一般的语言描述："人类的行为都是理性的，而个人福利最大化就会导致社会整体福利水平的最大化。"经济人假设，就是使全社会资源分配达到效用最大化，也能使社会达到尽可能的公平。因此，在这样的假设条件下，整个社会井井有条而非混乱不堪。

传统金融学便是以理性人假设和有效市场假说为基础发展起来的。在过去40年中，金融学的发展演进主要基于以下两个假设：一是人们会进行理性的决策；二是人们对未来的预测不存在偏差。基于个人利益最大化的假定，金融学界创造出了一些供投资者使用的强大的投资方法。例如，投资者可以利用现代投资组合理论，在任何给定的可承受的风险水平下，获得最大的预期收益，利用定价模型（例如资本资产定价模型、套利定价理论及期权定价理论）可以帮助投资者对证券进行估值，并且有助于其了解预期的风险和收益。这类理论在投资类教科书中比比皆是，以资本资产定价模型为代表的金融理论占据了金融投资领域的主导地位。

然而长期以来，心理学家一直认为这些假设是不合理的。人们通常的行为似乎并不理性，而对于未来的预测也常出错。同时，20世纪80年代以来，金融市场的异常现象大量出现，使得人们对于建立在理性人和有效市场假说基础之上的传统金融学产生了质疑。在这样的背景下，以诺贝尔奖获得者丹尼尔·卡尼曼等人为代表所提出的行为金融理论逐渐被金融学者和实践者关注和认可，"行为金融学"课程也逐渐进入了一些中国大学的课堂。

早期行为金融学的支持者曾被视为离经叛道。然而，在过去的十年中，有证据表明，"心理和情感因素会影响金融决策"的观点变得越来越有说服力。今天，人们不再将那些早期的行为金融学的支持者视为异教徒，而认为他们是有识之士。2013年的诺贝尔经济学奖授予了两位金融学家，一位是尤金·法玛，法玛是传统金融理论的奠基人，是著名的有效市场假说的提出者。与法玛同时获奖的还有一位经济学家罗伯特·希勒，希勒是耶鲁大学著名的行为经济学家、畅销书《非理性繁荣》的作者。二人同时获奖让很多人感到意外，这也说明现代金融的发展呈现出了包容性和多样性的特征。2017年，理查德·塞勒因行为经济学方面的贡献获得诺贝尔经济学奖。瑞典皇家科学院这样描述塞勒的研究："理查德·塞勒将心理学的现实假设纳入经济决策分析中，通过探索有限理性、社会偏好和缺乏自我控制的后果，展示了这些人格特质如何系统地影响个人决策以及市场成果。"

近年来行为金融学发展很快，许多关于资本市场的最新研究成果都考虑了投资者的心理和行为因素。但不可否认的是，目前行为金融学的理论体系并不完整，具体表现为以下三个方面：第一，行为金融学的理论体系是松散的，各个研究分支之间缺乏内在紧密的逻辑联系；第二，行为金融学的理论解释缺乏整体性，虽然其对于资本市场的理论解释有着独到之处，体现出多元灵活的特点，但往往是某一种理论可以解释一种现象却解释不了另一种相关现象，可以解释个体现象却对群体现象束手无策，可以解释局部问题却把握不了市场整体，可以从不同的角度针对同一个现象进行不同的解释，却无法提炼出普适性的理论框架；第三，行为金融学的研究领域界限并不清晰，可谓仁者见仁、智者见智，有的宽泛地认为标准金融学所无法解释的问题就是行为金融学的研究对象，有的则狭隘地认为行为金融学仅仅是对金融市场异常现象的分析与解释。

综上所述，认真地思考行为金融学的研究方法，严肃地审视行为金融学的概念内涵，构建行为金融学的逻辑框架，促使行为金融学发展成为一个系统完善的理论体系，已成为摆在我们面前的不可回避的重要课题。

本书借鉴前人的研究成果，通过对已有行为金融学理论的相关研究进行梳理，认为行为金融学的研究体系应包括微观行为金融和宏观行为金融两部分。其中，微观行为金融部分，主要涉及个体投资者和机构投资者两类。个体投资者部分主要研究个体投资者的认知、行为偏差以及行为投资策略问题；机构投资者部分则重点研究行为公司金融。宏观行为金融则重点讨论金融市场的群体偏差和金融泡沫问题。由于标准金融学是建立在投资者理性和市场有效性假说两大基石之上的，所以作为行为金融学整个理论体系的研究前提，还需要对上述两个假设进行必要的讨论，为行为金融学理论的研究做必要的铺垫：

（1）针对有效市场假说，介绍有效市场理论面临的现实挑战，即金融异象；

（2）针对理性人假设，介绍传统效用理论面临的实验挑战，给出卡尼曼的前景理论。

参照标准金融理论体系的研究，行为金融学最终还要回到讨论产品的定价问题上，所以本书的最后部分是定价模型，包括行为资产定价模型和行为资产组合模型等。

全书共分为四个部分，11章，具体结构安排如下：第一部分为第1章行为金融学概述；第二部分为第2章至第8章，主要探讨理性人假设和有效市场假说所面临的种种挑战，并从微观到宏观分别介绍投资者的认知、情绪和行为偏差，金融市场的群体偏差和金融泡沫理论，此部分是全书的主体内容；第三部分为第9章行为公司金融，主要运用行为金融的基本理论研究公司金融的问题，如投融资问题、股利政策问题以及兼并重组问题等；第四部分为第10章至第11章，主要运用行为金融理论探讨定价模型问题，包括行为资产定价模型和行为资产组合模型。

由于行为金融的许多理论来源于国外学者的研究，很多理论体现在一些学术论文和学术著作中，有些理论比较抽象、令人费解，本书在编写过程中，意识到了这一点。考虑到可读性问题，同时也为了更好地满足教学要求，本书在编写过程中更加突出以下特色：

（1）力图深入浅出，提高本书的可读性。本书尽量做到行文通俗、流畅，同时辅以大量的数据、图表，以使读者易于接受。对于比较难理解的一些内容，本书以专栏的形式予以专门体现。在"行为资产组合理论"和"行为资产定价理论"等一些比较难理解的章节，也做了适当的说明。

（2）引入大量实验。行为金融学是金融学与心理学、社会学和实验经济学等相互交义的学科，本书在"预期效用理论和心理实验""认知偏差""前景理论""投资者情绪与行为偏差"等章节引入了大量实验，对实验结果的分析有助于培养读者对金融理论和实践问题独立思考的能力，也为实验教学提供了丰富的素材。

（3）引入大量案例。本书在编写过程中引用了大量案例，为读者阅读和课堂教学提供了丰富的素材。全书各章章末都附有典型案例讨论，通过对案例的研讨引发读者对本章重要知识点的思考。

需要说明的是，行为金融学理论是源于国外学者的研究，由于中外的金融市场存在很大的差异，所以在研究"股权溢价之谜""金融泡沫""IPO异象"和"股利之谜"等相关金融问题时，读者一定要充分考虑中国证券市场的行为特性，不能照搬国外的理论与实践，要培养独立辨析金融理论与实践问题的能力。

行为金融学是一门内容丰富、范围广泛，具有显著实践性的学科。目前，国内的行为金融学参考书日益增多，所涉及的内容也各有侧重。本书从理论和实践相结合的角度，系统阐述了行为金融学的基本理论及其应用策略。全书资料翔实、内容丰富、框架合理，力求反映行为金融学的最新研究动态。

本书由哈尔滨工程大学、哈尔滨学院等高校教师共同编写。其中第1章、第3章、第6章、第10章和第11章由吕彦昭编写，第8章、第9章由白云编写，第2章、第5章由孙立梅编写，第4章、第7章由贾立江编写。吕彦昭、白云担任主编，孙立梅、贾立江担任副主编。吕彦昭负责制定本书的编写大纲，并对全书进行总纂。

本书在编写过程中，参阅了国内外相关著作，借鉴了现有的研究成果。本书第4章、第5章和第6章参阅了卡尼曼和特沃斯基的研究成果；本书第9章、第10章和第11章参阅了赫什·舍夫林的研究成果；本书第7章参阅了理查德·塞勒的研究成果；本书第8章参阅了罗伯特·希勒的研究成果。另外，本书还参照了饶育蕾、陆剑清、董志勇、金雪军等国内学者的研究成果，在此表示由衷的感谢！

感谢我的合作者白云老师、孙立梅老师和贾立江老师。大家团结合作、共同奉献，才使得本书能够顺利写作完成。

感谢我的研究生胡春月、李博宁、朴晶哲和杨美娟等人，他们为本书查阅了大量的文献资料，并就本书涉及的一些具体问题提出了重要参考意见。

本书在出版过程中，得到了哈尔滨工程大学本科生教材立项专项资助，在此深表谢意！

本书在编写过程中，还借鉴了许多国内外相关成果，并没有一一列出，在此也表示由衷的感谢！

吕彦昭

2019 年 8 月

第 1 章　行为金融学概述

1.1 传统金融理论面临的困惑 ·· 1
1.1.1 传统金融学理论体系 ··· 1
1.1.2 传统金融学的理论基石 ··· 3
1.2 行为金融学的产生与发展 ·· 8
1.3 行为金融学的内涵 ··· 13
1.3.1 行为金融学的概念 ·· 13
1.3.2 行为金融学对传统金融理论假设的修正 ······························ 14
1.4 行为金融学的相关学科基础 ······································· 17
1.4.1 行为金融学与心理学 ·· 17
1.4.2 行为金融学与实验经济学 ·· 18
1.4.3 行为金融学与行为经济学 ·· 20
案例讨论：郁金香泡沫 ·· 22

第 2 章　有效市场假说及其面临的质疑

2.1 有效市场假说 ··· 24
2.1.1 有效市场假说的形成 ·· 24
2.1.2 有效市场的前提 ·· 25
2.1.3 有效市场的基本形态 ·· 26
2.1.4 有效市场假说的理论基础 ·· 27
2.2 有效市场假说的检验 ··· 28
2.2.1 弱式有效市场假说的检验 ·· 28
2.2.2 半强式有效市场假说的检验 ······································ 30
2.2.3 强式有效市场假说的检验 ·· 33
2.2.4 有效市场假说的实证检验 ·· 33
2.3 有效市场假说面临的质疑 ··· 34
2.3.1 理论基础受到的质疑 ·· 34
2.3.2 来自资本市场的质疑 ·· 37
案例讨论：A 股和 H 股的价差 ··· 38

第 3 章　证券市场中的异象

3.1 股权溢价之谜 ··· 40
3.2 封闭式基金之谜 ··· 43
3.2.1 封闭式基金折溢价的特征 ·· 43

3.2.2 封闭式基金之谜的现有解释⋯⋯⋯⋯⋯⋯⋯⋯⋯⋯⋯⋯⋯⋯⋯⋯⋯⋯⋯⋯⋯⋯⋯46
3.3 公司规模效应⋯⋯⋯⋯⋯⋯⋯⋯⋯⋯⋯⋯⋯⋯⋯⋯⋯⋯⋯⋯⋯⋯⋯⋯⋯⋯⋯⋯⋯⋯⋯48
3.4 账面市值比效应⋯⋯⋯⋯⋯⋯⋯⋯⋯⋯⋯⋯⋯⋯⋯⋯⋯⋯⋯⋯⋯⋯⋯⋯⋯⋯⋯⋯⋯⋯49
3.5 动量效应与反转效应⋯⋯⋯⋯⋯⋯⋯⋯⋯⋯⋯⋯⋯⋯⋯⋯⋯⋯⋯⋯⋯⋯⋯⋯⋯⋯⋯⋯51
3.6 反应过度和反应不足⋯⋯⋯⋯⋯⋯⋯⋯⋯⋯⋯⋯⋯⋯⋯⋯⋯⋯⋯⋯⋯⋯⋯⋯⋯⋯⋯⋯53
3.7 日历效应⋯⋯⋯⋯⋯⋯⋯⋯⋯⋯⋯⋯⋯⋯⋯⋯⋯⋯⋯⋯⋯⋯⋯⋯⋯⋯⋯⋯⋯⋯⋯⋯⋯54
3.7.1 一月效应⋯⋯⋯⋯⋯⋯⋯⋯⋯⋯⋯⋯⋯⋯⋯⋯⋯⋯⋯⋯⋯⋯⋯⋯⋯⋯⋯⋯⋯⋯⋯55
3.7.2 月初效应⋯⋯⋯⋯⋯⋯⋯⋯⋯⋯⋯⋯⋯⋯⋯⋯⋯⋯⋯⋯⋯⋯⋯⋯⋯⋯⋯⋯⋯⋯⋯57
3.7.3 周内效应⋯⋯⋯⋯⋯⋯⋯⋯⋯⋯⋯⋯⋯⋯⋯⋯⋯⋯⋯⋯⋯⋯⋯⋯⋯⋯⋯⋯⋯⋯⋯57
3.8 更名效应⋯⋯⋯⋯⋯⋯⋯⋯⋯⋯⋯⋯⋯⋯⋯⋯⋯⋯⋯⋯⋯⋯⋯⋯⋯⋯⋯⋯⋯⋯⋯⋯⋯58
案例讨论：中国股市的春节效应⋯⋯⋯⋯⋯⋯⋯⋯⋯⋯⋯⋯⋯⋯⋯⋯⋯⋯⋯⋯⋯⋯⋯⋯⋯60

第4章 预期效用理论与心理实验

4.1 传统的预期效用理论⋯⋯⋯⋯⋯⋯⋯⋯⋯⋯⋯⋯⋯⋯⋯⋯⋯⋯⋯⋯⋯⋯⋯⋯⋯⋯⋯⋯62
4.1.1 预期效用理论的提出⋯⋯⋯⋯⋯⋯⋯⋯⋯⋯⋯⋯⋯⋯⋯⋯⋯⋯⋯⋯⋯⋯⋯⋯⋯63
4.1.2 预期效用理论的内涵⋯⋯⋯⋯⋯⋯⋯⋯⋯⋯⋯⋯⋯⋯⋯⋯⋯⋯⋯⋯⋯⋯⋯⋯⋯63
4.1.3 风险态度与效用函数⋯⋯⋯⋯⋯⋯⋯⋯⋯⋯⋯⋯⋯⋯⋯⋯⋯⋯⋯⋯⋯⋯⋯⋯⋯64
4.1.4 预期效用函数的公理化假设⋯⋯⋯⋯⋯⋯⋯⋯⋯⋯⋯⋯⋯⋯⋯⋯⋯⋯⋯⋯⋯⋯66
4.2 传统效用理论面临的实验挑战⋯⋯⋯⋯⋯⋯⋯⋯⋯⋯⋯⋯⋯⋯⋯⋯⋯⋯⋯⋯⋯⋯⋯⋯68
4.2.1 确定性效应⋯⋯⋯⋯⋯⋯⋯⋯⋯⋯⋯⋯⋯⋯⋯⋯⋯⋯⋯⋯⋯⋯⋯⋯⋯⋯⋯⋯⋯68
4.2.2 同比率效应⋯⋯⋯⋯⋯⋯⋯⋯⋯⋯⋯⋯⋯⋯⋯⋯⋯⋯⋯⋯⋯⋯⋯⋯⋯⋯⋯⋯⋯71
4.2.3 反射效应⋯⋯⋯⋯⋯⋯⋯⋯⋯⋯⋯⋯⋯⋯⋯⋯⋯⋯⋯⋯⋯⋯⋯⋯⋯⋯⋯⋯⋯⋯⋯71
4.2.4 概率性保险⋯⋯⋯⋯⋯⋯⋯⋯⋯⋯⋯⋯⋯⋯⋯⋯⋯⋯⋯⋯⋯⋯⋯⋯⋯⋯⋯⋯⋯72
4.2.5 隔离效应⋯⋯⋯⋯⋯⋯⋯⋯⋯⋯⋯⋯⋯⋯⋯⋯⋯⋯⋯⋯⋯⋯⋯⋯⋯⋯⋯⋯⋯⋯⋯74
案例讨论：添加香醋的啤酒⋯⋯⋯⋯⋯⋯⋯⋯⋯⋯⋯⋯⋯⋯⋯⋯⋯⋯⋯⋯⋯⋯⋯⋯⋯⋯⋯76

第5章 投资者认知偏差

5.1 认知理论概述⋯⋯⋯⋯⋯⋯⋯⋯⋯⋯⋯⋯⋯⋯⋯⋯⋯⋯⋯⋯⋯⋯⋯⋯⋯⋯⋯⋯⋯⋯⋯78
5.1.1 认知心理学⋯⋯⋯⋯⋯⋯⋯⋯⋯⋯⋯⋯⋯⋯⋯⋯⋯⋯⋯⋯⋯⋯⋯⋯⋯⋯⋯⋯⋯78
5.1.2 判断与决策中的信息加工过程⋯⋯⋯⋯⋯⋯⋯⋯⋯⋯⋯⋯⋯⋯⋯⋯⋯⋯⋯⋯⋯80
5.1.3 问题解决策略⋯⋯⋯⋯⋯⋯⋯⋯⋯⋯⋯⋯⋯⋯⋯⋯⋯⋯⋯⋯⋯⋯⋯⋯⋯⋯⋯⋯84
5.2 启发式偏差⋯⋯⋯⋯⋯⋯⋯⋯⋯⋯⋯⋯⋯⋯⋯⋯⋯⋯⋯⋯⋯⋯⋯⋯⋯⋯⋯⋯⋯⋯⋯⋯86
5.2.1 代表性启发偏差⋯⋯⋯⋯⋯⋯⋯⋯⋯⋯⋯⋯⋯⋯⋯⋯⋯⋯⋯⋯⋯⋯⋯⋯⋯⋯⋯86
5.2.2 可得性启发偏差⋯⋯⋯⋯⋯⋯⋯⋯⋯⋯⋯⋯⋯⋯⋯⋯⋯⋯⋯⋯⋯⋯⋯⋯⋯⋯⋯90

5.2.3 锚定与调整偏差 93
5.3 框定依赖偏差 97
5.3.1 框定效应 97
5.3.2 框定依赖 102
案例讨论：为 eBay 公司增值 104

第6章 前景理论：风险决策分析

6.1 个人风险决策过程 106
6.1.1 编辑阶段 106
6.1.2 评价阶段 107
6.2 价值函数 109
6.2.1 价值函数的参照点 109
6.2.2 价值函数的形状 110
6.3 权重函数 112
6.4 前景理论的进一步讨论 116
6.4.1 参照点的转移 117
6.4.2 对前期收益和损失的框架效应 118
6.4.3 概率大小 120
6.4.4 下注金额与个体差异 121
案例讨论：选择和谁约会？ 122

第7章 投资者情绪与行为偏差

7.1 投资者情感和情绪偏差 124
7.1.1 情绪与投资决策 124
7.1.2 心理账户 126
7.1.3 过度自信 133
7.1.4 禀赋效应 137
7.1.5 时间偏好 139
7.1.6 证实偏差 143
7.2 投资者行为偏差 146
7.2.1 处置效应 146
7.2.2 羊群效应 148
7.2.3 恶性增资 152
案例讨论："错误账户"下的贪婪——巴林银行的破产 154

第8章 金融市场的从众行为与金融泡沫

8.1 从众行为与信息传递 ... 159
- 8.1.1 社会影响与信息 ... 159
- 8.1.2 从众行为的经济理论和信息重叠 ... 161
- 8.1.3 人类信息的处理与口头传播 ... 162
- 8.1.4 人们心中矛盾观点的汇集 ... 163
- 8.1.5 新闻媒体的宣传作用 ... 164
- 8.1.6 自媒体时代的到来 ... 166

8.2 金融泡沫 ... 167
- 8.2.1 金融泡沫概述 ... 167
- 8.2.2 金融泡沫的特点 ... 176
- 8.2.3 金融泡沫的行为金融学解释 ... 176

案例讨论：麦道夫骗局 ... 177

第9章 行为公司金融

9.1 公司金融决策 ... 179
- 9.1.1 公司金融决策的传统方法 ... 179
- 9.1.2 从行为学角度看公司金融决策方法 ... 183

9.2 IPO异象 ... 185
- 9.2.1 IPO短期折价 ... 185
- 9.2.2 IPO长期弱势 ... 188

9.3 公司股利政策 ... 190
- 9.3.1 股利无关论——MM定理 ... 190
- 9.3.2 红利之谜 ... 191
- 9.3.3 股利政策的行为解释 ... 192

9.4 公司并购 ... 196
- 9.4.1 公司并购概述 ... 196
- 9.4.2 传统金融学对并购的解释 ... 200
- 9.4.3 行为金融学对并购的解释 ... 201
- 9.4.4 赢者的诅咒 ... 202

案例讨论：阿里巴巴并购"饿了么" ... 204

第10章 行为资产组合理论

10.1 现代资产组合理论 ... 206

10.1.1 投资组合理论的主要内容 207
10.1.2 投资组合理论的应用 208
10.1.3 资产组合理论的局限 209
10.2 "安全第一"组合理论及其扩展 212
10.2.1 Roy 的"安全第一"资产组合理论 212
10.2.2 安全、潜力和期望理论（SP/A） 213
10.3 舍夫林的行为资产组合理论 216
10.3.1 单心理账户条件下的资产选择 216
10.3.2 多心理账户条件下的资产选择 217
10.4 损失厌恶资产组合理论 218
10.4.1 贝纳茨和塞勒对资产溢价之谜的解释 219
10.4.2 两个结论相反的资产组合理论 219
案例讨论：2018 中国城市家庭财富健康报告 220

第 11 章　行为资产定价理论

11.1 资产定价理论 224
11.1.1 资本资产定价模型 224
11.1.2 套利定价理论 228
11.1.3 期权定价理论 230
11.2 基于异质信念的资产定价模型 232
11.2.1 异质信念的定义及其形成机制 232
11.2.2 异质信念代理指标的选择 233
11.2.3 异质信念下资产定价的理论模型 234
11.3 基于投资者情绪的资产定价模型 235
11.3.1 投资者情绪定义与理论模型 235
11.3.2 投资者情绪的测度指标 237
11.3.3 投资者情绪对资本市场资产定价的影响 238
11.4 舍夫林的行为资产定价模型 239
11.4.1 证券市场中的异质信念 239
11.4.2 具有异质信念的简单资产定价模型 241
11.4.3 行为资产定价模型 242
案例讨论：美国长期资本管理公司的兴衰 243

参考文献 247

第 1 章
行为金融学概述

> 我们的大脑有说不清楚的局限：对自己认为熟知的事物确信不疑，但显然无法了解自己的无知程度，更无法确切了解自己所生活的这个世界的不确定性。
>
> ——丹尼尔·卡尼曼

长期以来，经济学似乎与理性严谨有着与生俱来的紧密关系，建立在理性基础之上的一系列严格的理论假设已成为主流经济学的基石，并统领着经济学科的各个分支。例如，建立在理性人假设和有效市场假说基础之上的传统金融学形成了由资产组合理论、资本资产定价模型、套利定价模型、期权定价理论等经典理论组成的传统金融理论框架。然而，自20世纪80年代以来，如规模效应、均值回归、期权微笑、反应不足、过度反应等金融市场异常现象的大量出现，使得人们对于建立在理性人假设和有效市场假说基础之上的传统金融学产生了质疑。

1.1 传统金融理论面临的困惑

1.1.1 传统金融学理论体系

传统金融学（或称标准金融学）是以理性人假设和有效市场假说为基础发展起来的关于投资者在最优投资组合决策和资本市场均衡状态下各种证券价格如何决定的理论体系。20世纪中叶以来，传统金融学确立了在金融投资领域的主导地位。

传统金融学引起投资者和研究者的普遍关注并有令人满意的成果开始于20世纪50年代，传统金融学中的套利理论假定当资产违反"一价法则"时，投资者能够充分利用套利机会，通过构造套利组合获取无风险利润，使资本市场达到动态均衡。

1952年，马科维茨对风险问题进行了正规描述。他说明了分散投资降低风险的缘由，并在投资者理性预期的基础上提出了投资组合选择理论,发表了一篇名为《投资组合选择》的论文。在这篇论文中,马科维茨提出了均值—方差投资组合理论。这个理论考虑的是投资者如何由多种单一资产构造资产组合,并从所构造的资产组合中选择最优资产组合的问题。均值—方差模型的诞生标志着现代投资组合理论(modern portfolio theory,MPT)的开端,马科维茨因为这个理论而被誉为投资组合理论之父,并荣获诺贝尔经济学奖。在这之后,传统金融学中一个占有重要地位的理论——有效市场理论有了初步成果。1959 年,经济学家们根据 Roberts 和 Osborme 的研究成果提出了有效市场假说(efficient market hyporhesis,EMH)。有效市场假说最基本的内涵就是:资产的市场价格可以迅速并充分地反映所有相关信息。例如,公司合并后股价应该上涨。如果市场是有效的,股票的价格就应该反映出公司合并这个信息,当公司合并的消息公布后,股价就应该上涨一个幅度,这个价格的变化速度应该是迅速的而不是滞后的,价格的变化大小相对于信息价值而言应当是充分的而不是反应过度或反应不足。

在这两个理论提出后的 20 年内,投资组合理论和有效市场理论就在原有的基础上相互影响并向前发展。1964 年,马科维茨的学生威廉·夏普提出了单因素模型,简化了均值—方差模型的计算,使马科维茨模型更便于实际应用。从 20 世纪 60 年代初开始,以夏普(W. Sharpe,1964)、林特纳(J. Lintner,1965)和莫辛(J. Mossin,1966)为代表的一些经济学家开始从实证的角度出发,探索证券投资的现实,即马科维茨的理论在现实中的应用能否得到简化。这些学者的研究直接导致了资本资产定价模型(capital asset pricing model,CAPM)的产生。资本资产定价模型是一个非常著名的模型,它所解答的是在均衡条件下的资产定价问题,给予资产的收益、风险以及二者关系的精确描述,被视为金融理论中的一块基石。资本资产定价模型被广泛应用于投资绩效评价、证券估价、确定资本预算等领域中,威廉·夏普因此获得诺贝尔经济学奖。20 世纪 70 年代初,有效市场假说发展成熟,有效市场假说假定投资者能够对可获取的信息迅速做出无偏的估计,资产价格充分反映所有的公开信息。从各理论的基本内涵可以看出,无论是充分利用套利机会,还是做出无偏估计,每个理论都包含了理性人假设的观点。而资本市场的动态均衡和资产价格对信息的充分反应,则反映出有效市场假说的内涵。因此,我们可以认为理性人假设和有效市场假说是标准金融学的基本前提。法玛(1970)根据市场价格所反映的信息集将有效市场分为弱式有效、半强式有效、强式有效三种市场类型。

1976 年,投资组合理论又得到了新发展,斯蒂芬·罗斯(Stephen Ross)在因素模型的基础上突破性地发展了资本资产定价模型,提出套利定价理论(arbitrage pricing theory,APT),认为风险资产的收益不仅与单一因素之间,而且与多个共同因素之间有线性关系,从而从单因素模型发展为多因素模型。此后,布莱克(Black)、斯科尔斯(Scholes)和莫顿(Merton)提出期权定价理论(option pricing model,OPT),该理论为新兴金融市场各种衍生金融工具的合理定价奠定了基础,默顿和斯克尔斯也由此获得了 1997 年的诺贝尔经济学奖。至此,传统金融学已经发展成熟,并具备了一个比较完备的理论框架。

1.1.2 传统金融学的理论基石

1. 理性人假设

理性人假设是传统金融学得以建立的最重要的理论基石。理性人假设源于经济人假设，而经济人假设则是现代经济学思想体系中的前提性和基础性假设，并是其全部理论构架的逻辑起点以及方法论原则。

（1）理性人假设的内涵。理性人假设包含了两层含义：其一是投资者在进行投资决策时都是以效用最大化作为目标；其二是投资者能够对已知信息进行正确的加工处理，从而对市场趋势做出无偏估计。效用最大化是经济学家对于人类天性的抽象和概括，使理性人假设具体化为一整套以效用最大化为原则的现代经济理论体系，完全理性的经济人几乎成为标准理论的分析基础。效用最大化原则构成了现代经济学理论中最基础、最重要的前提假设，是微观经济学中各种经济主体的目标函数。经济学中的理性人假设进入传统金融学的各个领域，并有其特定的内涵。

①套利理论中的套利者根据资产的期望收益来估计每种资产，期望收益是未来可能收益率的概率加权平均。在套利过程中，套利者是以客观和无偏的方式设定其主观概率的，即按"贝叶斯定理"不断修正自己的预测概率使之接近于实际。除此之外，套利者还是最大效用追逐者，他们会充分利用每一个套利机会以获取收益。

②现代投资组合理论中的投资者是回避风险型的理性人，他们在理性预期的基础上，以期望收益率和方差度量资产的未来收益和风险，并根据收益一定、风险最小或风险一定、收益最大的原则寻求均值和方差的有效性。

③资本资产定价模型中除了指出投资者具有现代投资组合理论中理性人的所有行为特点外，还强调了其具有同质期望性，即所有的投资者对于资产以及未来的经济发展趋势具有相同的客观评价。

④理性人假说假定投资者除了能对各种可获取的信息做出无偏估计外，还能迅速做出行为反应。

综上可见，传统金融学中投资者的心理与行为具有效用最大化、风险回避、同质期望性和理性预期这样四个特点，即投资者是理性人。

（2）对理性人假设的质疑。经济人或理性人作为一种高度抽象的理性模型，固然使得经济学理论研究的公理化、体系化、逻辑化成为可能，然而，基于心理学视角的经济学研究结果并不认同这一经济人理论。

首先，它不承认经济人这一前提。传统的主流经济理论把自利置于理论考察的中心，但事实表明，利他主义、社会公正等客观上也是广泛存在的，否则就无法解释人类社会生活中大量存在的非物质性动机（或非经济性动机）。行为经济学研究认为，人类行为不只是自私的，它还会受到社会价值观的制约，因此人能够做出不会导致个体利益最大化的行为决策。

其次，传统主流经济学理论认为由于人们会理性地自利，所以社会经济运行也具有其自身的理性。然而，行为经济学研究则认为由于人本身就不是理性的，所以社会经济活动也不是理性的。例如，证券市场中的股票价格通常并不是对公司经营业绩的反映，而是对投资者市场情绪的反映，因此，投资者的表象思维、心理定式、环境影响等心理与行为因素往往会导致非理性的错误决策。当然，这里所谓的非理性是指非经济人理性，而不是彻底否定理性。

英国经济学家霍奇逊（Hodgson）从哲学、心理学角度论证了人的行为决策不可能达到全知全能的理性程度。他认为，经济学家在理性与非理性问题理解上的偏见是缘于其对于人脑信息加工处理原理缺乏认识和了解。"经济学家们常常在口头上关注'信息问题'……但是，这是对信息本身的一次容易引起误解的、错误的处理，因而最终导致错误和混乱。"事实上，市场信息的获取和加工，一是要"感觉"材料，因为这些材料都是由大量杂乱的听觉、视觉材料所组成的；二是要理性分析框架，对信息进行有价值的筛选和提炼；三是要用约定俗成的知识加以补充并整合。在投资者的行为决策机制中，由于其认识和思维过程是一种复杂的多层系统，而行为决策本身又往往是在不同思维层次发生的，有的是经过深思熟虑后的理性行为决策，有的则是由无意识或潜意识状态所激发的非理性行为决策，因此，投资者的行为决策并非如古典经济学家所主张的那样理性。

（3）心理实验。传统经济学的一个重要研究假设是经济行为人的"经济理性"，然而，现实经济生活的参与者并不严格遵循"经济理性"假设，这就使得经济学研究越来越偏离现实。下面我们做几个小实验，思考人是否如此"理性"。看看你的选择是什么？能得到怎样的启示？

【实验1-1】 确定性效应实验

在以下选项中进行选择：
A. 一定会赚3万元
B. 80%的概率赚4万元，20%的概率什么也得不到
你会选择哪个呢？
实验1-1的结果：大多数人都选择A。
这时传统经济学中的"理性人"可能会反驳：选择A是错误的，因为B的期望值为40 000×80%=32 000，大于30 000。

实验结果说明，在确定的好处（收益）和"赌一把"之间选择，多数人会选择确定的好处。这在前景理论中被称为确定性效应，即处于收益状态时，多数人是风险厌恶者。

【实验1-2】 反射效应实验

在以下选项中进行选择：
A. 一定会赔3万元
B. 80%的概率赔4万元，20%的概率不赔钱
实验1-2的结果：大多数人会选择B。
此时"理性人"也会站出来反驳：正确答案是A，因为 $-40\,000 \times 80\% = -32\,000$，小于 $-30\,000$，风险更大。

实验结果说明，在确定的坏处（损失）和"赌一把"之间选择，多数人会选"赌一把"。这在前景理论中被称为反射效应，即处于亏损状态时，多数人是风险爱好者。

【实验1-3】 损失规避实验

这是一个关于赌博的游戏，游戏规则是：投一枚质量均匀的硬币，正面为赢，反面为输。赢了得1万元，输了失去1万元。
请问你是否愿意赌一把？
A. 愿意
B. 不愿意
实验1-3的结果：大多数人选择B。
从理论上讲，这个赌局的输赢可能性相同，就是说这个游戏的结果期望值为零，是绝对公平的赌局，而实验结果却是多数人不愿意玩这个游戏。为什么人们会做出这样的选择呢？

实验结果说明，人们对得和失的敏感度不一样，失去1万元带来的痛苦会超过赢得1万元带来的快乐。增加1万元收入带来的正效用和损失1万元带来的负效用并不相等。这在前景理论中被称为损失规避，即多数人对损失比对收益更敏感。

【实验1-4】 参照依赖实验

你对下面哪种情况感觉更幸福？
A. 你一年收入7万元，其他同事一年挣6万元
B. 你一年收入8万元，其他同事一年挣9万元
实验4结果：大多数人选择了A。
按照传统理论，金钱的效用是绝对的，年收入8万元应该比年收入7万元更让人幸福。

实验结果却表明，金钱的效用是相对的。这在前景理论中被称为参照依赖，即大多数人对得失的判断往往是由参照点确定的。

上述四个实验是美国心理学家卡尼曼和特沃斯基在其名著《前景理论：风险状态下的决策分析》中提出来的，卡尼曼和特沃斯基的心理实验及其在此基础上的前景理论为行为金融学的兴起奠定了坚实的理论基础。

通过上述实验，我们会有怎样的感悟呢？

【专栏1-1】 丹尼尔·卡尼曼

丹尼尔·卡尼曼1934年生于以色列，具有以色列与美国双重国籍，1961年获得加州大学伯克利分校博士学位，之后相继担任以色列希伯来大学、加拿大不列颠哥伦比亚大学、美国加州大学伯克利分校教授。自1993年起，他担任普林斯顿大学心理学和公众事务学教授。

丹尼尔·卡尼曼将心理学研究的视角与经济科学结合起来，成为这一新领域的奠基人。在他之前，经济学和心理学在研究人类决策行为上有着极大的区别：经济学的观点认为外在的激励形成人们的行为，而心理学恰恰相反，认为内在的激励才是决定行为的因素。卡尼曼在不断修正"经济人"基本假设的过程中，看到了经济理性这一前提的缺陷，也就发现了单纯的外在因素不能解释复杂的决策行为，由此正式将心理学的内在观点和研究方法引进了经济学。

卡尼曼最重要的成果是关于不确定情形下人类决策的研究，他证明了人类的决策行为如何系统性地偏离标准经济理论所预测的结果。

卡尼曼是个多产的学者，他的代表性学术论文有：《瞳孔直径与记忆负荷》（1966）、《心理任务中的知觉缺陷》（1967）、《不确定条件下的判断：启发式和偏见》（1974）、《决策框架和心理选择》（1981）等；主要学术著作有《预测的心理学》（与特沃斯基合著，1973）、《注意与意志》（1973）、《前景理论：风险条件下的决策分析》（与特沃斯基合著，1979）、《不确定条件下的判断：启发式和偏见》（与特沃斯基合著，1982）、《公平和经济学的假设》（与塞勒等合著，1986）、《原则式效应的试验检测及科斯定理》（与塞勒等合著，1986）、《谨慎选择以及大胆预测：风险的认知前景》（1993）、《投资者的心理侧面》（1998）、《选择、价值和框架》（与特沃斯基合著，2000）和《启发式和偏见：直觉判断心理学》（与基洛威奇和格里芬合著，2002）和《思考，快与慢》（2011）等。

2002年诺贝尔经济学奖授予了行为经济学和实验经济学的先驱者：美国普林斯顿大学的丹尼尔·卡尼曼和美国乔治·梅森大学的弗农·史密斯。卡尼曼的突出贡献在于"把心理学成果与经济学研究有效结合，从而解释了人类在不确定条件下如何进行判断和决策"。

2. 有效市场假说

有效市场假说是资本资产定价模型、套利定价理论等传统金融理论的重要基础，其成立与否直接决定了投资者对证券市场进行基本分析、技术分析、投资组合管理等所应用的金融工具是否有效。因此，有效市场假说一经提出，便立即引起了人们的广泛关注和深入研究。

（1）有效市场假说的内涵。有效市场假说认为，市场信息的获取对于每一个投资者来说都是平等的，且证券市场的竞争将驱使证券价格充分及时地反映所有相关信息。因此，投资者只能赚取风险调整后的市场平均收益率，而不可能持续获得超额利润。有效市场指的就是这种市场能够充分及时地反映所有相关信息，证券市场价格代表证券真实价值的情形。按照这一假说，如果投资者所接受的市场信息具有随机性，股票价格就会呈现随机性。

有效市场假说的理论逻辑性很强。如果投资者是理性的，市场根据逻辑推理自然是有效市场。即使部分投资者不理性，但由于大量交易是随机的，因而也不会形成系统性价格偏差。套利者的竞争行为保证了市场价格即使产生系统性偏差，也会回归其基本价值。如果非理性交易者在非基本价值的价位进行交易，最后受损失的只能是自己。可见，不仅是理性投资者，金融市场的系统自身也会为其带来有效性。

有效市场假说的核心思想包括：市场没有免费的午餐，任何试图战胜市场的行为都是徒劳的。一些数据也证明了这些观点。比如，一些研究者们观察一些日度、周度价格的变化，以及交易量和价格这样的数据，通过大量的统计分析发现，其实价格的变化难以预测，通过历史数据基本上是不能预测未来的。

【案例 1-1】
大猩猩掷飞镖选股

20世纪，美国有一家报社做了一个实验，让大猩猩去投掷飞镖，它投中哪只股票就选哪只，用这个方法选出5只股票后便形成了一个组合。然后，这个报社的编辑们又从市场上选了8个明星分析师，让他们精心挑选了5只股票，也形成组合。一段时间以后，拿这个明星分析师和大猩猩的股票组合进行对比，结果发现，大猩猩选的股票比这8个明星分析师选的股票市场表现要好。这件事想说明的是，市场的变化是无法预测的，任何人都不能战胜市场。

"有效市场假说"的奠基人尤金·法玛因此获得了2013年诺贝尔经济学奖，可见其理论的重要性。

（2）对有效市场假说的质疑。20世纪六七十年代的研究者对于有效市场假说多持肯定的态度，然而也有一些实证结果与有效市场假说不相符。20世纪80年代以来，与有效市场假说相矛盾的实证研究结果不断涌现，进而发现了金融市场中一些与之相悖的异常现象，即市场异象，致使有效市场假说受到严峻挑战。

（3）3Com 公司股权分立之谜。"市场是否有效"是行为金融学与传统金融学争论的核心命题。下面我们可以看一个案例（案例1-2），通过这个案例对金融市场的有效性进行思考。

【案例 1-2】
3Com 公司股权转让

2000年，掌上电脑是当时的投资热点，只要跟掌上电脑沾边的股票都会大涨。美国著名的设备提供商 3Com 公司有一个子公司 Palm，专门做掌上电脑，当时它的股价高涨。但是，母公司 3Com 的股价却一直上不去。母公司觉得自己的资产价格被严重低估了，于是想了一个办法，把 Palm 给拆分出来，单独上市。于是在2000年3月，母公司就在市场上公开出售了子公司 Palm 5% 的股份，并且规定，3Com 公司每 1 股股票都可以换取 1.5 股 Palm 公司股票。

这个主意听上去特别完美无缺。因为 Palm 的估值被重新估计了，那么母公司手里有 Palm 95% 的股份，所以股价肯定会跟着同涨同跌，相当于一石二鸟。

果真如他们所预计的，Palm 以 38 美元的价格上市以后，受到了特别的追捧。上市的第一天，股价从 38 美元涨到了 95 美元，涨了 2 倍多。但非常讽刺的是，当天，母公司 3Com 的股价却一路下跌，那一天就下跌了 21%，收盘价从 100 多美元掉到了 81 美元。这就意味着市场出现了巨大的错误定价。

为什么这么说呢？刚才说过，母公司 3Com 每一股股票都包含着 1.5 股 Palm 股票，3Com 股价至少应该是 1.5 乘以 Palm 公司的股价，就是 95×1.5，为 142 美元左右。而现在母公司的股价是 81 美元，这意味着 3Com 除了掌上电脑以外的其他业务，市场的估值是负的 60 美元！因此，这是一个巨大的错误定价。

那么按照有效市场理论，60 美元一股这么明显的差价，应该是天量的利润。因此，当时市场上应该有无数的猎人像饿虎扑食一样地扑过去套利，买入母公司 3Com 的股票，或者抛售子公司 Palm 的股票，导致母公司的股价上涨，子公司的股价下跌，一直回到均衡为止。

当时市场上确实也有很多人这么做了，但是完全没有减小这个差距。实际上 Palm 的价格继续攀升，曾经一度达到过 165 美元的高位。而母公司 3Com 的股价就一直在低位徘徊，这样超级巨大的不合理定价持续了 3~4 个月。

在资讯如此发达、交易如此便利的情况下，这其实是不可想象的。

1.2 行为金融学的产生与发展

如果把心理学和金融学研究相结合的起点作为行为金融学研究的开端，那么 19 世纪古斯塔夫·勒庞（Gustave Lebon）的《群体》和麦基（Mackey）的《非凡的公众错觉和群体疯狂》是两本最早研究投资市场群体行为的经典之作。凯恩斯是最早强调心理预期在投资决策中作用的经济学家，他基于心理预期在1936年提出了股市"选美竞赛"理论和"空中楼阁"理论，强调了心理预期在人们投资决策过程中的重要性。他认为决定投资者行为的主要因素是心理因素，投资者是非理性的，其投资行为是建立在"空中楼阁"之上的，证券价格的高低取决于市场中投资者的心理预期所形成的合力，投资者的交易行为充满了"动物精神"。

【专栏1-2】 空中楼阁理论

一、空中楼阁理论的提出

空中楼阁理论的倡导者是约翰·梅纳德·凯恩斯，他在1936年出版的《就业、利息和货币通论》一书的第十二章"长期预期状态"中专门论述了投资者预期对于股票价格决定的重要性。凯恩斯认为，股票价值虽然在理论上取决于其未来收益，但由于进行长期预期相当困难和不准确，故投资大众应把长期预期划分为一连串短期预期。而一般大众在预测未来时都遵守一条成规：除非有特殊理由预测未来会有改变，否则就假定现存状况将无定期继续下去。于是，投资者只要相信这条成规不被打破，就有机会在时间过得不多、改变还不太大时就修改其判断，变换其投资，那么投资在短期内相当安全，因此在一连串短期内（不论有多少）也相当安全。一般投资者如此，专业投资者也只好如此。这些专业人士最关心的，不是比常人更能预测某一投资品在其整个寿命中所产生的收益，而在于比一般群众稍早一些预测在此成规下市场对新的变化会有什么反应。

凯恩斯把此种行为比作选美比赛：报上发表100张照片，要求参赛者选出其中最美的6个，选择结果与得票率最高的6个相符者获奖。在这种竞赛规则下，每一参赛者为了获胜都不会根据自己的审美标准而会根据他对别人审美观点的推断来选美。只有这样，参赛者自己才能获奖。所以为了获奖，参赛者都必须服从大众的偏好。

同样在股票投资中，专业人要想在投资中获利，也必须了解并遵从一般投资大众的思维方式，一项投资对投资者来说值一定的价格，是因为他期望能以更高的价格卖给别人，于是股票投资就成了"博傻游戏"：每个人购买股票时都不必研究该股票到底值多少钱，或能为其带来多少长期收益，而只关心有没有人愿意以更高的价格向他买进。因此在股市中，每个人在购买股票时都必须且愿意充当暂时的傻瓜，只要他相信会有更傻的人来接替他的傻瓜职务，使其持有的股票能卖出，他就可晋升为聪明人了。这种游戏一直持续下去，像击鼓传花一样。当鼓声一停，最后的一棒就成了真正的傻瓜。此时，股价开始下跌，于是傻瓜们又开始了"割肉比赛"。

基于上述分析,凯恩斯认为"股票价格乃代表证券市场的平均预期""循此成规所得市价，只是一群无知无识者从众心理的产物，自会因群意之骤变而剧烈波动"。

除了凯恩斯之外，美国经济学家奥斯卡·摩根斯特恩在其专著《博弈论和经济行为》

和他跟克莱夫·格兰杰合著的《股票市场价格的可预测性》中也认为，探寻股票的内在价值无异于探索虚无缥缈的事物，"他人愿支付的乃一物之价值也"。

二、空中楼阁理论的主要论点

目前，空中楼阁理论在世界各国都很有市场，其要点可归纳为以下几点。

（1）股票价格并不是由其内在价值决定的，而是由投资者心理决定的，故此理论被称为空中楼阁理论，以示其虚幻的一面。

（2）人类受知识和经验所限，对长期预期的准确性缺乏信心，加上人生短暂，使一般投资大众用一连串的短期预期取代长期预期。

（3）占少数的专业人士面对占绝大多数的一般投资大众的行为模式只好采取顺应的策略，导致股票价格取决于市场的平均预期。

（4）心理预期会受乐观和悲观情绪的影响而骤变，从而引起股票价格的剧烈波动。

（5）投资者想要在股市中取胜，必须先发制人。股票投资的要旨在于投资者能够在大多数人发现行情之前先发现行情，在大多数人买入股票前提前买入，在大多数人卖出股票前提前卖出。当然能够做到这一点，关键还是需要分析大多数投资者的心理预期。

（6）只要投资者认为未来价格会上涨，他就可以不必追究该股票的内在价值而一味追高购买，而当投资者认为未来价格会下跌时，他也不顾市场价格远低于内在价值而杀跌抛出，于是股票投资成为"博傻游戏"，成为投机者的天堂。

三、空中楼阁理论的运用

空中楼阁理论的核心论点是股票价格是由投资者心理决定的，于是，预测股票价格走势只要预测投资者心理变化规律及其影响因素即可。由于影响投资者心理的因素不胜枚举，空中楼阁理论的运用就产生了形形色色的流派。按各流派分析问题的角度，我们将其分为成因法、结果法和机理法。

（一）成因法

成因法主要通过分析影响投资者心理变化的某个因素来预测股价的走势。例如，有的根据气候变化，有的根据太阳黑子的运动，有的根据星相来预测股票走势，因为这些因素据说都会影响投资者的心理。其中，最玄妙的当数美国人艾拉·科希利提出的"多头市场和裙子裸膝"理论。他通过研究19世纪末至今美国女子裙子下摆长短的变化与股市走势图之间的关系后发现，当流行长裙时，股价就下跌，而当流行短裙时，股价就上升。

"多头市场和裙子裸膝"理论荒谬之处在于它把本来毫不相关、但由于偶然巧合而出现的统计学上高度相关的两件事硬扯在一块并把因果关系套在它们身上。其他各种流派则只抓住影响人们心理预期的某个因素而忽视其他所有因素来预测股价运动，犯了"只见树木不见森林"的错误，其预测的准确度也可想而知，追随者自然也寥寥无几。

（二）结果法

结果法就是根据投资者心理变化的结果——股价的历史变动来预测股价的未来变动，这种分析的典型代表是技术分析法。技术分析论者认为，要通过分析影响大众心理预期的所有复杂的因素来预测股价走势是不可能的,也是没有必要的,因此他们放弃输入分析法,而采用输出分析法,或者称结果分析法。他们认为,投资者的心理预期变化将通过买卖行为直接表现在股票价格的变动上,因此,只要潜心研究股价过去的运动规律就可从中发现投资者心理预期变化的规律,从而预测股价未来的变化。对技术分析论者来说,不需要基本面、政策面、消息面、资金面等任何信息和资料,只需要时间、价格(包括开盘价、最高价、最低价、收盘价)和成交量的数据,就可预测股价的走势,从而给出买卖信号。

(三)机理法

机理法则直接研究投资者心理变化的机理或规律,从而寻找股市运行规律,其典型代表是波浪理论。波浪理论的创始人是美国股票分析大师艾略特,他把股价变化周期分成推动浪和修正浪两部分。推动浪由五浪构成,修正浪由三浪构成,而且几个小周期构成一个更大的周期,依次类推。艾略特还把著名的费波纳奇数列及由此而产生的黄金分割率引入到波浪理论中,他把0.618称之为自然法则,投资者心理及由此决定的股价变化都要遵循这个法则。

空中楼阁理论完全抛开股票的内在价值,强调心理构造出来的空中楼阁。投资者之所以要以一定的价格购买某种股票,是因为其相信有人将以更高的价格购买这种股票。至于股价的高低,这并不重要,重要的是存在更大的"傻瓜"愿以更高的价格来购买。精明的投资者无须计算股票的内在价值,他所须做的只是抢在最大"傻瓜"之前成交,即股价达到最高点之前买进股票,而在股价达到最高点之后将其卖出。

1951年,美国奥兰多商业大学的布鲁尔(O. K. Burell)教授在其所发表的《一种可用于投资研究的实验方法》一文中,率先提出了用实验方法来验证理论的必要性,并提出构造实验来检验理论的思路,由此开拓了一个将量化的投资模型与人的行为特征相结合的金融新领域。1969年,该大学的教授巴曼(Bauman)在《人类判断行为的心理学研究》一书中呼吁关注投资者非理性的心理,更加明确地批判了在金融学科理论研究中片面依靠模型的治学态度,并指出金融学与行为学的融合应是今后金融学发展的方向。追随他们理论的金融学家也陆续有一些研究成果问世,但都是较分散的,没有系统化,因而没有引起人们足够的重视。

心理学家卡尼曼和特沃斯基于1979年发表的论文《前景理论:风险状态下的决策分析》,为行为金融学的兴起奠定了坚实的理论基础,成为行为金融学研究史上的一个里程碑。1982年,卡尼曼、特沃斯基和斯洛维克在其著作《不确定性下的判断:启发式与偏差》中研究了人类行为与投资决策经典经济模型的基本假设相冲突的三个方面,即风险态度、心理账户和过度自信,并将观察到的现象称为"认知偏差"。

20世纪80年代中后期以后,芝加哥大学商学院教授塞勒、耶鲁大学经济系教授希勒(Shiller)成为研究行为金融的第二代核心人物。德朋特(Debondt)和塞勒于1985年发表的《股票市场过度反应了吗？》一文揭开了行为金融学迅速发展的序幕。塞勒主要研究了股票回报率的时间模式、投资者的心理账户；希勒主要研究了股票价格的异常波动、股票市场的羊群行为、投机价格与人群流行心态的关系等。卡尼曼和特沃斯基于1992年的研究指出：投资者对风险的态度并不是按照传统效用理论所假设的以最终财富水平进行考量，而是以一个参照点为基准看待收益和损失，且每次的决策都会因情况不同而改变，决策并不是按照贝叶斯法则进行的，决策时会受到框定效应的影响。欧登（Odean）于1998年对于处置效应（disposition effect）的研究，里特（Ritter）于1991年对于首次公开募股异常现象的研究，卡尼曼等在1998年对过度反应和反应不足之间转换机制的研究等，都对行为金融学的进一步发展起到了十分重要的推动作用。

进入20世纪90年代中后期，行为金融学更加注重投资者心理对最优组合投资决策和资产定价的影响。舍夫林（shefrin）和斯塔德曼（statman）于1994年提出了行为资本资产定价理论（behavioral assets pricing model，BAPM），2000年二人又提出了行为组合理论（behavioral portfolio theory，BPT）。

进入21世纪以后，行为金融学研究领域得到了空前的拓展，行为公司金融（behavioral corporate finance）理论作为行为金融学的一个重要分支日益受到学者的重视。行为公司金融理论认为公司管理层的非理性与股票市场的非理性，会对公司投融资行为产生重要影响。舍夫林（2001）是这一领域发展的主要推动者。

金融海啸爆发后，行为金融学在"后危机"时代，肩负起解释宏观金融现象及引导政策的重任。舍夫林（2009）、保罗·克鲁格曼（2009）、Fratianni（2008）在行为金融理论解释宏观金融危机方面做出了开创性研究。与此同时，基于行为的金融监管理论，也逐渐引起学者及政府的重视。传统的金融监管理论是在经济主体为完全理性人条件下得出的，其前提是理性选择和市场竞争，然而金融市场的宏观整体波动往往依托于微观主体的系统性行为偏差，个体的行为偏差在不完全信息、制度缺陷和社会文化诱因的驱动下，演化成系统性的群体偏差，导致异常的市场表现。这种偏离轨道的市场行为通过正反馈机制反过来影响个体的信念，强化行为偏差，并透过市场情绪和社会传染引发非理性的市场狂热和恐慌，最终将金融市场上的局部偏离演化成系统的、全面的金融危机，因此基于行为的监管理论能够帮助投资者规避错误并提高市场效率。

近年来，行为金融学得到了前所未有的重视与发展，有两位行为金融学者先后获得了诺贝尔经济学奖的殊荣。2013年，金融学中两位观点对立的学者——传统金融学理论奠基人尤金·法玛和行为金融学代表人物罗伯特·希勒同时获得了诺贝尔经济学奖，这让很多人感到意外的同时，也对诺贝尔奖评价体系对金融理论迭代发展的科学性和多样性的包容和尊重有了一定的了解。希勒在其著作《非理性繁荣》（2000）中成功预测了美国网络泡沫的破灭，并在该书再版的2005年又预测了美国房地产泡沫的破灭，这其中体现出的学术预见性使希勒获得诺贝尔奖成为必然；而法玛则是有效市场假说的提出者，有效市场假说是一系列经典传统金融理论的重要基石，因而法玛获奖也可谓实至名归。

2017年，诺贝尔经济学奖授予了被称为行为经济学和行为金融学先驱的理查德·塞勒。理论上，塞勒在禀赋效应、跨期选择、心理账户、股票市场非有效性等方面的研究均为金融领域做出了重大贡献；实践中，塞勒提出了针对消费者行为、社会福利、储蓄投资等行为的一系列经济政策，强调政府对经济行为的干预不能使用强制手段，应通过选择框架的设计和某些心理干预手段来帮助人们优化决策。

斯达特曼提出行为金融正在走进 2.0 时代（Statman，2018），他认为人们对财富的需求正在与更多的"其他需求"结合起来，如环境保护、宗教信仰等；人们资产组合中所构建的心理账户则正在与退休收入、子女教育等需求关联起来，因而行为金融学研究将具有更广泛的社会性。

赫什利弗（2014）则直接指出"行为金融"将跨入"社会金融"时代，研究范围将包括：社会互动结构、金融观念如何传播和发展；情感对财务决策及价格的影响；社会规范、道德态度、意识形态对借贷或储蓄行为、承担风险等决策的影响；影响财务决策的意识形态如何形成和传播等。

我国对于投资者心理的行为金融学研究始于 20 世纪 90 年代末。我国学者主要对市场有效性进行检验，或针对过度反应、动量策略和反转策略、处置效应、羊群行为、过度自信与过度交易等投资者的心理和行为的偏差进行实证研究。大量研究表明，我国证券市场投资者存在各种心理和行为偏差。在行为公司金融方面，从融资、投资、并购、股利分配等方面，将行为金融的概念引入公司金融，大量学者从公司经理人的过度自信、短视等角度检验经理人的心理和行为偏差对公司财务决策的影响，也有学者从市场时机的角度对公司经理人利用证券市场的非理性反应做出有利于公司的财务决策等行为进行实证研究。

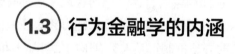

1.3 行为金融学的内涵

1.3.1 行为金融学的概念

作为一个新兴的研究领域，行为金融学至今还没有一个为学术界所公认的严格定义，因而在此只能给出几种在行为金融学领域颇有影响的学者所提出的定义，虽然这些定义具有一定的局限性，但各有其独到的见解，可以作为行为金融学研究的基础性概念。

（1）塞勒认为行为金融学是研究人类理解信息并据此行动、做出投资决策的学科。通过大量的实验模型，他发现投资者的行为并不总是理性、可预测和公正的，实际上投资者经常会犯错。

（2）希勒认为行为金融学是从对人们决策时的实际心理特征研究入手讨论投资者决策行为的，其投资决策模型是建立在对人们投资决策时的心理因素假设的基础上的（当然这些关于投资者心理因素的假设是建立在心理学实证研究结果基础上的）。

（3）美国威斯康星大学的著名行为金融学教授德朋特认为，行为金融学的主要理论贡献在于打破了传统经济学中关于人类行为规律不变的前提假设，将心理学和认知科学的成果引入金融市场演变的微观过程中。行为金融学家和经济心理学家们通过个案研究、实验室研究以及现场研究等多种实证研究方法的运用，使得人们对于经济行为人的各种经济行为的特征及其原因有了进一步的认识。

一般情况下，我们可以这样认为，行为金融学是通过分析投资者各种心理特征，来研究投资者的决策行为及其对资产定价影响，力图揭示金融市场的非理性行为和决策规律。

1.3.2 行为金融学对传统金融理论假设的修正

1. 行为金融学对理性人假设的修正

经济人和理性人假设作为一种高度抽象的理性模型，固然使得经济学研究的公理化、体系化、逻辑化成为可能，然而，结合了心理学的经济学研究结论则不承认"经济理性"。

传统经济学的一个重要研究假设是经济行为人的"经济理性"，然而，现实经济生活的参与者并不严格遵循"经济理性"假设，这就使得经济学研究越来越偏离现实。在这样的背景下，经济学研究的理性假设已逐步从"经济理性"向"有限理性"演变。在此背景下，以西蒙（Simon）的研究为代表的有限理性理论逐渐得到学术界的重视。

（1）有限理性的心理机制。西蒙的有限理性理论首先探讨了有限理性的心理机制，他认为人类的理性在一定的限度之内起作用，即理性的适用范围是有限的。实际上，这是对经济理性极大化原则所隐含的假设"特定决策主体具备在所有可能性中进行比较择优的完全认知能力"提出了质疑，正如西蒙所言，"一切管理决策都有一个内在约束，即可用资源的稀缺性"。在真实的决策环境里，有限的计算能力和对环境的认知能力必然意味着人类理性是有限的，有限理性的心理机制正是人类有限的信息加工和处理能力。

（2）实质理性和过程理性。西蒙通过解释"实质理性"和"过程理性"这两个概念以及二者之间的区别，对有限理性做出了进一步的说明。所谓实质理性是指"行为在给定条件和约束所施加的限制内适于达成给定目标"；所谓过程理性是指"行为是适当的深思熟虑的结果"。现实中的"过程理性"却在理论表达时被大多数经济学家默认为更偏向于结果的"实质理性"。有限理性是对理想"实质理性"的否定，是对现实"过程理性"的回归。实际上，理性的载体应当是"思维的程序"，而非"思维的结果"。换言之，个体并不拥有超出其认知能力之外的复杂计算能力，而只拥有实施合理行动步骤的资源，只能追求决策过程在逻辑上的无矛盾，而无法完全实现价值的最终"极大化"。

（3）满意化原则。西蒙通过有限理性的理论分析，完成了对经济理性含义中极大化原则的修正。具备经济理性的经济行为人必须具备一系列"理性"特征。具体而言，他们具备：所处环境的完备知识（至少相当丰富和透彻），有序稳定的偏好体系，计算备选方案中哪个可以达到最优的能力。然而，现实中经济行为人由于心理资源的稀缺，无法满足完全信息、稳定偏好和全面精确比较择优的理性要求，只能选择满意原则以替代极大化原则。西蒙以稻草堆中寻针为例，具体说明了经济理性的极大化原则与有限理性满意原则的差别：经济理性的行为人企图找到最锋利的针，即寻求最优；而有限理性的行为人则只找到可以用于缝衣服的针就满足了，即寻求满意。可见，西蒙的有限理性研究和满意化原则的提出，迅速拉近了理性选择的预设条件与现实生活的距离。

2. 行为金融学对有效市场假说的修正

"市场是否有效"是行为金融学与传统金融学争论的核心命题。有效市场理论认为：当人们理性时，市场是有效的；当有些投资者非理性时，交易的随机产生使其对市场不会造成系统的价格偏差；而非理性交易者以非基本价值的价格进行交易时，他们的财富将逐渐减少，最终在市场中失去其生存的空间。

作为有效市场假说的创始人之一，法玛（Fama）认为，尽管大量文献证明了股价长期回报异常的存在，但市场仍是有效的，因为股价对市场信息的过度反应和反应不足同时存在，异常只是一种"偶然结果"，并且大部分异常与研究的方法和模型有关，适当选择方法就可以消除异常。

希勒反对法玛的观点，他认为不能简单地把过度反应与反应不足当成是偶然结果，而忽略其背后的心理学依据。他认为行为金融学并不是要取代传统金融学，而有效市场假说在金融学研究中仍有其重要地位，在一定的条件下市场仍是十分有效；对许多研究而言，预期效用理论仍能起到很好的解释作用；传统金融学中逻辑严密的数学模型仍然能够指导金融实践。

奥尔森（Olsen）认为行为金融学提供了令人信服的对股价波动性的理论解释。泰勒也具体指出，传统金融学在五个方面与实际情况不符。这显示了传统金融学的尴尬：传统金融理论只提供了一系列没有实证支持的资产定价模型以及一系列没有理论支持的实证观察结果。泰勒还指出，行为金融学的观点及方法将逐渐深入金融学研究的各个层面，以致最后"行为金融学"这一名词将消失。伴随着时间的流逝，纯理性的模型将被纳入一个更为广泛的心理学模型中去，其中完全理性将作为一个重要的特例。

斯塔德曼（Statman）认为"市场有效性"具有两层含义：其一是投资者无法系统地掌握市场价格走向，其二是证券价格是理性的。行为金融学应该接受"市场有效性"的第一层含义而拒绝第二层含义。换言之，证券价格并不是理性的，但也不能指望行为金融学就可以帮助人们击败市场。

富勒（Fuller）认为证券市场中典型的行为偏差可以分为两大类，一类是"非财富最大化行为"：理性人行为观点假设投资者的行为目标是追求其投资组合的预期价值最大化，然而现实中的投资者可能把某些其他因素最大化看得比财富更重要。另一类是"系统性的心理错误"：启发式偏差以及其他认知偏差导致投资者犯系统性的心理错误，从而对其所获信息做出错误的处理，即在进行某个投资决策之前，投资者认为他们已经正确地理解和加工了信息，并以其预期财富最大化的目标进行投资，之后他们才可能发现认知上的错误，甚至根本意识不到这种错误。

交易的随机性以及理性套利者的存在是否会消除投资者非理性行为对资产价格的影响呢？卡尼曼和特沃斯基在前景理论中指出：非理性投资者的决策并不完全是随机的，人们通常会朝着同一个方向运作，或具有相同的投资行为，所以不会彼此冲抵。希勒认同上述观点并指出，当这些非理性投资者的行为逐渐社会化，或大家都听信相同的语言时，这个现象会更加明显，所以投资人的情绪因素并非是随机产生的错误，而是一种很常见的系统性的判断错误。

卡尼曼和瑞普（Riepe）指出，人们的行为偏差其实是系统性的。许多投资者倾向于在相同的时间买卖相同的证券，当噪声交易者通过"流言"或者跟从他人的决策时，这种状况将更加严重。投资者的情绪实际上反映了许多投资者的共同判断误差，个人投资者不是唯一的非理性投资者。在西方发达的金融市场中，大量的资金是由代表个人投资者和公司的共同基金、养老基金的专业管理人员所控制，他们既会产生个人投资者可能产生的误差，还会因为他们是管理他人资金的代理人员而存在代理矛盾致使决策中出现更大的偏差。

虽然投资者存在非理性的一面，但是投资者在经历几次相同的错误经历后，是否会经由"学习"而学会正确地评价呢？穆拉伊纳丹（Mullainathan）和塞勒于2000年对此得出了否定的结论。他们认为由于学习的机会成本高于投资者所愿意负担的程度，或者学习正确的评价所需的时间会非常长，而且有些决策并没有很多的学习机会，所以"学习"的效果并没有得到很充分的证据支持。

施莱弗（Shleifer）和维斯尼（Vishny）认为套利行为对市场价格修正的力量受到一些条件的限制，套利的作用实际上是有限的。穆拉伊纳丹和塞勒的研究表明，套利本身具有风险性，其风险性的大小不仅取决于是否具有完美的替代品存在，还取决于套利期限的长短。如果这两个条件不具备，套利行为就会消失。

总之，行为金融学认为，金融市场中的经济行为是社会人在相互作用过程中以客观形式外显出来的对经济刺激的主观反映。经济刺激（如价格指数、通货膨胀、税收以及经济信息媒介等）是经济行为产生的必要条件，而非充分条件。经济行为不仅是经济刺激的直接映射，而且还包括一系列的中介变量，如个人目标、价值观念、期望、认知方式、收集以及整合信息的能力、对政治经济问题的兴趣等。因此，行为金融学不仅要讨论人们应该如何决策（最优决策），而且要建立一整套能够正确反映投资者实际决策行为和市场运行状况的描述性模型，以讨论投资者实际上是如何决策的以及金融市场价格实际上是如何确定的，这正是行为金融学所要解决的问题。

尽管行为金融学修正了有效市场假说，但它并非是对传统金融学理论的全盘否定。正如前文所述，它是以传统金融学理论为基础，批判地继承了其中科学合理的部分。

1.4 行为金融学的相关学科基础

在传统上,经济学研究依赖于理性人基本假设,即人们受自我利益的驱动,并有能力在不确定性条件下做出理性判断和决策,许多经济学家认为研究人的心理、情绪是不科学的,并认为经济学是一种非实验科学。然而,越来越多的学者开始尝试用实验的方法来研究经济学,修改和验证各种基本的经济学假设,这使得经济学的研究越来越多地依赖于实验和各种数据的收集。这些研究大多数扎根于两个相辅相成的领域,即认知心理学家有关人的判断和决策的研究,以及实验经济学家对经济学理论的实验性测试。与行为金融学的产生和发展有着密切联系的相关基础学科包括心理学、实验经济学、行为经济学等。

1.4.1 行为金融学与心理学

按照阿尔弗雷德·马歇尔(1890)的解释,经济学是一门研究财富的学问,同时也是一门研究人的学问。也就是说,心理学和经济学之间存在着天然的渊源。1902年,法国心理学家塔尔德(Tarde)出版了《经济心理学》一书,书中强调了经济现象的主观方面,并提出了主观价值论和心理预期的观点,标志着经济心理学的诞生。经济心理学是关于经济心理与行为研究的学科,它强调经济个体的非理性方面及其重要影响。1942年雷诺(Reynaud)在其著作《政治经济学和实验经济学》中提出:"人的行为并不是严格合乎逻辑的,而往往存在非理性因素。"然而,直到20世纪80年代,经济心理学的研究并未引起人们的广泛关注,仅有少量研究成果面世,而且综合来看,这段时期的研究主要集中在对消费者心理的研究上,理性心理的观念仍在整个经济界占据着主导地位。

西方心理学对经济学的影响具有悠久的传统,表现为心理—行为分析方法在经济研究中的运用。纵观经济学的历史,我们可以发现:无论是主流的古典政治经济学和新古典经济学,还是非主流的其他各种经济学流派,都可以发现心理—行为分析的影子。尤其是凯恩斯之后的现代经济学各流派,开始适应性地、较多地应用心理—行为分析方法,其中包括:金融市场中的经济心理与行为、产品市场中的经济心理与行为、劳动力市场中的经济心理与行为、家庭中的经济心理与行为等。这些心理学研究发现,现实中人的决策行为与经济学的理性假定存在系统性偏差。对于这些非理性心理的研究几乎与市场效率的研究始于同一时间。

经济心理学的研究范围较广,其中行为金融理论更多地受到现代认知心理学的影响。斯塔德曼(1999)认为:行为金融学与现代金融学本质上并没有很大的差异,它们的主要目的都是试图在一个统一的框架下,利用尽可能少的工具构建统一的理论,解决金融市场中的所有问题。唯一的差别就是行为金融学利用了与投资者信念、偏好以及决策相关的情感心理学、认知心理学和社会心理学的研究成果。例如,认知心理学中的启发式推理方法、确认性偏差和框定依赖等,情感心理学成果中的过度乐观、保守主义和情绪性效应等,社会心理学成果中的信息窜流、羊群效应和心理干扰等研究成果。

与行为金融学关系最为密切的现代认知心理学是以信息加工为核心的心理学，又可称为信息加工心理学或狭义的认知心理学。现代认知心理学是用信息加工的理论来研究、解释人类认知过程和复杂行为的科学，其核心思想是：人是一个信息加工系统，该系统的特征是用符号形式来表示外部环境中的事物或内部的操作过程，该系统能对外部环境及自己的操作过程进行加工。也就是说，人通常被看作是以有意识的、理性的方式来组织和解释可得信息的系统。但是，其他一些下意识的因素也可以系统地影响人类行为。从这一基本的理论框架出发，认知心理学企图研究人类智能的本质、人类思维过程的基本心理规律和根本特点。

比如，认知心理学家认为决策是一个交互式的过程，受到许多因素的影响。这些因素包括按自身法则发挥作用的感知，用以解释其发生条件的信念或心理模式；一些内在动因，如感情（指决策者的心理状态）或态度（即某种环境下，对某一相应现象的强烈心理趋向），以及对以前决策及其结果的记忆等，也会对当前决策产生重要影响，并构成特定的认知方程。这一复杂观点将人类行为看作对给定环境的适应过程。行为具有典型的适应性，是以对因果关系的判断和短暂的知觉条件为基础的。

认知心理学的研究领域除了认知过程之外，还发展到了人格、情绪、发展心理、生理心理等研究领域，为行为金融学的深入发展提供了心理学基础。

1.4.2 行为金融学与实验经济学

传统意义上的经济学被广泛认为是一种非实验科学，大多数的经济学研究依赖于各种合理的假设，这些假设在决策中具有重要意义。然而，现今越来越多的研究人员开始尝试用实验的方法来研究经济学，修改和验证各种基本的经济学假设，这使得经济学的研究越来越多地依赖于实验和各种数据的搜集，从而变得更加可信。这些研究大多数扎根于两个有着明显区分但目前却融在一起的领域，即认知心理学家有关人的判断与决策的研究和实验经济学家对经济学理论的实验性测试。

实验经济学是在可控的条件下，针对某一现象，通过控制某些条件，观察决策者行为并分析实验结果，检验、比较和完善经济理论，通过设计和模拟实验环境，探求经济行为的因果机制，验证经济理论或帮助政府制定经济政策。

实验经济学对现象与问题的解释依赖如下过程：构造模型、设计实验、进行实验、归纳统计、得到结果。实验经济学作为一种方法论为行为经济学和行为金融学研究提供了研究路径。该路径为：（1）根据实验现象推测假设模型；（2）对模型进行实证检验；（3）采用合适的模型对异常现象做出解释。

【案例1-3】
百事可乐 VS. 可口可乐

你们肯定还记得有名的"百事挑战"电视广告。广告里任意挑选顾客，请他们品尝可口可乐和百事可乐，然后让他们当场说出喜欢哪一种。这些由百事公司拍摄的广告宣称人们喜爱百事可乐超过可口可乐。同时，可口可乐公司的广告又声称人们对可口可乐的偏爱超过百事可乐。怎么会这样呢？难道这两家公司都在捏造统计数据不成？

答案是两家公司对他们的产品采用了不同的评估方式。据说可口可乐公司采用的是让消费者根据偏好公开挑选，让他们一眼就看到自己喝的是什么，包括可口可乐著名的红色商标。而百事可乐公司采取的挑战方式则是让参与者蒙起眼睛，分别品尝标有"M"和"Q"的两杯饮料。难道有可能百事可乐在盲测中味道较好，而可口可乐在"可见"测试中味道较优？

为了更好地解开可口可乐与百事可乐之间的这个谜团，一组优秀的神经学专家——山姆·麦克卢尔、李健、戴蒙·汤姆林、吉姆·西佩尔特、拉塔内·蒙塔古，还有里德·蒙塔古等对可口可乐和百事可乐分别进行了蒙眼的和不蒙眼的测试。这次测试添加了一种现代手段——功能性磁共振成像机。利用这台设备，研究人员能够在参与者摄入饮料时对他们的大脑活动进行跟踪。

顺便说一下，用功能性磁共振成像机做饮料测试并不容易，因为要进行大脑扫描，被扫描者必须躺在机器上不动。为了解决这个困难，山姆和他的同事们拉了一根很长的细塑料管送到参与者的嘴里，从另一端注入可口可乐或百事可乐。在注入饮料的同时，通过可视方式告诉参与者这是可口可乐，或者这是百事可乐。这样研究人员可以在参与者被告知的情况下知道他们喝下的是可口可乐或百事可乐，或者是某种不知名的饮料，然后分别观察他们大脑的活动状况。

结果怎么样？与可口可乐和百事可乐的广告相同，他们发现，是否告诉参与者饮料的名称，会造成他们不一样的大脑活动。实验过程是这样的：每当参与者喝到一口可口可乐或百事可乐，与情绪中的强烈感受相关联的大脑中部——即大脑正中前额叶皮层（VMPFC）就被激活。但是如果参与者知道他喝的是可口可乐，会发生另外的变化。这时，大脑的额区——前额叶皮层的背外侧部分一片与人类大脑高级功能（如工作记忆、联想，还有高级认知活动）有关的区域也被激活。百事可乐也有这种情况，但可口可乐的更多（自然地，那些更偏爱可口可乐的人反应就更加强烈）。

大脑对饮料反应的基本愉快值在两种饮料之间是相似的。但可口可乐相对于百事可乐的优势在于它的品牌——它激活了大脑的高级机制。这些联想因素，而非饮料本身的性质，给可口可乐带来了市场上的优势。

大脑额区的多巴胺链可以投射到愉快中心并把它激活。这可能就是为什么一提到品牌名，人们就更喜欢可口可乐——联想更加强烈使得大脑中代表这些联想的部分能增加大脑愉快中心的活动。这对所有广告公司来说，当然是好消息，它说明可口可乐鲜红色的包装，回环式手写体品名，多年来对消费者铺天盖地的信息轰炸（如"可口可乐，让一切变得更好"），已经使人们难以分清自己到底是喜爱它的包装还是喜欢包装里面那些棕色冒泡的东西了。

资料来源：丹·艾瑞里.怪诞行为学[M].赵德亮，夏蓓洁，译.北京：中信出版社，2008：187-189.

> 【专栏1-3】　　　　　　　　弗农·史密斯

弗农·史密斯，实验经济学之父，2002年诺贝尔经济学奖获奖者，1927年出生于美国堪萨斯州的威奇托，1955年获得哈佛大学博士学位，现拥有普度大学、马萨诸塞大学和亚利桑那大学教授头衔。自2001年起，史密斯担任美国乔治·梅森大学经济学和法律教授，他是该校第二位获诺贝尔经济学奖的教授。1986年该校的詹姆斯·布坎南因公共选择理论获奖。

史密斯在得知获奖消息后说："当年我费了很长时间才明白，教科书是错的，而学生们是对的。"早在他开始发展经济分析的实验方法时，许多经济学家不明白他为何那样做，"经济学家不做实验，只有他在做"。

传统意义上，经济学研究主要建立在人们受自身利益驱动并能做出理性决策的假设基础之上，长期以来经济学被普遍视为一种依赖于实际观察的经验科学，或者是建立在演绎、推理方法基础之上的思辨性哲学，而不是在可控实验室中进行检测的实验性科学。然而，现在经济学研究越来越重视修正和测试基础经济理论的前提假设，并越来越依赖于在实验室里而不是从实地获得的数据。

史密斯为创立实验经济学研究领域奠定了基础，他开创了一系列实验方法，为通过实验室实验进行可靠的经济学研究确定了标准。史密斯的研究成果对确立把实验方法作为经验主义经济分析中的一个必需的工具起到了有力的推动作用。

2002年10月9日下午瑞典皇家科学院宣布，将2002年诺贝尔经济学奖授予两位美国学者丹尼尔·卡纳曼和弗农·史密斯，以表彰他们在与人类行为相关的心理分析应用和实验经济学研究方面所做的开创性工作。弗农·史密斯的获奖原因是"开创了一系列实验法，为通过实验室实验进行可靠的经济学研究确定了标准"。

1.4.3　行为金融学与行为经济学

行为金融学是由行为经济学衍生出来的众多学科中成果最为丰硕的研究领域之一，它的基本观点以及所采用的研究方法大都源于该学科。行为经济学是一门研究在复杂的、不完全理性的市场中的投资、储蓄、价格变化等诸多社会经济现象的新兴学科，它是经济学和心理学的有机组合。

20世纪50年代，行为经济学在美国等西方发达国家迅速发展起来。行为经济学具有三个重要特征：

（1）其理论出发点是研究一个国家中某个时期的消费者和企业经理人的行为，以实际调查为根据，对在不同环境中所观察到的行为进行比较，然后加以概括并得出结论；

（2）其研究的是集中在人们的消费、储蓄、投资等行为的决策过程，而不是这些行为所完成的实绩；

（3）它更重视和研究人的行为因素，注重分析经济活动中人的心理过程，如人们在作出经济决策时的动机、态度和期望等。

20世纪70年代，以卡尼曼和特沃斯基、塞勒、希勒、施莱弗等为代表的行为经济学家，受现代认知心理学的启示，分别对传统经济学中"经济人"的无限理性、无限控制力以及无限自私自利等三个假定进行了修正，并进一步提出了既非完全理性，又不是凡事皆自私的"现实人"假定。这样，以此为立论基础而专门研究人类非理性行为的行为经济学便应运而生。如拉布森运用经济学分析工具讨论宏观经济问题时，加入了一些心理变量；恩斯特·费尔（Ernst Fehr）在分析劳动力市场经济学问题时，将非完全理性融入经济模型；拉宾（Rabin）于1993年把人的非理性引入博弈理论与经济学中，提出了混合公平的概念，即共同最大化或者共同最小化的"公平均衡"，而不仅仅是折中双赢的"纳什均衡"。拉宾于1998年通过系统地分析心理和经济的关系，以务实的态度讨论了偏好、信任偏差、认知的选择等，从而向传统经济学的理性概率分析方法提出了挑战。拉宾的研究领域还包括为何有的人会入不敷出、吸毒成瘾、三心二意等，而传统经济学则根本无法解释人类为何会做出这些不理性的行为。

行为经济学认为，每一个现实的决策行为人都不是完整意义上的理性人，他们的决策行为不仅受到其自身固有的认知偏差的影响，同时还会受到其所处的外部环境的干扰。由于理性的有限性，在决策判断过程中，决策者的启发式思维、心理框定和锚定效应往往发挥着决定性作用。而在决策选择过程中，对问题的编辑性选择、参考点、风险厌恶和小概率效应也会产生关键性影响。

行为经济学的研究集中在决策领域，并主要分为判断和选择两类研究对象。判断是研究人们估计某一事件发生概率时其整个决策过程是如何进行的；选择则是研究人们在面对多个可选事物时是如何进行筛选的。罗文斯坦（Loewenstein）将行为经济学的研究过程概括为以下四个步骤。

（1）识别传统经济学理论所运用的假设、模型。

（2）识别反常现象。例如，找出由于人的心理因素所导致的、与传统经济模型假设相违背的情况，并努力排除他因。

（3）改造原有模型，使之普适性更强。例如，通过增加一个变量使得模型在原有基础上也能解释特定的反常现象。

（4）检验新的行为经济模型。寻找该模型的新推论，并论证其对谬与否。这是行为经济学所特有的研究过程。

行为经济学通过将心理学引入经济学，增加了经济学对现实生活中各种社会经济现象的解释能力。尤其是伴随着互联网的兴起，体验经济在各行各业中正呈现出主流化发展趋势，致使美国股市脱离基本面而表现出非理性繁荣与非理性恐慌，这是传统经济学理论所无法解释的。

2002年度的诺贝尔经济学奖授予了卡尼曼和史密斯。这一殊荣促进了经济学的后现代转向，现代经济学体系开始从以理性为核心的现代性逐渐向理性之外的后现代性转变，海市蜃楼般的"经济人"角色也渐渐地被普通的"社会人"所替代。然而，行为经济学中所谓的非理性并非广泛意义上的非理性，而是指理性不及，即仍然承认经济人理性在传统解释范围内的有效性，所不同的是仅把它视为一种特例，认为理性要与理性之外的非理性部分充分结合起来，才能构成人类行为的完整统一体。因此，卡尼曼指出自己的工作并非否认人的理性，而是更科学、更客观地对人的认知过程加以研究，以期达到对人行为的科学认识，是更高层次理性的体现。

郁金香泡沫

郁金香泡沫，又称郁金香效应，源自17世纪荷兰的历史事件。作为人类历史上有记载的最早的投机活动，荷兰的"郁金香泡沫"昭示了此后人类社会的一切投机活动，尤其是金融投机活动中的各种要素和环节：对财富的狂热追求、羊群效应、理性的完全丧失、泡沫的最终破灭和千百万人的倾家荡产。

根据文献记载，郁金香在16世纪中叶从土耳其传入奥地利，然后从这里逐步传向西欧。当时，荷兰是世界上屈指可数的强国，以其独特的气候和土壤条件，很快就成了郁金香的主要栽培国之一。1630年前后，荷兰人培育出了一些新奇的郁金香品种，其颜色和花型都深受人们的欢迎。典雅高贵的郁金香新品种很快就风靡了欧洲上层社会。在礼服上别一枝郁金香成为最时髦的服饰，贵夫人在晚礼服上佩戴郁金香珍品成为显示地位和身份的象征。王室贵族以及达官富豪们纷纷趋之如鹜，争相购买最稀有的郁金香品种。特别是在法国盛行的奢侈之风把郁金香的价格逐渐抬高起来。在1635年秋季，名贵品种郁金香的价格节节上升，在巴黎一枝最好的郁金香花茎的价钱相当于110盎司的黄金。

当郁金香开始在荷兰流传后，一些机敏的投机商就开始大量囤积郁金香球茎以待价格上涨。不久，在舆论的鼓吹之下，人们对郁金香表现出一种病态的倾慕与热忱，并开始竞相抢购郁金香球茎。1634年，炒买郁金香的热潮蔓延为荷兰的全民运动。1636年，一株稀有品种的郁金香竟然达到了与一辆马车、几匹马等值的地步。面对如此暴利，所有的人都冲昏了头脑。他们变卖家产，只是为了购买一株郁金香。就在这一年，为了方便郁金香交易，人们干脆在阿姆斯特丹的证券交易所内开设了固定的交易市场。正如当时一名历史学家所描述的："谁都相信，郁金香热将永远持续下去，世界各地的有钱人都会向荷兰发出订单，无论什么样的价格都会有人付账。在受到如此恩惠的荷兰，贫困将会一去不复返。无论是贵族、市民、农民，还是工匠、船夫、随从、伙计，甚至是扫烟囱的工人和旧衣服店里的老妇，都加入了郁金香的投机。无论处在哪个阶层，人们都将财产变换成现金，投资于这种花卉。"1637年，郁金香的价格已经涨到了骇人听闻的水平。与上一年相比，郁金香总涨幅高达5 900%！1637年2月，一株名为"永远的奥古斯都"的郁金香售价高达 6 700 荷兰盾,这笔钱足以买下阿姆斯特丹运河边的一幢豪宅,而当时荷兰人的平均年收入只有 150 荷兰盾。

就当人们沉浸在郁金香狂热中时,一场大崩溃已经近在眼前。1637 年新年前后,郁金香的期货合同在荷兰小酒店中被炒得热火朝天。到了 1637 年 2 月,倒买、倒卖的人逐渐意识到郁金香交货的时间就快要到了。一旦把郁金香的球茎种到地里,也就很难再转手买卖了。人们开始怀疑,花这么大的价钱买来的郁金香球茎就是开出花来到底能值多少钱?前不久还奇货可居的郁金香合同一下子就变成了烫手的山芋。持有郁金香合同的人宁可少要点价钱也要抛给别人。在人们信心动摇之后,郁金香价格立刻就开始下降。价格下降导致人们进一步丧失对郁金香市场的信心。持有郁金香合同的人迫不及待地要脱手,可是在这个关头很难找到"傻瓜"。恶性循环的结果导致郁金香市场全线崩溃。

郁金香泡沫的高峰期仅仅持续了一个多月。由于许多郁金香合同在短时间内已经多次转手买卖且尚未交割完毕,最后一个持有郁金香合同的人开始向前面一个卖主追讨货款,这个人又向前面的人索债。荷兰的郁金香市场从昔日的景气场面顿时变成了逼债、逃债的地狱。

1637 年 2 月 24 日,花商们在荷兰首都阿姆斯特丹开会决定,在 1636 年 12 月以前签订的郁金香合同必须交货,而在此之后签订的合同,买主有权少付 10% 的货款。这个决定不仅没有解决问题,反而加剧了郁金香市场的混乱,买主和卖主的关系纠缠不清。荷兰政府不得不出面干预,拒绝批准这个提议。在 1637 年 4 月 27 日,荷兰政府决定终止所有的合同。一年之后,荷兰政府通过一项规定,允许郁金香的最终买主在支付合同价格的 3.5% 之后中止合同。按照这一规定,如果郁金香的最终持有者已经付清了货款,那么他的损失可能要超过当初投资数量的 96.5%。如果还没有支付货款的话,他很侥幸,只需支付合同货款的 3.5%,那么卖给他这个合同的人就要遭受非常严重的损失了。在这个打击之下,荷兰的郁金香投机市场从此一蹶不振。

问题:

(1)以"郁金香泡沫"为例说明人们的心理和行为为什么会影响市场价格?

(2)国内市场类似于郁金香泡沫的投机活动还有哪些?试分析这些泡沫的形成和演变过程。

【在线测试题】扫码书背面的二维码,获取答题权限。

第 2 章
有效市场假说及其面临的质疑

> 相信有效市场投资就好比在打桥牌时认为不需要看牌一样……如果市场总是有效率的,我将会流落街头,沿街乞讨。
>
> ——沃伦·巴菲特

2.1 有效市场假说

有效市场假说(efficient market hypothesis,EMH)是资本资产定价模型、套利定价理论等传统金融理论的重要基础,其成立与否直接决定了投资者对证券市场进行基本分析、技术分析、投资组合管理等金融工具的有效性。

有效资本市场是指市场中的证券价格对收到的新信息能迅速做出调整,因此,证券的当前价格反映了有关它的所有信息。有效市场假说研究的是投资者的预期如何传递到证券价格的变化中去。如果市场是完全有效的,那么,所有证券的价格都将等于它们的内在价值。换句话说,既没有价格被高估的证券,也没有价格被低估的证券。投资的收益率必然是由系统性风险决定的正常收益率。因此,市场是否有效以及有效的程度,对投资者有非常重要的影响。因为在一个完全有效的市场中,证券分析的基本分析法(fundamental analysis)与技术分析法(technical analysis)都是徒劳无益的;反之,如果市场并非完全有效,那么借助证券分析找寻价格被高估和低估的证券,将可以为投资者赢得超常的收益。

2.1.1 有效市场假说的形成

最早提出有效市场假说这一理论的学者是吉布森(Gibson),他曾描述过该假说的大致思想。波切利(Bachelier)于1900年最早描述且验证了随机游走模型,并认为证券价格行为的基本原则应是公平游戏,投机者的期望利润应为零。肯德尔(Kendall)于1953年给出了有力的实证证据,他通过进行与序列相关的分析发现,股票价格序列就像是在随机游走一样,下一周的股票价格是由前一周的股票价格加上一个随机数所构成的。然而,这些学者并没有对这些现象进行合理的经济学解释。十几年后,萨缪尔森(Samuelson)和曼德伯特(Mandelbort)通过研究随机游走理论,解释了预期收益模型中的公平游戏原则。法玛(Fama)是有效市场假说的集大成者,为该假说的最终形成和完善做出了卓越贡献,他不仅对有效市场假说的相关研究进行了系统总结,还提出了一个完整的理论框架。此后,有效市场假说得到进一步发展,最终成为传统金融学的基础理论之一。

【专栏 2-1】　　　　　　　　　尤金·法玛

尤金·法玛(Eugene F. Fama),著名经济学家、金融经济学领域的思想家,芝加哥经济学派代表人物之一,芝加哥大学教授。

法玛教授在经济学科的若干领域都做出了重要的贡献,在使金融学独立为一个学科并成为经济学中一个独立领域的进程中,他也做出了重要的贡献。

法玛教授最主要的贡献是提出了著名的"有效市场假说"。法玛教授是有效市场理论的集大成者,他为这一理论的最终形成与完善做出了卓越的贡献。1970 年他在最有声望的专业金融杂志《金融》上发表了具有影响力的经典论文《有效资本市场:理论与实证研究回顾》,该论文不仅对过去有关有效市场假说的研究进行了系统总结,还提出了一个完整的理论框架。20 世纪 90 年代,法玛与麻省理工学院的肯尼斯·弗伦奇(Kenneth French)教授合作,构建了包含市场因子、规模因子和价值因子的三因素模型。三因素模型解释了 CAPM 模型不能解释的"异常"问题,它还可用来测度基金的业绩,以考察基金经理的投资能力。

2013 年 10 月,凭借对资产价格的实证分析,尤金·法玛与另一位芝加哥大学教授、芝加哥经济学派代表人物之一拉尔斯·彼得·汉森(Lars Peter Hansen)以及罗伯特·希勒(Robert Shiller)获得 2013 年度诺贝尔经济学奖。

2.1.2 有效市场的前提

成为有效市场需要具备以下三个条件。

(1)投资者都利用可获得的信息力图获得更高的报酬。

(2)证券市场对新的市场信息的反应迅速而准确,证券价格能完全反映全部信息。

(3)市场竞争使证券价格从旧的均衡过渡到新的均衡,而与新信息相应的价格变动是相互独立或随机的。

图 2-1 所示反映了证券价格在收到信息时的三种反应形式,假设在考察期间内只有一条与证券价格有关的信息,该信息在 t 时刻到达市场。该信息是利好消息,它的出现使市

场对该证券价值的最好估计由原来的 10 元增加到 12 元。

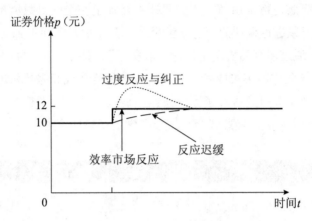

图 2-1　在效率市场和无效市场中证券价格对新信息的反应

在图 2-1 所示中，实线代表着在效率市场中证券价格的反应路径，它表示证券价格在收到新信息时就从 10 元涨到 12 元，并维持在 12 元不变（假定没有其他新信息到达市场）。

虚线代表着在无效市场中证券价格对新信息的一种反应路径——反应迟缓。其背后的故事大致如下：当新信息出现时，一些大公司率先得到这些信息，它们把该信息通知其分支机构，并开始分析该信息的含义。分支机构得到该信息后，也开始自己进行分析，并有可能将该信息通知其重要的客户，该信息就这样逐步传播开来。由于刚开始时只有少数知道该信息的人进行交易，证券价格也只上升一点。随着知道该信息及其含义的人越来越多，买入该证券的人也越来越多，从而使该证券价格逐步上升到 12 元。

点线则代表着在无效市场中证券价格对新信息的另一种反应路径——过度反应。在这种情况下，对该信息的含义持最乐观态度的人率先得到该信息，他们认为该信息意味着证券价值高于 12 元，因此就大量买进，直至把股价推高到 12 元之上。由于新价值的最优估计是 12 元，这种正确的估计最后占了上风，市场的抛压最终使证券价格又回到 12 元的合理位置。

2.1.3　有效市场的基本形态

法玛将证券市场上的信息分为三类：①历史信息，通常指证券过去的价格、成交量、公司特性等；②公开信息，如红利派发公告等；③内部信息，指非公开信息。依据证券价格所反映的信息的不同，有效市场可以分为以下三种。

1. 弱式有效市场

弱式有效市场的证券价格包含了历史信息，例如以往的证券价格和收益率等。因为它假设当前市场价格已经反映了所有过去的收益和任何其他证券市场的信息，这个假设意味着过去的收益率和其他市场的数据与将来的收益率无关（即收益率是独立的）。因此，这个假设认为投资者如果以过去的收益率或其他以前的市场数据为基础来买卖证券的投资法则是不会获利的。换言之，同一证券不同时间的价格变化是不相关的，所以投资者无法根据证券的历史价格预测未来的走势。在弱式有效市场假说中，技术分析法是无效的。

2. 半强式有效市场

半强式有效市场的证券价格反映了所有公开可用的相关信息。这些相关信息不仅包括以往证券价格和收益率，还包括所有的公开信息，如财务报告信息、经营状况的通告资料以及其他公开可用的有关公司价值的信息、公开的宏观经济形势和政策信息等。根据半强式有效市场假说，信息一经公布，所有投资者就会立即做出反应，从而使得价格反映所有公开信息。因此，投资者不仅无法从历史信息中获取超额利润，而且基于公开资料所进行的基本面分析也只能获得市场平均收益率。

3. 强式有效市场

在强式有效市场中，所有公开和未公开的信息都反映到了证券价格中。这些信息包括所有相关的历史信息和所有公开信息，以及仅为少数人（董事、经理等）所知的内部信息。

因此，在强式有效市场中，尚未公开的内部信息事实上早已泄露并反映在证券价格中。在这种情况下，投资者即使拥有内部信息，也无法获得超额利润。此时的投资者会采取消极保守策略，只求获得市场平均收益率。当然，事实上这是一种无法达到的理想状态。

三个层次的效率市场假说之间的关系可以用图 2-2 来表示。

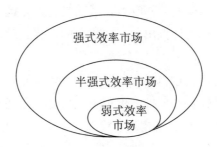

图 2-2　三种不同层次的效率市场假说

2.1.4　有效市场假说的理论基础

施莱弗（Shleifer）在总结前人理论的基础上认为有效市场假说基于以下三个基本理论假设。

1. "理性人"假设

假设投资者是理性的，可以理性地评估资产价值。此时，有效市场假说是由理性投资者相互竞争的均衡结果。如果投资者是理性的，就能够将资产价格确定为其基本价值。一旦投资者获得了关于基本价值的任何信息，就将据此进行积极交易。这样，在市场无摩擦、交易无成本的理想条件下，信息迅速地融入价格中，价格必然反映所有信息，因此投资者根据信息所进行的交易将无法获得超额利润。萨缪尔森和曼德伯特指出，由于在一个由理性的、风险中性的投资者所组成的竞争性市场中，证券的基本价值和价格遵循随机游走规律，所以投资收益不可预知。此后，经济学家又具体分析了风险规避型投资者对证券价格的影响：

①风险水平随着时间的变化而变化;②风险水平随着投资者承受风险能力的变化而变化。而在更为复杂的模型中,证券价格则不再被认为遵循随机游走规律。

可见,在完全由理性投资者所组成的市场中,有效市场假说意味着一个竞争性市场出现均衡时所得到的结果。事实上,有效市场假说成立与否并不依赖于投资者的理性。

2. "非理性投资者投资决策相互冲抵"假设

即使部分投资者不是理性的,但由于其交易具有随机性,可通过相互冲抵而不至于影响资产价格。这样就不会因为理性人假设不成立而致使有效市场假说不成立。

在许多情况下,虽然部分投资者并非完全理性,但市场仍然是有效市场。这是因为非理性投资者的交易是随机的,如果市场中存在着大量非理性投资者,且其交易行为并不相关,那么其交易行为对于市场的影响与干扰则会相互冲抵,即在这样的有效市场中,由于非理性投资者相互交易,即使交易量很大,也不会影响资产价格。

3. "套利者纠正市场偏差"假设

即使投资者的非理性交易行为并非随机且具有相关性,然而其在市场交易过程中将遇到理性套利者,后者将自然消除前者对于价格的影响。可见,即使投资者之间的交易策略相关,有效市场假说也成立(事实上,第二个假设的前提条件是非理性投资者的交易策略之间不具备相关性,这与实际情况并不吻合,因而具有一定的局限性)。可见,第三个假设是根据投资者之间的交易相关性提出的,其成立的前提是理性套利行为对于非理性投资者的交易影响具有冲抵作用。

总之,有效市场假说的理论逻辑性很强。如果投资者是理性的,市场根据逻辑推理自然是有效市场。即使部分投资者不理性,但由于大量交易是随机的,因而也不会形成系统性价格偏差。套利者的竞争行为保证了市场价格即使产生系统性偏差,也会回归其基本价值。如果非理性交易者在非基本价值的价位进行交易,最后受损失的只能是自己。可见,不仅理性投资者,而且金融市场的系统自身也会为其带来有效性。

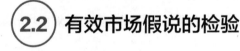

2.2 有效市场假说的检验

2.2.1 弱式有效市场假说的检验

人们通常可以发现股票的价格变化类似于随机漫步模型中的那个"醉汉"。对于一个站在广场中央的醉汉,你无法判断他下一步的方向和位置,因为东南西北四个方向都有可能。股票的价格变化也是这样。如果某只股票价格昨天上涨了,谁也无法单凭这一信息准确判断该股票今天是继续上涨、原地踏步,还是反向下行。如果某一时间序列变量符合随机漫步模型,那就意味着该变量当前的观察值与前期的观察值之间是不相关的。如果股票当期价格与前期价格不相关,就能证明弱式有效市场假说成立。因此,许多弱式有效市场假说的实证检验都利用随机漫步模型检验股票价格之间的序列相关性。

1. 独立性检验

有效市场假说认为不同时期的证券收益率是相互独立的，因为新信息进入市场是随机的、不可预测的和独立的。独立性检验的方法主要有相关性检验和游程检验两种。

（1）相关性检验（autocorrelation test）。相关性检验是检验当前收益和历史收益之间是否存在线性关系，通常用以下公式进行回归分析：

$$r_t = a + br_{t-1-T} + e_t$$

式中，r_t表示证券第i期的收益率；a代表预期收益，它与历史收益无关，大部分证券能提供正收益，因而a应当为正；b代表历史收益与当前收益之间的相关关系，如果$T=0$，则b代表当前收益与前一期收益之间的相关关系，如果$T=1$，则b代表当前收益与前两期收益之间的相关关系；e_t是随机干扰项，它包含与历史收益无关的其他干扰因素。

在估计方程的过程中，可以获得r_t和r_{t-1-T}之间的相关系数。

相关系数的平方（即拟合优度R^2）表示当前收益的变化在多大程度上可以被等式右边的收益所解释。例如，相关系数为0.5表示等式左边收益变化的25%，即$(0.5)^2=0.25$，可以被等式右边的收益所解释。

应用相关性检验，其实质就是用回归方程对一系列数据进行拟合。期望收益的评估值相当于证券收益中可以被历史收益所解释的平均值，这与平均历史收益值很接近。如果根据不同的预期收益评估设定不同的参数a，那么就有可能得到不同的回归结果。当平均收益是由其他模型——比如单指数模型来定义时，收益时间序列可能会有不同的相关性。

一些研究者计算了短时期内股票收益率的序列相关（serial independence），包括1天、4天、9天和16天，结果明显表明一段时期内股票收益呈非显著相关。后来的一些考虑不同市场规模股票组合的研究表明，小市场规模的股票组合的自相关较强。因此，尽管以前的结果支持这一假设，但更多的后续研究从小企业组合的角度对此提出质疑。

（2）游程检验（run test）。在绝大多数关于历史收益能否有效预测未来收益的检验中，都用相关系数作为判断依据。相关系数受极端观察值的影响严重。因此，结果可能被一两个不正常的观察值所左右。一种替代分析方法是，只分析价格变化的轨迹，以消除极端观察值的影响。首先用"+"表示价格上涨，"-"表示价格下跌。然后，如果价格变化是正相关的，那么轨迹是一个"+"接着又一个"+"，一个"-"接着又一个"-"，而不是"+""-"交替出现。这就意味着，在分析价格序列相关性时，如果存在正相关，将会发现较随机情况下更长的一系列连续"+"或"-"。

具有相同符号的一个序列称为一个游程。因此，+---+++0共有四个游程："+"为一个游程，三个连续的"-"为一个游程，接下来三个连续的"+"又为一个游程，最后的"0"表示一个没有发生价格变化的游程。如果价格变化之间存在正相关性，那么将会出现较随机情况更长的"+"序列或"-"序列，以及较少的游程个数。

在法玛（1965）的研究中，如果以一天为间隔，预期有760个游程，但实际获得735个游程。

因此，实际获得的游程比预期的游程个数要少些，这就证明在连续收益序列之间存在较小的正相关关系。如果将时间间隔取得更长一些，这一结论就更为显著。

总之，相关性检验和游程检验表明当前收益和前一期收益之间存在正相关关系，而且这种正相关性平均看来很弱，对单个的证券来说还经常为负值。

2. 对技术分析交易规则的检验

如上所述，如果股票价格变化服从随机漫步模型，那么弱式有效市场假说就可以成立。但是，即使股票价格变化不服从随机漫步模型，弱式有效市场假说同样有可能成立。因为弱式有效市场假说成立的条件是，投资者单纯依靠历史的价格信息无法持续地获得超额收益。因此，许多学者开始对技术分析的交易规则（trading rule）进行检验。

所谓技术分析的交易规则，是指根据历史的价格信息总结出来的投资策略。例如，当短期移动平均线从下方向上突破长期移动平均线时，被称为黄金交叉，技术分析法把黄金交叉点视为买入信号。判断买入和卖出信号的投资策略有很多，其中过滤规则（filter rules）是比较典型的一种。根据过滤规则，对于那些持续下跌的股票，当价格反弹的幅度超过前期下跌的底部若干个百分点时，就是买入信号；反之，对于那些持续上涨的股票，当价格回落的幅度超过前期上涨的顶部若干个百分点时，就是卖出信号。过滤规则中反弹和回落的幅度，是由投资者自行决定的，可以是 10 个百分点，也可以是 20 个百分点。法玛等人对过滤规则进行了实证分析，他们把反弹和回落的幅度定为 1%～50%，结果发现在扣除交易成本之后，根据过滤规则投资的收益率低于正常的收益率。

尽管对技术分析交易规则的检验，不可能涵盖所有的投资策略。但是，对许多投资策略的实证分析显示，单纯依靠历史价格信息归纳出的技术分析法不可能为投资者带来超常的收益。因此，弱式有效市场假说是成立的。

既然绝大多数实证分析支持弱式有效市场假说，为什么技术分析法仍然非常盛行呢？首先，实证分析不可能对所有的投资策略进行检验，但有些策略确实能够提供比较准确的预测和判断；其次，在进行技术分析时，人们还大量使用了除历史的价格信息以外的其他信息，从而增强了预测的准确率；最后，是技术分析法准确预测的概率问题。虽然在抛硬币的游戏中，正反两面出现的概率都是 50%，但是，在连续若干次游戏中，连续出现正面或反面的概率非常大。因此，有时投资策略对股票价格的准确预测仅仅是运气比较好而已。

2.2.2 半强式有效市场假说的检验

半强式有效市场假说中的信息，包括了所有公开的可获得的信息。由于股票价格与利率成反比，所以当美联储主席格林斯潘发表为防止美国经济过热而可能加息的讲话后，美国股市道琼斯工业指数和纳斯达克指数往往会下跌。而美联储正式调高联邦基金利率时，美国股市的股价指数可能并没有下跌，甚至逆势上扬。这说明股票价格已经在加息之前充分消化了美联储加息的信息，从而证明了半强式有效市场假说的有效性。那么，半强式有效市场假设的实证检验有哪些方法呢？残差分析法，是进行半强式有效市场实证检验最早和最普遍的一种方法。1969 年法玛，L. Fisher，M. Jensen 和 R.Roll 等人第一次运用残差分析法分析了配股对股票价格的影响。

1. 超常收益率的测算

首先，利用市场模型（单指数模型）计算股票的实际收益率（市场指数中的样本股票包括了纽约证券交易所所有上市公司股票）：

$$r_{it} = \alpha_i + \beta_i r_{Mt} + \varepsilon_{it} \tag{2.1a}$$

式中，r_{it} 是第 i 种股票在第 t 期的实际的收益率；r_{Mt} 是市场指数在第 t 期的实际收益率；α_i, β_i 是回归系数；ε_{it} 是第 t 期的误差项，即残差。

其次，将股票的正常收益率定义为

$$\bar{r}_{it} = \alpha_i + \beta_i r_{Mt} \tag{2.1b}$$

式中，$\bar{r}_{it}$ 是第 i 种股票在第 t 期的正常的收益率。

再次，计算股票的超常收益率。由于超常收益率等于市场指数模型中的残差项，所以该方法又称残差分析法。股票的超常收益率的公式为

$$\text{AR}_{it} = \varepsilon_{it} = r_{it} - \bar{r}_{it} = r_{it} - (\alpha_i + \beta_i r_{mt}) \tag{2.1c}$$

式中，AR_{it} 是第 i 种股票在第 t 期的超常收益率。

最后，分别计算若干种股票在第 t 期的平均超常收益率和若干种股票在一段时间内的累计的平均超常收益率：

$$\text{AAR}_t = \frac{1}{n} \sum_i \text{AR}_{it}, \quad \text{CAAR}_t = \sum_t \text{AAR}_t \tag{2.1d}$$

式中，AAR_t 是 n 种股票在第 t 期的平均超常收益率；CAAR_t 是 n 种股票在一段时间 $(1,\cdots,T)$ 内的累计的平均超常收益率。

平均的超常收益率中的 t，是指某一事件发生或者某个重要信息公布的时间。累计的超常平均收益率中的 T，代表了在上述事件发生或者重要信息公布之前和之后的一段时间。因此，累计的超常平均收益率是以事件发生或者信息发布的时点为中心，将这一时点前后的平均的超常收益率加总而成的。例如，某公司公布配股的时间为 3 月 1 日，可以将 2 月 1 日至 3 月 1 日以及 3 月 1 日至 3 月 31 日的超常收益率加总，得到累计的超常收益率。

由于残差分析法在计算超常收益时，围绕着事件发生的时间，所以它又被称为事件研究法（event studies）。

2. 残差分析法的运用

假定市场上出现了某只股票利好的消息（如送配股和每股收益大幅度增长），并且假定半强式有效市场假说成立。那么，市场上可能会出现两种情况。第一种情况：如果这一利好消息出乎投资者的预期，那么这只股票的价格在该消息公布之前不会发生大的波动，投资的收益率也只是正常的收益率；在消息公布的那一天，这只股票的价格一次性上涨，带来了正的超常收益率；从公布的第二天起，股票价格重新恢复稳定，投资的收益率也回

到正常收益率水平。第二种情况：如果利好消息在投资者预料之中，并且投资者对这一利好消息的预期是逐渐形成的，那么该股票的价格在消息公布之前就会逐渐走高，获得超常的收益率；由于消息已经被市场完全消化，所以在消息正式公布那一天，股票价格不会由于消息的因素而发生波动（即使有波动，波动的幅度也会非常小）；从公布的第二天起，股票的价格趋于稳定。

图 2-3、图 2-4 分别描述了上述两种情况。

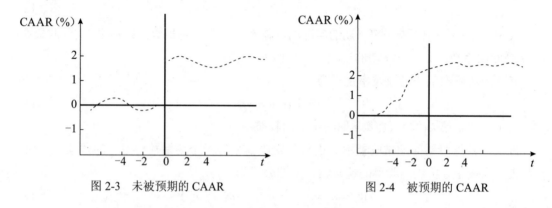

图 2-3　未被预期的 CAAR　　　　　图 2-4　被预期的 CAAR

在图 2-3 中，由于利好消息出乎人们的意料，所以在消息公布之前（坐标轴原点的左侧），累计的平均超常收益率在零附近徘徊；在消息公布的那一天（坐标轴的原点），股票价格一次性上涨，使得超常收益率上升为 2%；之后，投资收益率趋于正常。在图 2-4 中，由于人们逐渐意识到利好消息的来临，所以在消息正式公布之前，价格就开始上扬，带动超常收益率逐渐趋近于 2%；等到利好消息公布之后，价格变化已经充分消化了这一消息，所以股票价格趋于稳定，超常收益率也趋近于一条水平线。

反之，如果半强式有效市场假说不成立，并且这一利好消息出乎投资者的预料，那么股票的价格在消息公布之前不会出现大的波动，超常收益率也接近于零；在消息公布的这一天，部分精明的投资者迅速买入该股票并获得正常收益率；之后，其他投资者逐渐认识到这一利好消息并跟着买入，将该股票的价格进一步拉高，带动超常收益率逐步走高（见图 2-5）。

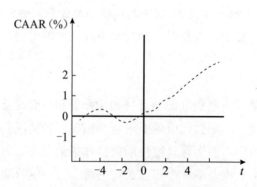

图 2-5　半强势有效市场不成立时的 CAAR

2.2.3 强式有效市场假说的检验

强式有效市场假说认为股票价格已经充分反映了所有的信息,不管这些信息是公开信息还是内幕信息。在假说条件下,没有投资者可以通过获得内幕信息来获得超额利润。因此,对强式有效市场假说的检验主要通过对公司内部人员、股票交易所专家证券商、证券分析师、专业基金经理这些信息最灵通、最全面的专业人士能否获得超额利润进行实证验证。

(1) 公司内部人员。内部人员包括公司的高级职员、董事会成员和拥有公司任何股权类型的 10% 以上的股份持有者。对这些内部人员交易资料的分析结果通常表明公司内部人员能持续地获得高出平均水平的利润,但也有许多研究表明非内部人员利用这些内部信息却无法获得超额利润。这些分析结果为市场有效假设提供的论据是不一致的。

(2) 股票交易所专家。由于专家有独占的渠道获得有关未执行指令的重要信息,因此,如果市场不是强有效,则这些专家一般会从这些信息中赚取超额收益。分析资料也证实了这个结论。但最近的研究则表明,在引入了竞争性的费率和其他减少专家收费标准的交易实践后,专家的资本收益率相对降低了许多。

(3) 证券分析师。主要研究在证券分析师的推荐之后进行投资能否获得超额利润。研究表明,在考虑了交易成本之后,根据证券分析师推荐所获信息进行投资无法获得超额利润。这些结果支持了强式有效市场假说。

(4) 专业基金经理。这项研究主要分析共同基金的业绩。大量的研究结果表明,大部分基金的业绩低于直接采取购买并持有策略所产生的业绩。考虑了经纪人佣金、基金佣金费和管理成本之后,约有 2/3 的共同基金的业绩不如整个市场的业绩。这些结果也支持了强式有效市场假说。

因此,对有效市场假说的检验还远没有形成一致的结论。目前,在成熟资本市场国家,一般认同的观点是市场已经基本达到了弱式有效,而半强式有效、强式有效还需要进行进一步的验证。

2.2.4 有效市场假说的实证检验

法玛等人对纽约证券交易所 1927—1959 年间配股的股票进行了研究。根据配股比例等于或大于 5∶4 的标准,他们一共选取了 940 个观察值,并对每次配股消息公布之前和之后的 29 个月的累计的超常收益率进行了实证研究。从中可以发现,当利好消息在投资者意料之中时,在消息公布之前,人们就不断地买入将配股的股票,在价格上升过程中,获得了超常的收益率;在消息正式公布之后,股票价格趋于稳定,投资的收益率也恢复到正常收益率的水平。这一结果证明半强式有效市场假说是成立的。

同时,法玛等人假设在配股消息公布之前,之所以能够获得超常收益率是因为投资者预期能够获得较高的股息收益,而不是配股本身。为了检验这一假设,他们根据配股后股息分配是否增加的标准,将 940 个配股的股票分成了两组。研究显示,由于投资者准确地预测到配股后股息分配增加，因此，在消息公布之后股票价格没有大的波动，投资收益率也趋于正常收益率水平。但是，当配股后股息分配与投资者的预期相悖时，在消息公布之后，由于投资者大失所望，纷纷抛售该股票，导致超常收益率逐渐走低。事实上，无论投资者对股息分配的预期准确与否，累计的超常收益率曲线都证明了半强式有效市场假说的成立。

以上是关于有效市场假说成立的实证检验。与此同时，也有许多学者对法玛的有效市场假说表示怀疑，并通过实证检验证明有效市场假说并不成立。

2.3 有效市场假说面临的质疑

2.3.1 理论基础受到的质疑

在投资者是理性人这一基本假设下，传统金融理论获得了巨大的发展，并建立起了明晰而严谨的科学化理论体系。如果这些理论成果能够通过实证检验并获得市场认可，当然是一个相当完美的结果。然而，实际情况与传统金融理论的分析结果在某些方面相差甚远，甚至截然相反。这些领域的研究结果包括股票市场价格异常、股票市场上投资者行为异常等，致使有效市场假说的三个基本理论假设受到了严峻的挑战。

1. "理性人"假设的非合理性

"理性人假设"是有效市场假说的基本前提。然而，由于并非所有的投资者都能严格地满足"理性人"的假设条件，因而建立在"理性人"假设之上的有效市场假说的正确性受到了前所未有的质疑。

2. "非理性投资者投资决策相互冲抵"假设的非合理性

有效市场假说认为，即使存在着非理性的投资者，由于其交易行为亦将随机进行，因而交易行为对于市场的影响则会相互冲抵。然而，卡尼曼和特沃斯基等人的研究结果表明，个体的行为并不是偶然地偏离理性，而是经常地以同样的方式偏离。入市不深的投资者在多数情况下是按照自己的理念来买卖股票的，其交易行为之间具有很大的相关性。例如，由于受市场传言的影响，投资者会模仿周围他人的交易行为，所以会犯下相同的决策错误，即在大致相同的时间内，大家都试图买入或卖出相同的股票，从而表现为投资者的从众行为，致使非理性投资者投资决策呈现出一边倒的倾向。

除了个人投资者在投资决策上不符合理性要求之外，机构投资者表现得更为明显。因为在金融市场中，绝大部分资金是由个人以及企业投资理财的基金经理人所掌控，受托理财的职业角色使其在进行投资决策时更容易表现出从众行为。例如，这些基金经理人所选择的投资组合会非常接近于评估基金业绩的指数所使用的资产组合，从而最大限度地避免因业绩水平低于该标准组合所造成的职业风险，即他们会随大流，买进其他经理人所买入的投资组合，以免业绩水平低于他人。基金经理人会在投资组合中增加近期表现不错的股票，抛弃那些表现欠佳的股票，以便在公布投资报告时给投资者留下良好的印象。因此，无论是个人投资者还是机构投资者，其投资决策都表现为明显的趋同性，而非相互冲抵性。

3. "套利者纠正市场偏差"假设的非合理性

有效市场假说认为，由于理性的套利者不存在心理偏差，所以其将消除非理性投资者的交易行为对于市场价格的影响，从而将证券价格稳定在其基本价值上。然而，事实上的套利行为不仅充满风险，而且纠偏作用有限。

一方面，套利行为的纠偏作用是否有效，关键在于能否找到被非理性投资者（俗称"噪声交易者"）错误定价证券的合适替代品。由于在大多数情况下，证券产品并没有特别合适的替代品，因而一旦出现了"定价偏差"，套利者将无法进行无风险的对冲交易，而只能是简单地卖出或减持风险已高的股票，以期获取较高的收益。当一个套利者依据相对价格的变化买进或者卖出某只股票后，他就要承担与这只股票相关的风险。例如，某行业存在三家主要的上市公司，套利者认为A公司相对于B、C公司来说其股价已经被高估，于是他卖空A公司股票而增持另外两家公司的股票。尽管这化解了该行业的一般风险，但却无法避免A公司会有出人意料的利好消息，以及B、C公司会有出人意料的利空消息所引发的风险及其损失。正是由于没有特别合适的替代品，套利活动也就充满了风险而并非有效市场假说所认为的无风险套利。

另一方面，即使能够找到特别合适的替代品，套利者也会面临其他风险。这种风险来自于未来卖出股票时其价格的不可预知性，且价格偏差有可能长期持续，即存在价格偏差的持续性风险。换言之，即使是两种基本价值完全相同的证券产品，也有可能会出现价高者持续走高、价低者持续走低的现象。尽管两种证券产品的市场价格最终会趋同，但套利者在交易过程中将不得不遭受暂时的损失。如果套利者无法承受这一损失，其套利活动就将面临很大的约束。可见，看似完美的套利行为，其实质上风险重重，因而其纠偏作用也相当有限，所以"套利者纠正市场偏差"假设并不具有现实的合理性。

总之，上述分析对于有效市场假说中最为关键的三个基本理论假设提出了挑战与质疑，伴随着时间的推移，行为金融理论和实践的进展已经深刻动摇着有效市场假说在现代金融领域中的主导地位。

【专栏2-2】 两个经济学家关于市场的争论——潮流的改变

近四十年来，经济学家尤金·法玛——有效市场假说的提出者和强有力的支持者，认为市场是有效的，而且是可以充分反映股票的内在价值的。而与他观点相悖的长期学术伙伴理查德·塞勒（Richard Thaler）——行为金融学的先驱之一，认为市场经常偏离其基本价值，投资者经常会犯愚蠢的错误。

2004年5月，法玛教授邀请116位杰出的经济学家和企业管理者到芝加哥大学商学院参加聚会。席间，法玛的报告使得所有人感到非常吃惊——这位年近65岁的有效市场假说的鼻祖首次提出："股票价格在某种程度上是非理性的，缺乏信心的投资者使市场偏离其基本价值。"这意味着行为金融学已逐渐成为理论界新的主流，尽管一直以来有效市场假说占据着理论界的主导。

法玛的报告立刻受到了经济学家的广泛关注。59岁的塞勒教授在会议上说："我想，我们都是行为金融学的支持者。"耶鲁大学教授Roger Ibbotson，同时作为Ibbotson投资咨询公司的创始人，认为："法玛在这个问题上已经改变了想法，很明显潮流正在改变。人们逐渐认识到市场并不像想象中的那样有效。"

塞勒教授的观点得到了其他与会经济学家的支持，并逐渐成为理论界的主流。2001年美国经济学会将青年经济学家最高荣誉——John Bates Clark奖项颁给Matthew Rabin博士，以鼓励其在行为金融数理建模方面的杰出贡献。2002年，卡尼曼教授由于在行为金融方面的开创性研究，获得了诺贝尔经济学奖。即使美国联邦储备银行主席艾伦·格林斯潘（Alan Greenspan），这位自由市场理论的坚持者，在1996年也首次承认了"非理性繁荣"。此外，麻省理工学院的Andrew Lo教授提道："20世纪80年代我在哈佛大学和麻省理工上学时，市场有效性在当时是学术界的主流，现在我需要长达5～10年的时间来改变这种思想。"1999年，Andrew Lo教授出版了著作《华尔街的非随机游走》。

从社会保障的私有化，到金融市场的监管，到公司运作的方式，这种潮流的改变对现实的决策产生重要的影响。法玛教授的有效市场假说强有力地支持着美国20世纪80年代的自由市场理论，而塞勒教授基于行为金融理论，认为政策制定者应该在指导市场和投资者行为方面发挥更大的作用，因为投资者更容易犯错误。

比如，在激烈的总统竞选中，乔治·布什将社会保障的部分私有化作为目标，允许年轻雇员将一部分工资税收投资于退休养老计划的私人储蓄账户中。而在对瑞典退休保障的私有化研究中，塞勒教授发现，人们面临很多投资选择，这反而不利于进行正确的决策。人们倾向于投资高风险的科技股票和本国公司股票，因此，他提出美国的改革不应该给予人们过多的灵活性，"如果你给投资者456种基金进行选择，人们不可能做出正确的决策"。

如果市场有时是非有效的，股票价格不能反映其内在价值，那么公司的决策者和管理者就应该重新思考，如何正确评估和衡量其经济业绩。哈佛大学的一位退休的经济学家Michael Jensen，早年曾致力于有效市场理论的研究，他指出20世纪90年代经济的一个重大教训是，定价过高的股票导致公司管理者做出错误的决策，如在高科技股票泡沫时对电信行业的过度投资。即使在有效的市场中，错误的决策也经常出现。但是在无效市场中，价格出现持续性偏离，这种错误表现得尤其严重。Jensen教授认为解决这个问题的唯一办法是"观念的转变"。

资料来源：崔巍.行为金融学案例[M].北京：中国发展出版社，2013：55-57.

2.3.2 来自资本市场的质疑

按照EMH，如果市场是有效的，由于套利者的存在，在剔除交易成本和信息成本以后，一个资产不可能按不同的价格出售，这就是所谓的"一价定律"。但实际情况并不总是这样，最典型的例子就是所谓的"孪生证券"。

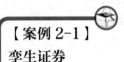

【案例2-1】
孪生证券

皇家荷兰和壳牌公司分别位于荷兰和英格兰，1907年两家公司组成战略联盟，双方同意在保留各自独立的有区别的实体的基础上将两公司的利润以60：40的比例进行合并。所有的现金流在考虑到公司税和控制权后作了调整，也按这个比例进行分割。澄清两家公司联系的信息也是公开的。皇家荷兰和壳牌公司的股票在欧洲和美国的9个交易所交易。但皇家荷兰主要是在美国和荷兰交易（它是标准普尔500指数和荷兰股指数的指标股）。而壳牌公司的股票主要在英国交易（它是金融时报指数的指标股）。总而言之，如果证券的市场价值与未来现金流的净现值相等，那么按照60：40的比例，皇家荷兰的价值应是壳牌公司的1.5倍，然而股票价格的比例与此相距甚远。皇家荷兰相对于壳牌公司的股票价格对60：40价值比的背离率如图2-6所示。

图2-6中所显示的是从1980年到1995年，皇家荷兰和壳牌公司市场资产净值之比与60：40价值比的背离率，这种背离有明显的不确定性。对于这种背离，现行金融理论无法进行解释。但在一个套利者有无数次平仓机会并且没有交易费用的市场里，这样的情况是不会出现的，因为套利者只要简单地买进较便宜的股票，卖出相同数量较贵的股票，就可以得到净收益，而且可以永远保持这种对冲操作。

但是根据图2-6可以发现，如果在皇家荷兰和壳牌公司进行套利，那么将付出十分惨重的代价：错估价格的风险变得十分巨大。当一个套利者在1983年中期，当时的折价是10%时，买进相对便宜的皇家荷兰的股票，并卖出相应数量较贵的壳牌公司的股票，那么6个月后，当折价变成将近25%时，他将遭受严重的损失。如果他是利用债务杠杆来投资，或者他必须要面对投资者到期赎回的话，那么他有可能在这个位置被强制平仓，成为现实的损失，对于他而言，噪声交易风险是十分巨大的。

从1980年9月开始，皇家荷兰和壳牌公司30%的价格背离用了4年的时间才消除。对承受这种噪声交易风险的回报是，套利者每年得到7%的收益。我们注意到，这7%的收益来自于我们现在已知的价格背离被修正的时期。当然这个背离也可能会扩大并且导致损失。原则上，套利者是可以利用杠杆作用来获取较高的平均收益，但他同时也要考虑到使用杠杆作用的代价以及因价格背离扩大而导致损失平仓的风险。这样，考虑在1980年9月，当两家公司的价格背离有30%并有其他基本相同证券时，做皇家荷兰对壳牌公司的套利并不是特别吸引人；相反的观点认为，当价格背离可以慢慢停止时，如果没有激进套利者的行为来修正，巨大的无效性会持续下去。从有效市场假说的观点来看，这种现象是十分重要的，因为它显示了即使存在完美替代品的证券，这种价格与基本价值的巨大背离可以用风险性套利来解释，但也要花一定的时间去修正。

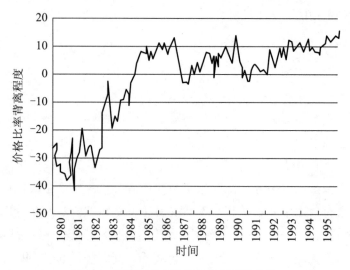

图 2-6　皇家荷兰和壳牌公司股票价格比

皇家荷兰和壳牌公司的例子并不是唯一的，其他的公司股票也出现了类似的背离。这种价格的背离在债券市场也很常见。

问题：套利者能纠正市场偏差吗？为什么？

A 股和 H 股的价差

A 股与 H 股的价差，是指在中国同一家上市公司的 A 股和 H 股存在不同价格的现象。自 1993 年 8 月 27 日第一家 AH 股上市公司——青岛啤酒出现以来，到目前为止已有 100 家左右 AH 股上市公司。由于两地市场环境、投资者主体以及投资理念的不同，同一上市公司的 A 股和 H 股存在价格差异，加上国内资本流动的限制，导致通过套利机制消除 AH 股价差存在较大障碍。

恒生 AH 股溢价指数由香港恒生指数服务公司于 2007 年 7 月 9 日正式对外发布，该指数追踪在中国内地和中国香港两个地区同时上市的股票的价格差异，它是根据纳入指数计算成分股的 A 股和 H 股的流通市值，计算出 A 股相对 H 股的加权平均溢价（或折让）。指数越高，代表 A 股相对 H 股越贵（溢价越高）；反之，指数越低，代表 A 股相对 H 股越便宜。

图 2-7 截取了 2006—2018 年 AH 股溢价指数的走势。

图 2-7　AH 股溢价指数

来源：Wind，国金证券研究所。

问题：

（1）A 股与 H 股的价差说明内地和香港股票市场的有效性存在怎样的差异，为什么？

（2）你认为 A 股与 H 股股价差受到哪些因素的影响？

（3）你认为是什么因素影响了 A 股与 H 股之间的套利行为？

【在线测试题】扫码书背面的二维码，获取答题权限。

第3章
证券市场中的异象

把外国的技巧生硬地套用于中国股市就会碰钉子。

——左安龙

法玛提出的有效市场假说曾经风靡一时。该理论基于理性人假设,认为资产价格反映了所有市场信息,任何投资者长期都不可能因为拥有更多信息而获得超额利润。凭借极具逻辑性的推导和一系列以法玛划分的"市场效率三层次"为核心的实证检验,该理论在开始的十几年里获得了巨大成功。然而,随着金融市场的不断发展,有效市场理论"理性投资人"的严格假设最先受到质疑。此后,包括股权溢价之谜、账面市值比效应与封闭式基金之谜在内的一系列证券市场的收益异常的现象被学者陆续指出,这些现象无法用有效市场理论和现有的定价模型来解释,因此,被称为证券市场"异象"(anomalies)。

3.1 股权溢价之谜

我们先看案例3-1。

【案例3-1】
金融资产的回报率差异

西格尔(Siegel,1997)作了一个投资于不同金融资产的回报变化情况的统计,如图3-1所示。

1926年的1美元投资于不同的金融资产上,到1999年12月能获得的回报如下:
(1)投资于小公司股票在1999年年底时能够获得6 600美元的回报;
(2)投资于标准普尔股票组合(S&P stocks)能获得3 000美元的回报;

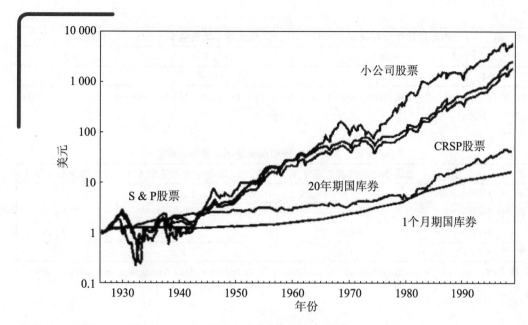

图 3-1 美国 20 世纪金融资产的相对回报

（3）投资于"股票价格研究中心"股票组合（Center for Research in Security Prices，CRSP）能获得 2 000 美元的回报；

（4）投资于 20 年期的国债在 1999 年年底时可以获得 40 美元的回报；

（5）投资于 1 个月的短期国库券在 1999 年年底时则只能得到 15 美元的回报。

1926—1999 年，尽管美国经历了经济大萧条和第二次世界大战，投资组合的加权平均回报率仍比国债回报率高出 7.1%。同时，从历史走势看，股票回报率的波动比国债回报率的波动大得多。例如，1926—1999 年，小公司股票组合的标准差为 33.6%，而同期标准普尔股票组合、国债和国库券的标准差分别为 20.1%、9.3% 和 3.2%。

问题：

（1）收益率差异是否可以用股票的风险大于国债和国库券的风险来加以解释？

（2）从长期投资的角度看，股票投资的风险是否大于债券投资？

（3）为何小公司股票的投资回报大于大公司？

梅赫拉（Mehra）和普雷斯科特（Prescott）（1985）提出了"股权溢价之谜"（equity premium puzzle），指出股票投资的历史平均收益率相对于债券投资高出很多，并且无法用标准金融理论中的"风险溢价"（risk premium）进行解释，见表 3-1 和表 3-2。

表 3-1　1802—2005 年美国证券市场收益

时间	市场指数平均收益率（%）	无风险证券平均收益率（%）	风险溢价（%）
1802—2004	8.38	3.02	5.36
1871—2005	8.32	2.68	5.64

续表

时间	市场指数平均收益率（%）	无风险证券平均收益率（%）	风险溢价（%）
1889—2005	7.67	1.31	6.36
1926—2004	9.27	0.64	8.63

资料来源：Mehra，Rajnish.Handbook of the Equity Risk Premium [M].Amsterdam：Elsevier，2008：75-76.

表3-2 英国、日本、德国和瑞典等国证券市场收益

国家	时间	市场指数平均收益率（%）	无风险证券平均收益率（%）	风险溢价（%）
英国	1900—2005	7.4	1.3	6.1
日本	1900—2005	9.3	-0.5	9.8
德国	1900—2005	8.2	-0.9	9.1
瑞典	1900—2005	10.1	2.1	8.0

资料来源：Mehra，Rajnish.Handbook of the Equity Risk Premium [M].Amsterdam：Elsevier，2008：75-76.

由表3-1可知，在过去的200多年里（1802—2004年），美国股票指数平均收益率大约为8.38%，而同期无风险证券的平均收益率仅为3.02%，两者之差，即股权（风险）溢价高达5.36%。将对比时间缩短，在过去的100多年（1871—2005年；1889—2005年）中也存在这样的风险溢价，并且呈现上升的趋势。第二次世界大战以后（1926—2004年），股权溢价变得更加显著，风险溢价高达8.63%。

由表3-2可知，股权溢价不仅发生在美国，日本、德国、瑞典和英国等国家也存在显著的股权溢价，由此可见高股权溢价的普遍性。

梅赫拉在随后的研究中对美国证券市场在不同的时间跨度下，股票指数的平均收益率与无风险证券平均收益率进行了比较，发现两者都存在无法用标准金融理论解释的"风险溢价"，而且这一特征在英国、日本、德国、法国等国的证券市场中也同样存在。

为了直观地描述股权溢价的分布情况，德隆（DeLong）和梅金（Magin）（2009）构建了两种投资方案：

（1）投资一个充分分散的股票组合，每年年末根据当时所有可交易的股票调整组合并将上一期所获的股利用于追加投资；

（2）投资安全的长期国债，并且定期滚动卖出，使之与短期国债具有相同的存续期。

从1901年起，德隆和梅金在每一年年初都运用这两个投资方案进行投资，投资周期为20年，将所获得的收益率相减，就可以得到一系列股权溢价数据。研究结果显示，只有2%的年份股权溢价为负，也就是说投资国债的方案战胜投资股票组合方案的可能性只有2%。在整个20世纪，投资股票组合所获得的扣除无风险利率后的相对回报是其所承受的相对损失的17倍。从长期来看，这一投资方案的股权溢价高得惊人。然而问题是为何市场上还是有那么多人选择投资国债而不是股票呢？

股权溢价的发现引起了整个经济学界的广泛关注，很多经济学家争相做出解释或给出

理由，其中有学者试图从行为金融的角度去寻找答案。贝纳茨（Benartzi）和塞勒（Thaler）（1985）的回答是，投资者在投资上过于短视和损失厌恶。为了验证这一假设，贝纳茨和塞勒（1999）对南加州大学的非教学科研工作人员做了一次实验。他们调查了大学里教职工对两种退休金投资方案的选择情况：一种方案风险较大但预期回报率高，另一种方案风险较小但预期回报率也低。风险较大的基金投资组合是一些指数型基金，而风险较小的是债券型基金。为了避免实验对象对股票和债券有先入为主的想法，有关实验细节实验对象并不知情。这次实验的焦点在于回报率的呈现形式。在所有受调查的教职工中，其中一组所看到的是年回报率走势图，而另一组所看到的是模拟得到的30年年均回报率走势图。实际上，两幅图使用的数据是完全一样的，也就是说，在经济人眼中，这两幅图之间的差异应该是无关因素，不会影响实验对象的选择。但结果表明，数据的呈现方式对实验对象（即投资者）的影响很大。看到一年回报率走势图的那一组中只有40%的实验对象选择了指数型基金，而看到30年年均回报率走势图的那一组中则有高达90%的实验对象选择了指数型基金。通过分析，贝纳兹和塞勒认为，人们越是经常查看自己的投资收益，越不愿意承担风险，原因在于，查看的次数越多，看到的损失也越大。

由此可见，短的投资期限和损失厌恶是投资者不愿意持有风险资产的决定性因素。将这两个因素综合起来，称之为"短视的厌恶损失"。

投资于股票虽然在短期内可能出现损失，但长期的平均收益却是十分有利的。人们不禁要问，既然股票收益高出如此之多，为什么人们还要投资于债券呢？现有的模型没有解释为什么人们如此厌恶风险，为什么他们投资于看上去比较安全但注定不会为他们带来较多利息的债券。用理性行为来解释股票溢价的观点指出：短期股票市场回报率存在的风险很大，因此股票必须提供更高的回报率来吸引投资者。但是，股票短期风险并不能对股票溢价做出完整的解释，因为我们中的大部分人希望活几十年，他们会进行长期投资以期望用投资的未来收益来安度晚年。而在长时期内，实际上是固定收入的长期债券，而不是股票拥有更高的风险。因为消费价格指数尽管每月变动很小，但在长时间间隔里变化还是很大的，因而具有很大的购买力风险。因此，从风险角度无法解释股票溢价之谜，也无法解释为什么在股票的长期收益高于债券、而长期风险低于债券的条件下，人们还会大量的投资于债券。我们通过对后续行为金融理论知识的学习，会逐渐寻找到这个问题的答案。

3.2 封闭式基金之谜

3.2.1 封闭式基金折溢价的特征

传统的封闭式基金属于信托基金。与开放式基金不同的是，在股票市场上，封闭式基金发行的份额固定。投资者为了转手持有的封闭式基金份额，就必须把基金转卖给其他的投资者，而不能以赎回的方式卖出。理论上，封闭式基金的收益应该高于开放式基金，基金价值应等于或略微小于基金净值，但在金融市场中基金的价格常常会较大幅度地背离基金的资产净值，产生基金价格和基金资产净值之间的不一致现象。当封闭式基金按照低于资产净值的价格进行交易，即产生封闭式基金折价现象。

图 3-2 展示了美国三大陆公司（Tricontinental Corporation，TRI-CON）在 1960—1986 年每年年末的基金折价率。三大陆公司是美国股票交易所最大的封闭式股票基金，其净资产在 1986 年 10 月超过 13 亿美元。虽然三大陆基金在某些时期其交易价格相对于其净资产而言偏高，但是大部分时间内它总是折价交易，而且折价率基本上是在资产净值的 20% 左右徘徊。

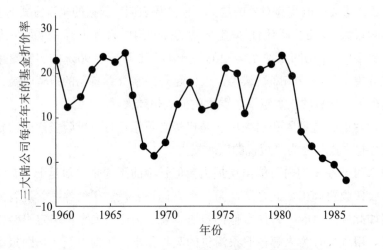

图 3-2　1960—1986 年三大陆公司每年年底的折价率

资料来源：Andrei Shleifer.Inefficient Markets：An Introduction to Behavioral Finance[M]. Oxford University Press，2000.

在有效市场的前提下，基金的收益满足 CAPM 的假设，基金无法获得超额收益。不同基金收益之间的差异仅仅是由于各自风险偏好的不同。基金在较高的风险下将获得相应较高的收益；反之，基金在较低的风险下将获得相应较低的收益。既然封闭式基金不能获得超额收益，就应该按照每份基金份额的净资产现值（net asset value，NAV），即基金所持有的平均每份资产市场价值，进行转让交易。Zweig（1973）研究发现，封闭式基金单位份额交易的价格不等于其净资产现值，虽然有时候基金份额与资产净值比较是溢价的，但实证表明，折价 10%～20% 是一种普遍现象。这种与有效市场假说相矛盾的价格表现就是所谓的封闭式基金之谜（closed-end mutual fund puzzle）。

不仅是国外证券市场，国内证券市场也长期存在着封闭式基金的交易价格远低于其基金净值的情况。

【案例 3-2】
我国封闭式基金折价状况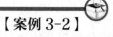

我国从 1998 年起发行规范的封闭式基金,截至 2012 年年底,我国共批准设立基金管理公司 73 家,旗下管理的基金 1 600 多只,基金资产规模达到 2.82 万亿元,其中传统的封闭式基金 25 只(见表 3-3)。我国封闭式基金同国外基金市场一样存在大幅度折价现象。

表 3-3 我国 2012 年封闭式基金折价率排行

序号	基金代码	基金简称	交易价格(元)	基金净值(元)	折/溢价率(%)
1	500003	基金安信	0.900 0	0.939 9	-5.628 3
2	500006	基金裕阳	0.804 0	0.854 2	-5.876 8
3	184689	基金普惠	0.884 0	0.954 0	-7.337 5
4	500002	基金泰和	0.941 0	0.997 0	-7.723 2
5	184690	基金同益	0.778 0	0.844 8	-8.972 5
6	500005	基金汉盛	0.993 0	1.079 3	-9.293 1
7	184692	基金裕隆	0.888 0	0.979 6	-9.350 8
8	184691	基金景宏	0.808 0	0.885 0	-9.830 5
9	500009	基金安顺	0.913 0	0.995 0	-10.050 3
10	500018	基金兴和	0.828 0	0.929 4	-10.910 3
11	184693	基金普丰	0.761 0	0.861 4	-11.655 4
12	184698	基金天元	0.756 0	0.859 6	-12.052 1
13	184699	基金同盛	0.908 0	1.023 9	-12.686 8
14	500011	基金金鑫	0.893 0	1.006 3	-12.849 1
15	184701	基金景福	0.813 0	0.922 0	-13.015 2
16	500015	基金汉兴	0.809 0	0.926 4	-14.507 8
17	500038	基金通乾	0.853 0	1.025 8	-16.845 4
18	184721	基金丰和	0.766 0	0.908 3	-16.877 7
19	184722	基金久嘉	0.707 0	0.861 9	-17.971 9
20	500056	基金科瑞	0.757 0	0.924 4	-18.109 0
21	184728	基金鸿阳	0.548 0	0.668 0	-19.161 7
22	500058	基金银丰	0.673 0	0.827 0	-19.588 9

注:表格来源于透视基金公司 2012 年度业绩报告

问题:
(1)请分析为什么会出现封闭式基金折价这种现象?
(2)封闭式基金折价能否从行为金融学的角度进行解释?

封闭式基金的价格波动在其生命周期内呈现出四个阶段特征。

(1)溢价发行:当发起人募集封闭式基金时,基金往往溢价发行,其溢价幅度大约为 10%。在现存封闭基金折价交易的情况下,投资者为什么会购买溢价发行的新基金,这成为封闭式基金之谜的第一个谜团。

（2）折价交易：虽然封闭式基金刚开始时溢价发行，但是交易价格从交易开始之后的约120日之内就会下降，其交易时折价率超过10%（Eeiss，1989），并且通常一直保持折价交易。

（3）折价率大幅波动：封闭式基金折价交易的程度随着时间的变化而波动。如图3-2所示的三大陆公司，在1960—1986年，年终交易价格始终在折价25%至溢价2.5%之间波动。折价交易中的波动看起来是一种均值回归。投资者如果在封闭式基金处于大幅折价时买进，可以期望获得显著的超额回报。

（4）折价缩小：当宣布封闭式基金清算或者转为开放式基金时，基金价格会显著上升、折价变小，但直到最终清算或转为开放式基金之前，仍会有小部分的折价留存下来。在基金被宣布解体折价变小的期间，基金持有者能获得显著的超额收益。

3.2.2 封闭式基金之谜的现有解释

封闭式基金价格长期偏离其内在价值的现象，是金融领域中的一个难解之谜。几十年来许多金融学家试图解释这一令人困惑的现象，提出了各种不同的观点，这些观点可归纳如下。

1. 代理成本理论

"代理成本理论"（agency costs）认为，基金的日常运作需要成本，如基金管理人的报酬、管理费用等。由于这些成本的存在，基金的市场价格应当低于其资产净值。如果管理费用太高或将来的投资组合管理达不到预期标准，则代理成本就可能导致基金折价。

作为一种封闭式基金定价的理论，代理成本还存在许多问题。第一，基金的管理成本占基金资产净值的比例较小，并且变化不大，是一种典型的资产净值固定百分比。而封闭式基金的折价较多且呈现较大幅度的波动，当前或预期的代理成本都不足以使折价率产生大幅波动。预期管理费用的当前价格主要随利率波动，但折价率的变化与利率的波动并没有很明显的联系。第二，用代理成本可以来解释为什么基金通常以折价的形式售出，但却不能解释为什么基金有时以相当大的溢价售出。第三，代理成本也不太可能解释折价率在不同类型基金、不同时期的变化，也不能说明为什么折价率每周之间会发生波动，并且基金之间的折价相互联合变动（co-movement）。

2. 资产的流动性缺陷理论

"资产的流动性缺陷理论"（liquidity of assets）从两个角度认为，基金公布的净资产价值夸大了其真实的价值，从而导致基金折价交易。

（1）限制性股票假说（restricted stock hypothesis）。限制性股票假说建立在封闭式基金持有大量限制性股票的基础之上，即认为一些基金把大量的资金投资于在限制性条件下流动性不足的股票。限制性股票由于流动性低，真实的市场价值应该低于对应的未受限制股票的市场价值。而封闭式基金用未受限制股票的市场价值计算基金净资产现值自然夸大了真实的净资产现值，因此持有较大数量限制性股票的基金价格应当有较多的折价。

对该假说的批评主要集中在两个方面。第一，许多封闭式基金持有的限制性股票非常少，所以这种情况对这些基金折价的影响不大。例如，三大陆基金几乎没有任何明显的限制性股票，对其年度财务报告的调查表明，在进行调查年份中，要求基金董事会重新评估价值的资产或者被当作未确定的普通股票的资产总是少于基金净资产现值的 0.5%。该假说对少数持有大量的限制性股票基金的折价具有一定的解释力，但无法解释绝大部分多元化的封闭式基金的折价。第二，美国管理条例规定基金在计算净资产现值时，对限制性股票要按照基金董事会认可的折价率对其参照的、未受限股票的市场价格进行折价计算，因此已经考虑到了持有受限制股票产生的影响。然而不可否认，限制性股票持有水平与折价水平之间存在着一种很小的但很显著的相关性。显然，市场并不认为基金已对这些证券做出了充分的折价。但是从整体来看，该假说的解释能力非常有限。

（2）大宗股票折现假说。大宗股票折现假说（block discount hypothesis）认为，基金可能过多地持有某一公司的股票，由于流动性风险，这种股票的变现价值必然低于其公告的净资产现值，从这一角度来看，基金应当有一定程度的折价。不过，当封闭式基金转型为开放式基金后仍然可能持有较多的某一股票，而基金却不再折价了。这一现象，该理论却无法解释。

3. 资本利得税理论

Pratt（1966）提出，当投资者购买了含大量未实现资本升值的封闭式基金时，投资者需承担潜在的资本利得税赋，这就是"资本利得税理论"（capital gains tax liabilities）。当基金将来卖出相应资产，实现这些资本升值时，要支付资本利得税，因而净资产现值中包含的未实现资本升值越多，基金折价的比例也应越大。

资本利得税理论对基金大幅折价的解释也存在着缺陷，即当封闭式基金转型为开放式基金后，未实现资本升值并没有减少，理论上基金的折价比例也不应当发生变化。而实际中转型发生后，折价即消失了。显然这一观点无法解释这一现象。此外，Boudreaux（1973）的实证研究表明，潜在的资本利得税赋对基金的折价影响很小。因此，该理论对基金大幅折价的解释是有局限的。

4. 业绩预期理论

业绩预期理论（the closed-end fund discount and past performance）认为，基金的折价反映了公众对基金业绩的预期。基金管理人管理能力作为一种资产，其价值不尽相同。如果投资者认为基金管理人具备优秀的投资管理技能，能够以非常好的业绩（如能够超过市场平均水平）回报基金投资者，基金可溢价；反之，基金则应折价。然而，实际中过去业绩表现较好的基金，将来的业绩并不一定就好，这使得这一理论的可应用性不强。而且统计表明，美国证券市场中收益超过市场平均水平的基金也常常发生折价。

这些因素在一定程度上可以解释封闭式基金困惑的一些方面，但不能充分地说明问题的所有方面。例如，代理成本可以解释为什么基金通常以折价的形式售出，但不能解释为什么基金有时以相当大的溢价出售，也不能说明为什么折价率会发生变化，并且基金之间的折价相互联动。资本利得税理论也存在着缺陷，即当封闭式基金转型为开放式基金后，未实现资本升值并没有减少，按理说基金的折价比例也不应当发生变化，而实际中转型发生后，折价即消失了，显然资本利得税理论无法解释这一现象。

现在的问题是，运用行为金融理论能够对这个问题进行合理的解释吗？我们通过后续行为金融理论知识的学习，可能会帮助我们逐渐寻找到这个问题的答案。

3.3 公司规模效应

有效市场假说认为市场中的公开信息无法预测股票未来的走势，因而投资者也无法利用这些公开信息获得超额回报。公司规模是上市公司最重要的公开信息，依据有效市场假说理论，如果市场是有效的，公司规模大小应该与股票收益率无关。然而，有趣的是，研究发现公司规模的大小与公司股票收益率之间存在显著的负相关关系，投资者可以利用这一关系获得丰厚的收益回报。此后，学术界便将小公司股票收益率超过大公司股票收益率的现象称为"规模效应"（size effect）。

班茨（Banz，1981）是第一个发现规模效应的经济学家，他通过比较美国上市公司之间的股票收益率发现，公司规模越大其股票收益率反而越小。随后，法玛和弗伦奇（French）在他们 1992 年的论文中分析了 1963—1990 年美国三大证券交易所中上市公司的股票收益率，对每年在三大证券交易所上市交易的股票按市值进行分类，然后算出每一类股票下一年的平均收益率，发现在样本期间内，市值最小的 10% 的股票比市值最大的 10% 的股票的年平均收益率要高，且每月都要高出 0.74%。此外，西格尔（Siegel，1998）将样本期间扩大为 1926—1996 年，对纽约证券交易所的股票按市值由大到小进行排名，发现市值最大的 10% 的股票年平均复合收益率为 9.84%，而市值最小的 10% 的股票复合收益率高达 13.83%，比前者高出了近 4%。可见，公司的规模信息与股票投资回报之间存在着负相关关系。

在我国的证券市场上也存在规模效应。例如，刘仁和等（2015）利用我国 A 股市场 1998—2013 年的数据，将上市 A 股按照流通市值从小到大分成 10 组，计算每组股票样本期间内的总收益率，发现股票收益率总体上呈明显的下降趋势，即存在公司规模效应，如图 3-3 所示。

此外，比利时、加拿大、日本、西班牙、法国等发达国家的证券市场也存在着规模效应，其中，日本东京证券交易所小盘股与大盘股的平均收益率差异高达 8.47%。

围绕公司规模效应产生的原因，学术界展开了一场激烈的讨论：这种效应是质疑有效市场假说的又一证据，还是另一种风险因素的体现呢？总体来看存在以下两种观点。

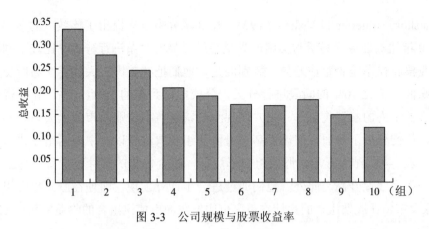

图 3-3　公司规模与股票收益率

资料来源：刘仁和，吕嘉，张祺.公司规模与回报[J].经济评论，2015，（4）：122-133.

一种观点是法玛（Fama）和弗伦奇（French）（1993）提出的一种新的三因子资产定价模型。他们认为公司规模代表了另一种风险来源，相比大公司，小公司具有更高的风险，因而更高的收益率是对其较高风险的补偿。法玛和弗伦奇认为"规模效应"只是风险溢价的一种表现，与有效市场假说并不冲突。然而许多学者对法玛和弗伦奇的风险观点提出了质疑。有学者认为以上效应是对某种特征的体现而非风险指标，其中最著名的是 Daniel 和 Titman（1997）的观点。通过实证分析，他们认为，法玛和弗伦奇的因子仅代表了公司特征对股票收益率的影响，而与公司的风险无关。

另一种观点则是有部分学者认为规模效应或许仅仅是统计结果上的特例。例如，Horowitz 等（2000）发现自从 1981 年班斯（Banz）有关规模效应的论文发表以后，规模效应正逐步缩小，即 1982 年以后小规模公司的溢价远远低于 1926—1981 年样本期间的风险溢价。因而他们认为，规模效应或许仅是"数据挖掘"（data-mining）下的产物，而并不具有统计上的稳定性。

3.4 账面市值比效应

账面市值比（BM）是公司的"账面价值"（book value）除以公司的"市场价值"（market value）而得到的财务比率，可以粗略地用来估计股票价格的便宜程度。一般来说，该比值高的公司被称为"价值型公司"（value stocks）；与之相反，该比值低的公司则被称为"成长型公司"（growth stocks）。购买价格较为便宜、账面市值比高的公司股票通常也被称为"价值投资"（value investing）。与公司规模类似，账面市值比也是上市公司向市场披露的一个重要指标。按照有效市场假说的理论，公司股票收益率的大小也应与该指标的大小无关。

然而实证研究结果表明，证券市场中存在较高账面市值比的公司的股票收益率要高于低账面市值比公司的股票收益率的现象，这一现象称为"账面市值比效应"（B/M ratio effect）。

Lakonishok、Shleifer 和 Vishny（1994）在其研究中首次提出了该效应的存在。他们对 1963—1990 年纽约证券交易所与美国证券交易所交易的股票进行分析，比较不同账面市值比的公司股票收益率是否存在差异。特别的是，他们把在美国三大证券交易所交易的股票按照每年账面市值比 10% 的间隔进行分类，分成由低到高的 10 组，并计算投资者持有不同股票组合 5 年内的累计收益率。为方便观测股票收益率与账面市值比大小之间是否存在线性关系，他们分析了账面市值比最高与最低两组股票组合以及中间两组股票组合的年收益率情况。表 3-4 的结果显示，股票组合形成后，组合每年的累计收益率总体上随账面市值比的增加而呈线性升高。此外，他们通过进一步计算发现，即使在股票投资组合形成后 5 年，高账面市值比股票组合的累计收益率也比低账面市值比组合的收益率高出 12.7%。

表 3-4　账面市值比与股票组合收益率

按 B/M 分组 累计收益率 / 年	1 （B/M 低）	2	5	6	9	10 （B/M 高）	10 组与 1 组 的差异
R1	0.110	0.117	0.131	0.154	0.183	0.173	0.063
R2	0.079	0.107	0.153	0.156	0.182	0.188	0.109
R3	0.107	0.132	0.165	0.172	0.196	0.204	0.097
R4	0.081	0.133	0.170	0.169	0.213	0.207	0.126
R5	0.088	0.137	0.171	0.176	0.206	0.215	0.127

资料来源：

（1）Lakonishok, Josef, Andrei Shleifer, and Robert W. Contrarian Investment, Extrapolation and Risk[J].The Journal of Finance, 1994, 49（5）: 1541-1578.

（2）Ri 表示组合形成后第 1～i 年的累计收益，i=1, …, 5。

不只在美国，我国证券市场也存在账面市值比效应。尹昱乔和王庆石（2016）分析我国股票市场 1995—2014 年的数据发现，将股票样本按照公司年报（长周期）与半年报（短周期）的账面市值比分别进行大小排序，然后计算每个股票组合的月平均收益率。图 3-4 的实证结果显示，无论是按照长周期还是短周期对公司按照账面市值比进行分组，最大账面市值比的公司（第 10 组）月平均收益率均比最小账面市值比的公司（第 1 组）月平均收益率高出约 0.8%。

究竟是什么原因能够用账面市值比来预测该公司股票的未来走势呢？法玛和弗伦奇（1993，1996）在解释这一现象时将其归因于高账面市值比公司具有与小公司一样的高风险，且这种风险是一种"破产风险"。作为有效市场理论的坚定支持者，法玛和弗伦奇认为账面市值比的可预测性只是另一种形式的"风险溢价"而已，市场依然是有效的。循着这个思路，他们将账面市值比和公司规模作为衡量股票风险溢价的两个补充因子，与市场风险因子一起组成了测度股票风险溢价的三因子资产定价模型。而 Daniel 和 Titman（1997）在控制账面市值比因子之后，检验账面市值比的高低对股票收益的预测能力，他们认为账面市值的高低实际上与上市公司的破产概率无关，其溢价不太可能来源于破产风险的补偿。

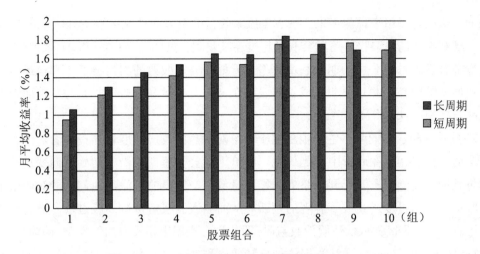

图 3-4 中国股票市场的账面市值比效应

资料来源：尹昱乔，王庆石. 市值效应和价值效应的再检验——基于长短期视角的实证分析[J]. 东北财经大学学报，2016（3）：47-55.

3.5 动量效应与反转效应

动量效应（momentum effect）亦称惯性效应，是指在较短时间内表现好的股票将会持续其好的表现，而表现不好的股票也将会持续其不好的表现。

Jegadeesh 和 Titman（1993）通过对美国资产股票组合的中期收益进行研究发现，股票的价格走势在短期内具有持续性。以 3～12 个月为间隔所构成股票组合的中期收益会呈现出延续性，在 3～12 个月的持有期内能够获得显著的超额收益，即中期价格具有向某一方向连续变动的趋势。除此之外，Bernard（1992）研究了股票价格对公司业绩公告的反应，发现在事件宣布后的短期内价格仍沿同一方向运动，Michaely et al.（1995）发现股票价格对股份回购、红利派发和股票拆分的消息公布具有相同的反应。这些发现均背离有效市场的理论。Rouvenhorst（1998）对欧洲 12 个国家和新兴市场国家的研究，也发现了类似的中期价格动量效应，这表明这种效应并非来自于数据采样偏差所导致的偶然性结果。即使是法玛（1991）也承认股票的收益是可以通过对以往表现来预测的，这与其本人早期研究结果有异。

与此相反的是，De Bondt 和 Thaler（1985），Chopra、Lakonishok 和 Ritter（1992）等学者发现：在一段较长的时间内，表现差的股票有强烈的趋势在其后的一段时间内经历相当大的好转，而表现好的股票则倾向于在其后的时间内出现差的表现，这就是反转效应（reversal effect）。大量的实证研究证明了反转效应的存在。Campell 和 Shiller（1988）发现许多市场的股票收益与未来第 3～5 年该股票的收益存在弱的负相关现象，股利收益率或账面市值比可以用来预测未来 3～5 年股票收益的反方向变化；Zarowin（1989）研究得出连续盈利不佳的股票收益随后会明显超过连续盈利良好的公司；La Porta（1996）认为，股票专业分析人员对公司长期盈利增长率最看好的公司股票的收益要低于那些最不被看好的公司股票的收益，并且预期高成长的股票在公司发布盈利公告后收益为负，而预期成长缓慢的股票却可以获得高收益。

动量效应和反转效应产生的根源在于市场对信息的反应速度。当投资者对信息没有充分反应时，信息逐步在股价中得到体现，股价因此会在短期内沿着初始方向变动，即表现出动量效应；而当投资者受到一系列利好消息或利空消息的刺激，他们可能对股票未来的投资收益表现出过度乐观或者悲观的判断，从而导致股票定价过高或过低，而随后当投资者普遍意识到他们高估或低估股票收益时，股价则会表现出相反方向的变动，即为反转效应。

De Bondt 和 Thaler（1985）把这种反转效应称之为"赢者—输者效应"（winner-loser effect）。他们在研究中把公司按照业绩的好坏进行分类，将前三年内累计收益排在前几位的公司构造成为赢者组合（winner portfolio），将同一时期内累计收益排在最末几位的公司构造成为输者组合（loser portfolio），然后在 1933 年至 1985 年这段时间内比较输者组合与赢者组合在构造后五年内的累计收益，结果发现输者组合在形成期后表现出很高的收益，而赢者组合则表现出较低的收益，如图 3-5 所示。

相对于整个市场而言，输者组合在形成期后 60 个月内的累计收益达到大约 30%，而赢者组合大约为 -10%。如果一位投资者买进输者组合的同时卖空赢者组合，他将在风险调整的基础上获取超过市场平均值 8% 的收益。这说明证券市场并不是有效的，投资收益率是可以预测的，投资者可以基于过去的业绩表现构造出特定的组合战胜市场。

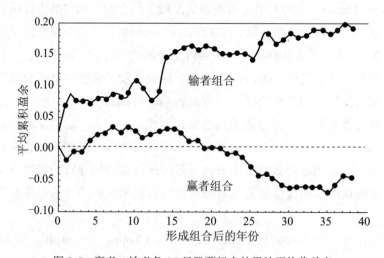

图 3-5　赢者、输者各 35 只股票组合的累计平均收益率

注：测试期间为组合后的 1～36 个月。

"赢者—输者效应"可以用认知心理学的"代表性启发"进行解释。

输者组合是一些在连续几年内带有坏消息的典型公司，而赢者组合是一些在连续几年内均有好消息的典型公司。投资者依赖于过去的经验法则进行判断，并将这种判断外推至将来。De Bondt 和 Thaler（1985）认为，由于代表性启发的存在，投资者对过去的输者组合表现出过度的悲观，而对过去的赢者组合表现出过度的乐观，即投资者对好消息和坏消息都存在过度反应。这将导致输者组合的价格被低估，而赢者组合的价格被高估，价格偏离各自的基本价值。但是，错误定价不会永久持续下去，在输者组合形成期后的这段时间，错误定价将会得到纠正。输者组合的业绩将会超出市场的平均业绩，而赢者组合的业绩将会低于市场的平均业绩。

3.6 反应过度和反应不足

证券市场中存在对信息的反应过度（over-reaction）和反应不足（under-reaction）的现象。反应过度是指投资者对最近的价格变化赋予过多的权重，对近期趋势的外推导致与长期平均值的不一致。人们过于重视新的信息而忽略老的信息，即使老信息更具有广泛性。人们在市场证券价格上升时变得过于乐观而在市场证券价格下降时变得过于悲观。因此，价格在好消息下上升过度而在坏消息下下跌过度。一般来说，在所有的时间内过于紧密地跟踪经济或市场的变动可能导致投资者对新的信息反应过度。投资者常常注重价格在每个小时、每天或每个星期内的波动，每天追踪行情使投资者可能会因为恐慌而卖掉股票受到损失，或买进已经过热的股票或基金。互联网提供了 24 小时进入市场的通道，由于太专注地跟随这些行情的变动，很多投资者发现他们过度反映了信息并且过度交易了。

反应不足是指证券价格对影响公司价值的基本面消息没有做出充分、及时的反应。反应不足在证券价格的变动上表现为当影响价格的消息到来后，证券价格会在最初价格反应的基础上，没有调整到其应有的水平，或者需要很长的时间才调整到其应有的水平。在这个价格调整过程中投资者可以通过在利好消息时买入证券和在利空消息时卖空证券来获得超额收益，这显然违背了有效市场的半强式有效，即不可能通过对公开信息的分析获得超额收益。证券分析师往往对成长股收益的新信息反应不足，那是因为他们没有根据新信息对盈利预测做出足够的修正，当一个公司摆脱困境时，他们会因为锚定于对公司曾经的预期面而低估其价值。

Bernard 和 Thomas（1990）对公司盈利的时间序列分析为前面的研究做出了很好的解释。该研究发现公司盈利变化在一个季度、两个季度、三个季度的时间跨度内呈现出同一方向的趋势变化特征，一年后则转变为相反趋势。这说明公司的盈利变化存在自相关现象。Bernard 推测市场参与者可能并没有认识到公司盈利变化的自相关特征，而认为公司盈利遵循随机游走规律。在这种认知下，当公司盈利增长消息到来时，投资者认为，盈利围绕均值上下波动，所以本期盈利增长很可能意味着下期的盈利下降。这种想法导致了他们对公司盈利信息的反应不足。此外，其他相关研究表明，股票回购、首次分红、停止分红、股票细拆等信息公布后，股价在随后较长时间维持同一方向移动，这些均证明了反应不足的存在。

很多学者通过构建各种模型对反应过度和反应不足进行解释，其中最有代表性的包括：BSV模型、DHS模型和HS模型。

BSV（Barberis、Shleffer & Vishny，1998）模型认为，人们进行投资决策时，代表性启发法使投资者过分重视近期数据的变化模式，而对产生这些数据的总体特征重视不够，而且代表性启发法使人们太过于使用小样本的形式进行推断，于是可能造成人们对某种类型信息过度反应。而保守主义（conservatism）使投资者不能及时根据变化了的情况修正自己的预测模型，导致股价反应不足。对保守主义的一种解释是处理新信息和更新观点的成本是非常大的。有证据表明，人们会对很容易处理的信息做出过度的反应，而对难以获取或处理成本高的信息反应不足。

DHS（Daniel、Hirsheifer & Subramanyam，1998）模型则从另一个角度来解释过度反应和反应不足。DHS模型将投资者分为有信息和无信息两类。有信息的投资者存在着过度自信和自我归因（selfcontribution）偏差。过度自信导致投资者夸大自己对股票价值判断的准确性，自我归因偏差则使他们低估关于股票价值的公开信息。随着公共信息最终战胜行为偏差，对个人信息的过度反应和对公共信息的反应不足，就会导致股票回报的短期连续性和长期反转。所以法玛（1998）认为，DHS模型和BSV模型虽然建立在不同的行为前提基础上，但两者的结论是相似的。

HS（Hong & Stein，1999）模型的区别是把研究重点放在不同交易者的作用机制上，而不是交易者的认知偏差方面。该模型把交易者分为"观察消息者"和"动量交易者"两类。观察消息者根据获得的关于未来价值的信息进行预测，其局限是完全不依赖于当前或过去的价格；"动量交易者"则完全依赖于过去的价格变化，其局限是他的预测必须是过去价格历史的简单函数。在上述假设下，该模型将反应不足和反应过度统一归结为关于基本价值信息的逐渐扩散，而不包括其他对投资者情感刺激和流动性交易的需要。模型认为最初"观察消息者"存在对个人信息的反应不足，"动量交易者"力图通过套利策略来利用这一点，而这样他的结果恰好走向了另一个极端——反应过度。

3.7 日历效应

股票收益率与时间有关，也就是说在不同的时间，投资收益率存在系统性的差异，这就是所谓的日历效应（calendar effect）。日历效应主要包括季节效应、月份效应、星期效应和假日效应，它们分别指金融市场与季节、月份、星期和假日有关的非正常收益、非正常二阶矩及其他非正常高阶矩。

3.7.1 一月效应

"一月效应"是指证券市场在一月份的平均收益率比其他月份的平均收益率要高,且在统计上显著。关于"一月效应"的研究开始于美国股市。Rozeff、Kinney(1976)对1904—1974年间纽约股票交易所股指进行验证,发现1月的收益率明显高于其他11个月。Gultekin(1983)对17个国家1970—1979年间的股市进行研究,发现其中很多国家存在"一月效应",因而这是一种普遍现象。随后Berges、McConnell和Schlarbaum(1984)发现加拿大股市也存在着显著的"一月效应"。同样在亚太地区新型市场的日历效应研究也逐步展开。Kato、Schallheim(1985)发现日本股市存在"一月效应"。Nassir、Mohammad(1987)和Pang(1988)对亚洲新兴市场的研究支持在马来西亚和中国香港股市存在"一月效应"。Aggarwal、Rivoli(1989)对中国香港、新加坡、马来西亚和菲律宾这四个新兴股市的月份效应进行了检验,发现除菲律宾外,在其余三个市场上,一月的收益明显高于其他月份。Ho(1990)发现6个亚洲新兴股市具有"一月效应",但Chueng、Coutts(1999)则并没有找到中国香港股市存在"一月效应"的证据。Haug和Hirschey(2006)对1802—2004年间纽约股票交易所的股价指数波动研究发现,该指数在样本期间内1月的平均收益率为1.10%,而全年其他月份的平均收益率为0.7%。1月份比其他月份的收益率要高出0.4%,见表3-5。

表3-5 美国与日本股票市场的1月效应

股票交易市场	样本期间	1月平均收益率(%)	其他月平均收益率(%)	二者差异(%)
美国股票市场	1802—2004	1.10	0.7	0.4
	1802—1926	0.65	0.6	0.05
	1927—2004	1.81	0.87	0.94
	1927—1952.6	1.93	0.79	1.14
	1952.7—2004	1.75	0.92	0.83
	1952.7—1986	1.53	0.91	0.62
	1987—2004	2.16	0.92	1.24
日本股票市场	1952—1980	4.5	1.2	3.3

资料来源:饶育蕾,彭叠峰,盛虎.行为金融学[M].北京:机械工业出版社,2018.

针对"一月效应",学者从不同的角度出发探索其产生的原因,大体可以分为四种假说:"流动性假说""信息发布假说""窗口修饰假说"和"避税售卖假说"。Ogden和Joseph提出并证实了流动性假说。他们认为,标准化的工资、利息、红利支付体系会在不同的月份产生不同的现金流,这些现金流的再投资会增加相关股票的市场需求,进而导致其价格的上涨。Nikkinen等提出了信息发布假说,他们通过实证分析发现美国程序化的宏观经济信息发布制度对股票市场能够产生重要影响,从而形成了月份效应,其基本思想是某些月份发布的大量的宏观和微观方面的经济信息导致了相关股票价格的上涨。窗口修饰假说很早就被用来解释月份效应,该理论认为基金管理者出于提高基金净值排名的目的,在换月期间会大幅度拉高其持有的股票。避税售卖假说认为,1年中下跌的股票价格在年末有继续向下的压力，因为投资者会出售这些股票以规避资本税，从而减少该年的税收支出。当年末过去以后，股票价格就会反弹回其市场价值，从而使股价在一月份表现出规律性上涨。但这种说法面临了一些挑战，Brown等采用澳大利亚股票收益的数据对避税售卖假说进行了检验，研究结果表明，这个假说在澳大利亚证券市场上并不成立，月份效应早在收入税发生作用之前就已经存在。

对于中国股市日历效应的检验，也出现了一系列的相关研究。刘鹏（2004）采用上证综指和深证成指1993—2004年收盘数据进行GARCH和Granger检验，发现中国股市的"一月效应"并不显著，而存在显著为负的"十二月效应"。另外，中国股市一月的收益率和十二月的收益率不存在显著的互相解释关系。徐炜等（2005）以沪深两市开业至2004年5月31日的日收盘价为样本，得出的结论是从长期看中国股市一月份效应明显存在，而滚动样本法所使用的短期数据样本检验出的结果却并不显著，说明股市一月份效应与样本的选择有较大关系。中国股市存在显著为负的"十二月效应"，但该现象近年来正逐步消失。何晓光等（2006）以上证、深证综指1997年1月至2003年6月为样本区间进行计算发现，中国股市3月及1月存在显著为正的收益率，而7月、9月则表现出显著为负的收益率。沈冰等（2014）以2005年9月4日至2012年12月31为样本区间进行计算发现，中国证券市场存在符合经济学解释且与国外一月份效应类似的年关效应，其中沪市表现为四月效应和十二月效应，深市表现为二月效应和十二月效应，见表3-6。

表3-6 沪深两市的月收益率   单位：%

样本区间	股票市场	月份					
2005—2012	沪市	一月	二月	三月	四月	五月	六月
		0.001 3	0.002 0	-0.000 2	0.002 0*	0.000 7	0.000 0
		七月	八月	九月	十月	十一月	十二月
		0.000 7	0.000 5	0.000 2	0.000 9	0.000 2	0.002 8**
	深市	一月	二月	三月	四月	五月	六月
		0.001 5	0.003 0	0.000 0	0.002 0	0.000 0	-0.000 5
		七月	八月	九月	十月	十一月	十二月
		0.000 7	-0.000 8	0.000 2	0.000 2	-0.000 5	0.002 6*

注：*和**分别表示在10%和5%显著水平下的统计结果。

资料来源：沈冰，廖杰，余函.中国股票市场月份效应的实证研究[J].财经问题研究.2014（6）：57-62.

由表3-6可知，上证综指在4月份和12月份的参数显著地高于其他月份，说明沪市存在四月效应、二月效应和十二月效应；深证成指在2月份、12月份的参数非常显著，且其值要远远高于其他月份，说明深市存在明显的二月效应和十二月效应。

以上的实证结果，非常类似于国外的"一月效应"，因为2月和12月分别是农历和公历的年关，而4月份是上市公司公布上年度财务报表的主要时期。对于这种年关效应，国内与国外的差别在于，国内有财务报表公布制度和春节两个影响因素，而国外仅有资本税这一个影响因素。

3.7.2 月初效应

"月初效应"指证券市场在一个月中的头几个交易日的平均收益率比同月其他交易日的平均收益率要高得多，且在统计上显著为正。Ariel（1987）对1963—1981年间的美国股市进行研究，将每个月分为两部分：第一部分是从前一个月的最后一个交易日到本交易月的第九个交易日，第二部分为本月的剩余交易日。然后，他将这两部分的累计收益率进行比较，实证结果发现正的收益率仅来自于每一交易月的第一部分。Lakonishok 和 Smidt（1988）通过分析长达90年的道琼斯工业平均指数也发现了类似结果，即从前一交易月的最后一个交易日到本交易月的第三个交易日之间的平均收益率显著较高。Ogrlen（1990）使用1969—1986年期间 CRSP 的价值加权和平均加权股票指数的日收益率对"月初效应"进行了检验，他的实证结果验证了 Lakonishok 和 Smidt 的结果。Cadsby 和 Ratner（1989）对10个国家和地区不同时期的股市进行研究，发现美国、加拿大、瑞士、民主德国、英国和澳大利亚等存在"月初效应"，但日本、中国香港、意大利和法国等不存在"月初效应"。Jaffe 和 Westerfield（1998）研究发现英国、日本、加拿大和澳大利亚股票市场虽然不存在"月初效应"，但存在"月末效应"，即一个月的最后一个交易日的平均收益率高于其他交易日的平均收益率。Howe 和 Wood（1994）采用 Ariel 划分交易月的方法研究检验了1981—1991年间日本、中国台湾、中国香港、澳大利亚和新加坡股市，发现在中国香港和澳大利亚存在显著的"月初效应"。

3.7.3 周内效应

"周内效应"是指证券市场在星期一的平均收益率比一周内其他任何一天的平均收益率要低得多，且在统计上显著为负。对于"周内效应"，许多文献发现美国、英国和加拿大股市的周一收益显著为负，而周五的收益显著为正（Harris，1986；Keim，Stambaugh，1984；Kim，1988；Lakonishok，Levi，1982）。Cross（1973）和 French（1980）研究了 S&P500 指数收益发现周五取得较高的平均收益而周一较低。Gibbons（1981）和 Keim（1984）发现 Dow Jones 指数周一存在负收益。其他美国金融市场如期货市场、国债市场、中期债券市场表现出和股票市场类似的效应（Cornell，1985；Dyland Maberly，1986）。Jaffe 和 Westerfield（1985）研究了澳大利亚、加拿大、日本和英国四个发达市场，结果表明在所研究的国家中存在周末效应。但 David J. Kim（1998）对韩国和泰国市场的研究发现不存在周内效应。在日本和澳大利亚市场 Jaffe 和 Westerfield（1985）发现最低的日收益率发生在周二。在欧洲市场，Solnik，Bousquet（1990）和 Barone（1990）也发现在法国和意大利周二的收益率最低。Wong，Hui，Chan（1992）进行验证后表明"周内效应"存在于中国香港、泰国和新加坡等证券市场。

奉立城（2000）对中国股票市场是否存在"周内效应"进行了实证研究，发现中国股票市场并不存在绝大多数工业发达国家股票市场和其他某些新兴股票市场所普遍具有的"周一效应"，而存在显著为正的"周五效应"及显著为负的"周二效应"效应。

表 3-7 沪深两市的周收益率　　　　　　　　　　　　　　　　单位：%

样本区间	股票市场	周一	周二	周三	周四	周五	全部
1992—1998	沪市	-0.071	-0.417	0.278	0.014	0.541	0.067
	深市	0.066	-0.230	0.145	0.019	0.300	0.059

资料来源：奉立城. 中国股票市场的"周内效应"[J]. 经济研究，2000（11）：50-57.

由表 3-7 可见，沪深两市星期二的日平均收益率都为负，且都为一周五天中的最低，星期五的日平均收益率都为正，且都为一周五天中的最高。在上海股市，星期二的日平均收益率为 -0.417%，星期五的日平均收益率为 0.541%。在深圳股市，星期二的日平均收益率为 -0.230%，星期五的日平均收益率为 0.300%。这表明沪深两市都存在某种形式的"周内效应"——"星期二效应"和"星期五效应"，并且沪深两市存在着一定的正相关关系。

吴武清等（2008）通过对时变贝塔、时变特雷诺比率和交易量的分析，指出上证指数收益率有明显的周四效应。王翠翠（2007）利用 Mann-Whitney 检验收益率周内效应的模式，发现了显著为正的"周一效应"。

对于周内效应两个最典型的解释包括日历时间假说和交易时间假说。Jaffe 等（1985）通过对澳大利亚周二效应的检验，认为可能的原因是美国的道琼斯指数和亚太地区市场之间的链接关系，他们发现其他主要国家存在和美国相似的周内效应，但由于不同的时差，远东国家可能会经历一日偏差的周内效应。

3.8 更名效应

"上市公司更名"并不是最近才流行起来的词。在国外，从 19 世纪中期"铁路概念股"和"采矿概念股"兴起的时期，到 20 世纪"汽车概念股""飞机概念股""电子科技概念股"以及"生物基因工程概念股"异常火爆的年代，很多欧美国家的上市公司围绕这些概念进行了更名。特别是到了 20 世纪末期，"网络概念"崛起的时代，上市公司更是扎堆任性更名。

【案例 3-3】
美国的网络企业更名潮

在"网络概念"崛起的时代，很多公司纷纷把名字改成了花哨的"com 公司"。投资者对网络公司着迷了，他们想买入所有与网络有关的公司的股票。判断一家公司是不是和网络有关，最省劲儿的办法就是看名字。

科技书籍在线零售商 Computer Literacy Inc. 把名字改成了"fatbrain. Com",因为顾客总是把它原来的网址"computerliteracy.com"拼错(或忘记)。这家公司以前就通过互联网提供服务,名字是它唯一的变化,它的经营策略并没改变,但改名的消息公布以后,网络上关于其股票的讨论此起彼伏,结果它的股价一天之内上涨了 33%!

从 1998 年中期到 1999 年中期,共有 147 家上市公司换了新名字,这些名字要么结尾为"com"或者"net",要么其中包含"Internet"(互联网)。宣布改名后的三周时间里,这些公司的股票表现平均高出市场 38 个百分点。各种企业都参与了这场改名热潮。改名后的三周内,那些真正的网络公司的表现比市场高 57 个百分点。其他改名的企业只要是和网络沾边儿就可跑赢市场 35%。还有些改名的公司正在从非网络公司向网络公司转型,它们的表现跑赢了市场 16%。实际上,一些在网络方面仅有很少或根本没有经验的企业也融进了改名潮中,它们的股票价格也因此大幅攀升。这些公司的经营不以网络为核心,没有证据证明它们拥有在网络业务上制胜的实力或经验,然而痴迷网络公司的交易者哄抬它们的股价,以致它们的表现跑赢了市场 48%。股价的这种大幅增长持续了三个月,投资者们似乎急于把他们的金钱都投给网络公司。有趣的是,在 2000 年网络公司萧条期过后,67 个公司把"com"字样从公司名称中去掉了。在接下来的两个月中,这种名称的变化带来了 64% 的平均收益率。投资者看上去确实受到了这种表面变化的影响。

不仅如此,一直以来投资者还常被其他各种更名行为欺骗。一些股票投资基金换上了一些带有前段时间热门字眼(如价值、成长、小公司股票等)的名字。名称的变化使流入这些基金的资金比名称未变时的预期流入量高出 28%。新的资金甚至会流向那些只改变名称,但既不改变投资方式也没改善投资业绩的基金。

有趣的是,有一个好听的股票代码也可以影响公司的估值。人们注意到 BUD 代表安海斯布希酿酒公司,人们喜欢这个代码。LUV 代表西南航空,YUM 代表"Yum!品牌"。尽管诺德斯通和中国南方航空公司都是不错的企业,但是它们的代码 JWN 和 ZNH 不会引起投资者的兴趣。这很重要吗?当然重要。讨人喜欢的公司代码也为公司提高了估值。

在我国,上市公司更名最早可追溯到 1998 年,那年沪深两市更名的上市公司共 26 家,其中 23 家是因为 ST(特别处理)原因更改。自 1999 年的"5·19"行情以来,在"科学技术是第一生产力"号召下,"网络科技概念股"成为人们关注的焦点,上市公司也迎来了一波"更名热"。"科技""网络"和"信息"一时间成为上市公司新名称中使用频率最高的词汇。近年来,上市公司更名现象越发频繁,大有一发不可收拾之势。据官方统计,2013 年,共有 151 家上市公司更名;2014 年,上市公司更名数量达到 180 家;2016 年全年共有 144 家上市公司变更名称。上市公司更名的原因有多种。一种比较常见的形式是,上市公司由于资产重组导致主营业务发生变化而更名。但很多上市公司更名前后的经营业务和盈利能力并没有很大转变。这说明上市公司更名可能并不含有投资者预期的一些价值信息。若一个资本市场是有效的,就算是一个弱式有效的资本市场,对于上市公司更名这类事件，投资者也不会有任何反应。但实际案例表明，上市公司更名行为会引起投资者的热切关注和股价的剧烈波动。

【案例 3-4】
"多伦股份"的更名效应

"多伦股份"全称为上海多伦实业股份有限公司，证券代码为"600696"，现主营业务为房地产开发与经营，以及国内采购的金属材料、建筑材料、化工产品、机电设备与五金交电的批发。自上市二十多年以来，先后因资产重组多次易名，曾用名有"福建豪盛""利嘉股份"。2015 年 5 月 10 日，公司发布关于董事会通过公司拟更名为"匹凸匹"的决议。2015 年 5 月 29 日，公司股东大会以 97.59% 的赞成比例高票通过关于公司更名的议案。2015 年 6 月 18 日，公司申请获得上海市工商行政管理局的批准，完成公司名称、经营范围的变更。

2015 年 7 月 16 日，公司正式更名为"匹凸匹金融信息服务股份有限公司"，证券简称变更为"匹凸匹"。2015 年 5 月 10 日晚间，多伦股份发布一则公告：公司拟更名为匹凸匹金融信息服务股份有限公司，简称"匹凸匹"，谐音"P2P"，立志做中国首家互联网金融上市公司。该公告一出，甚是引人夺目，资本市场也给以热烈的响应。公告发布第二天股价开盘就"一"字涨停，5 月 12 日也强势封板，一举打破 4 月 14 日以来连跌的颓势。但公司于 5 月 12 日当天便收到了上海证券交易所关于更名说明以及公告披露后股价连续涨停的问询函。次日，为核查问询函中重大事项，公司连续性停牌。2015 年 5 月 28 日公司复牌，截至 2015 年 6 月 5 日，公司收获六个涨停板；7 月 16 日该公司证券简称正式更名后，6 天内收获四个涨停板，公司短时间内人气稳步提升。

案例讨论

中国股市的春节效应

大量的实例表明，股票收益率在不同的时间存在系统性差异，如在中国的股票市场上存在一种特别的"春节效应"，即春节过后的股票收益率表现更好。从中国股市的发展历史来看，春节过后沪深股票市场中大部分股票都会呈现出上涨的趋势。为此，我们用中国 A 股市场数据进行简单的统计分析。由于我国的春节多在每年 2 月，因此，我们统计比较了 2001—2016 年 2 月股票市场的平均收益率与全年平均收益率的关系。收益率比较如图 3-6 所示。

从图 3-6 中可以看到，2001—2016 年，有 11 年的 2 月 A 股的平均收益率都高于该年的全年平均收益，仅有 5 年低于该年平均收益率。进一步分析发现，A 股的年平均收益率在绝大部分年份均为负值，仅在 2006—2007 年以及 2013—2015 年两拨牛市的行情

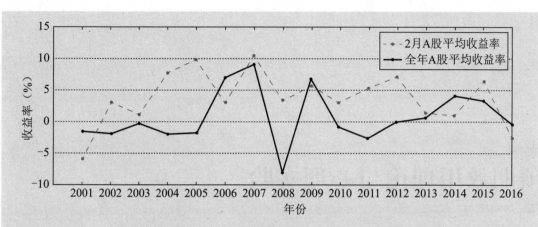

图 3-6 A 股市场 2 月的平均收益率与全年平均收益率

资料来源：饶育蕾，彭叠峰，盛虎. 行为金融学[M]. 北京：机械工业出版社，2018.

下为正值；相比之下，各年的 2 月平均收益率在绝大部分情况下均为正向，仅 2001 年与 2016 年 2 月的平均收益率为负值，即使在 2002—2005 年的熊市阶段以及 2008 年股市进入快速下滑的时期，其 2 月 A 股仍保持了正向的平均收益率。可见，在我国股票市场存在着明显的"春节效应"。

案例思考

（1）为什么在我国会存在"春节效应"，从哪些方面可以解释这种春节效应？

（2）我国的"春节效应"与其他可能的季节效应之间有什么异同？

【在线测试题】扫码书背面的二维码，获取答题权限。

扫描此码　自我测试

第4章
预期效用理论与心理实验

> 市场不是一台根据证券的内在品质精确而客观地记录其价值的称重器，而是汇集了无数人时而理智时而情绪化选择的投票机。
>
> ——本杰明·格雷厄姆

本章针对传统金融学的另一个基石"理性人假设"展开讨论。理性人的预期效用理论存在公理化假设，而心理实验却表明人们在不确定条件下存在选择偏好，导致预期效用理论在现实中存在反射效应、孤立效应、偏好反转等特征，这是对预期效用理论的挑战。经济学家试图通过放松个体决策与偏好的有关公理化假定，在技术上对预期效用理论模型进行修正或改进，但这些修正模型并不令人十分满意。卡尼曼和特沃斯基提出的前景理论在一定程度上对个体决策与偏好的实验结果提供了合理的解释，前景理论可以说是对预期效用理论在某种程度上的替代。

4.1 传统的预期效用理论

在日常经济生活中，到处存在着不确定性，人们往往面临着一系列的选择。所谓不确定性是指事件的发展有多种可能的结果，人们无法预料会出现哪种结果。由于不确定性的存在，决策者如何处理不确定性、提高决策的有效性就显得十分重要。

一般而言，不确定情况下的决策可以分为两种：如果人们仅仅知道可能会出现的结果有哪几种，但却不知道出现的概率有多大，这种情况下的决策被称为不确定型决策；如果人们不仅知道结果的类型，同时也了解出现各种结果的概率大小，这种情况下的决策则被称为风险型决策。对于不确定型决策，由于不知道概率，因此不能采用概率的方法计算，而采用诸如好中求好（maximax）、坏中求好（maximin）、等概率（equal probability）、乐观系数（coefficient of optimism）或后悔最小（minimax regret）等准则进行判断；对于风险型决策，往往依据直接后果预期、期望效用或主观期望效用值等，采用统计学的方法进行判断。

4.1.1 预期效用理论的提出

预期效用理论起源于对圣彼得堡悖论的解答。

【案例4-1】
圣彼得堡悖论

圣彼得堡悖论是决策论中的一个悖论。

1730年，瑞士数学家丹尼尔·伯努利（Daniel Bernoulli）的堂兄尼古拉·伯努利提出了一个谜题——掷硬币。若第一次掷出正面，你就赚2元，游戏结束。若第一次掷出反面，那就要再掷一次；若第二次掷的是正面，你便赚4元，游戏结束。若第二次掷出反面，那就要掷第三次，若第三次掷的是正面，你便赚8元，游戏结束。这样，如果硬币正面没有出现就反复继续投掷，直到正面出现，游戏结束。如果第n次投掷成功，得奖金2^n元，游戏结束。可见，可能掷一次游戏便结束游戏，也可能反复掷。问题是，你最多肯付多少钱参加这个游戏？

你最多肯付的钱应等于该游戏的期望值：

$$E = \frac{1}{2} \times 2 + \frac{1}{4} \times 4 + \frac{1}{8} \times 8 + \frac{1}{16} \times 16 + \cdots$$
$$= 1+1+1+1+\cdots$$
$$= \infty$$

这个游戏的期望值是无限大，即你最多肯付出无限的金钱去参加这个游戏。但是，你更可能只赚到2元、4元或8元等，而不可能赚到无限的金钱。那你为什么肯付出无限的金钱参加游戏呢？

这一悖论表明，用收益期望原则不可能解决一切非确定性投资决策问题。

丹尼尔·伯努利对这个悖论在1738年的论文里给出了解答，提出了效用的概念来挑战以金额期望值为决策的标准，论文主要包括以下两条原理。

（1）边际效用递减原理：一个人对于财富的占有多多益善，即效用函数一阶导数大于零；随着财富的增加，满足程度的增加速度不断下降，效用函数二阶导数小于零。

（2）最大效用原理：在风险和不确定条件下，个人的决策行为准则是为了获得最大期望效用值而非最大期望金额值。

伯努利对圣彼得堡悖论的解释构成了预期效用理论的基石。

4.1.2 预期效用理论的内涵

在伯努利之后，冯·诺伊曼和摩根斯坦（Von Neumann，Morgenstem，1947）提出了期望效用函数，即 $E_u = \sum_{s=1}^{s} p_s u(x_s)$，以此对赌局进行评价。

诺依曼－摩根斯坦的预期效用理论将不确定环境下的决策视为一种博彩活动，假设一个决策者面临一种存在两种可能结果的彩票：获得财富 X 的概率为 $p(0 < p < 1)$，获得财富 Y 的概率为 $(1-p)$，则该项博彩的预期效用值为

$$U(p; X, Y) = E_u(p; X, Y) = pU(X) + (1-p)U(Y)$$

式中，E 是数学期望，而 U 是定义在确定财富上的（效用）函数。上式表明，博彩的效用是获奖效用的期望值，该式也同时表明，就结果而言效用是可加、可分的，而就概率而言效率是线性的。

很容易将其推广到具有多项不确定性结果的情形，设有 S 种可能的状态，状态 S 出现的概率为 p_s，此时个体获得的收益是 x_s，则其效用函数可以写为

$$E_u = \sum_{s=1}^{s} p_s u(x_s)$$

更一般地，在考虑金融市场时，个体的不确定收益可能取一个连续区间内的某一值。对于一个随机变量 $X(a \leqslant X \leqslant b)$，如果 X 的分布密度函数为 $p(x)$，则个体的诺依曼－摩根斯坦效用函数为

$$E[u(X)] = \int_a^b u(x) p(x) \mathrm{d}x$$

或者，如果 X 的分布函数是 $F(x)$，$F'(x) = p(x)$，则

$$E[u(x)] = \int_a^b u(x) \mathrm{d}F(x)$$

期望效用函数模型的基本内涵是：不确定条件下最终结果的效用水平是通过决策主体对各种可能出现的结果的加权估价后形成的，决策者追求的是加权股价后期望效用的最大化。这一过程与决策者的风险态度密不可分，期望效用函数的无差异曲线的斜率越大则风险规避程度越高，斜率越小则风险规避程度越低。

概括而言，期望效用理论（expected utility theory）是建立在个体偏好理性的一系列严格公理化假定基础上的，是现代决策理论的基石。该理论由冯·诺伊曼、摩根斯坦等人进行严格的公理化阐述而形成，后来又被阿罗和德布鲁（Arrow，Debreu）等人吸收进瓦尔拉斯均衡的框架中，成为处理不确定性决策问题的分析范式、价值理论的核心及市场均衡的前提，进而构建起现代微观经济学宏伟而漂亮的大厦。

4.1.3　风险态度与效用函数

预期效用理论同时提供了决策者对待风险态度的框架。

现假设一个人面对一个有两种可能性的不确定结果：一种是概率为 $p(0 < p < 1)$ 的结果 X，X 是一种财富水平的描述；另一种是概率为 $1-p$ 的结果 Y。决策者对待风险的态度有

以下三种情况。

1. 风险厌恶型

风险厌恶型是指决策者偏好确定性所得，其公式表达如下：

$$U[pX+(1-p)Y]>pU(X)+(1-p)U(Y)$$

为便于图示，现假设 $p=1/2$，则上式变为

$$U(X/2+Y/2)>U(X)/2+U(Y)/2$$

如图 4-1 所示，在纵坐标上，确定收入的效用 $U(X/2+Y/2)$ 和彩票的效用 $U(X)/2+U(Y)/2$ 之间的差额就是风险溢价。风险溢价等于横坐标上 $X/2+Y/2$ 处对应的线性函数和下凹函数在纵坐标上的差额值。

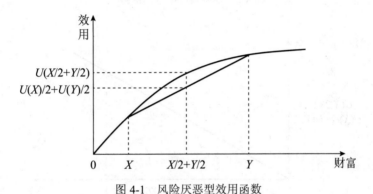

图 4-1 风险厌恶型效用函数

风险厌恶程度为

$$\frac{\partial^2 U(W)}{\partial W^2}=U''(W)$$

式中，W 为财富值。

2. 风险偏好型

风险偏好型是指决策者偏好不确定性所得，其公式表达为

$$U[pX+(1-p)Y]<pU(X)+(1-p)U(Y)$$

同样假设 $p=1/2$，则上式变为

$$U(X/2+Y/2)<U(X)/2+U(Y)/2$$

如图 4-2 所示，在纵坐标上，确定收入的效用 $U(X/2+Y/2)$ 和彩票的效用 $U(X)/2+U(Y)/2$ 之间的差额就是风险溢价。风险溢价等于横坐标上 $X/2+Y/2$ 处对应的线性函数和下凸函数在纵坐标上的差额值。风险寻求条件下的风险溢价为负值。

3. 风险中立型

风险中立型是指对决策人来说不确定性所得和确定性所得没有区别，其公式表达为

$$U[pX+(1-p)Y]=pU(X)+(1-p)U(Y)$$

同样假设 $p=1/2$，则可以用图 4-3 表示。

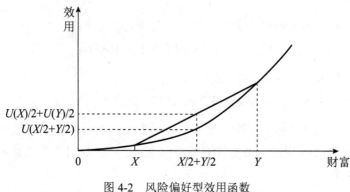

图 4-2　风险偏好型效用函数

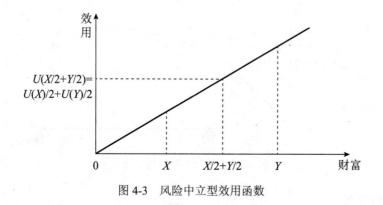

图 4-3　风险中立型效用函数

在纵坐标上，确定收入的效用值 $U(X/2+Y/2)$ 和彩票的效用值 $U(X)/2+U(Y)/2$ 之间的差额，即风险溢价为零。如上所示，风险中立可以用线性预期函数来描述。

4.1.4　预期效用函数的公理化假设

1. 偏好关系的定义

上文所介绍的诺依曼－摩根斯坦效用函数是建立在一系列不需要证明的公理上的，同时假设人的行为是理性的。当人们面临某种选择时，一定会有比较，从而对选择对象进行优劣的判别。但有时由于存在许多不确定因素，判别有时是很困难的，因此只能说这种选择是一种理性的偏好，而不能说这一定是最优的选择。预期效用理论假设决策人在一个非空选择集合上存在偏好关系，或说他能根据自己的标准为所有彩票排出一个优劣顺序，基本的优劣关系包括以下三种：

（1）如果认为事件 A 不次于事件 B，则记为：$A \geqslant B$。

（2）如果认为事件 B 不次于事件 A，则记为：$A \leqslant B$。

（3）如果认为事件 A 与事件 B 无差异，则记为：$A \sim B$。

同时，设 X 为一个非空的选择集，对任意事件 A、B、$C \in X$，存在以下公理：

$$A \geqslant B, B \geqslant C \Rightarrow A \geqslant C$$

这种偏好关系可以称为传递性。

2. 预期效用函数的四大公理化假设

预期效用函数的主体偏好是建立在以下四大假设基础上，包括优势性、中值性、恒定性和独立性假设。

（1）优势性。如果预期 A 至少在一个方面不差于预期 B，那么 A 优于 B，这就是优势性。这个原则可能在理性决策中更加明显：如果一个方案在某一状态优于其他方案，并且在其他状态不亚于其他方案，那么这一优势方案将被采用。对于不可量化的风险性方案，如果方案 A 的累计回报值高于方案 B 的累计回报值，那么 A 优于 B。而在另一种情况下，即如果两方案可能的回报相同，则它们间的优势性取决于获得此回报的概率。这一特征可以用以下公式表示：

设 $A > B$，则当且仅当概率 $p_1 > p_2$ 时，有

$$U(p_1; A, B) > U(p_2; A, B)$$

优势性简单而有说服力，它是标准决策理论的基石。

（2）中值性。中值性公理可用公式表示为：对于 X 中任一事件的 A、B、C，若 $A > B > C$，则存在 $\alpha, \beta \in (0,1)$ 使得

$$\alpha A + (1-\alpha)C > B$$

以及

$$B > \beta A + (1-\beta)C$$

中值性定理可以看作偏好的连续性公理，它很好地描述了以下问题：当存在三个严格偏好的彩票 $A > B > C$ 时，可以结合最高和最低偏好的彩票 A、C，通过权重 $\alpha \in (0,1)$ 组成新彩票组合，使得其偏好要比中间的彩票 B 偏好要大；另外也可以通过权重 $\beta \in (0,1)$ 组成新彩票组合，使得其偏好要比中间的彩票 B 偏好要小。

（3）恒定性。标准决策理论的一个核心前提是恒定性原则，即各个预期的优先顺序不依赖于它们的描述方式，或者说同一个决策问题即使在不同表象下，也将产生同样的选择。也就是，对方案的偏好不受方案描述的影响。决策者通过反思同一问题的不同描述而最终选择同一决策方案。恒定性原则被人们普遍认同，以至于人们将它默认为公理而不需验证。比如，将选择物作为随机变量的决策模型，假设同一时刻的随机变量的不同表象应该视为相同。

（4）独立性。独立性公理可以用公式表示为：对于任意事件 A、B、$C \in X$，以及 $\alpha \in (0,1)$，当且仅当 $A \geqslant B$ 时，有

$$\alpha A + (1-\alpha)C > \alpha B + (1-\alpha)C$$

独立性公理指出，A 与 B 之间的偏好不会因为第三者 C 以相同形式的介入而有所变化。独立性公理可以视作恒定性的普遍形式。

4.2 传统效用理论面临的实验挑战

预期效用理论描述了"理性人"在风险条件下的决策行为。但实际上，人并不是纯粹的理性人，决策还受到人复杂的心理机制的影响。预期效用理论的公理化假设虽能便于分析问题，但在许多情况下并不正确。因此，预期效用理论对人的风险决策的描述性效度一直受到怀疑。例如，预期效用理论难以解释阿莱悖论、同比率效应等现象；没有考虑现实生活中个体效用的模糊性、主观概率的模糊性；不能解释偏好的不一致性、非传递性、不可代换性、"偏好反转现象"以及观察到的保险和赌博行为；现实生活中也有对预期效用理论中理性选择上的优势原则和无差异原则的违背；现实生活中的决策者对效用函数的估计也会违背预期效用理论的效用函数。

4.2.1 确定性效应

在期望效用理论中，结果的效用是以它们的概率为权重的。在本节所描述的一系列选择问题中，人们的偏好系统地违背了这一原则。实际上，相对于仅仅可能的结果，人们偏爱确定的结果，这种现象我们称之为确定效应。

最广为人知的期望效用理论的反例是由法国经济学家莫里斯·阿莱斯在1952年提出来的。自阿莱悖论问世以来，研究者在20世纪七八十年代陆续积累了许多实验证据，证明了期望效用理论的独立性假设会被违背。

【专题 4-1】 阿莱悖论

阿莱悖论（Allais Paradox）是有关决策论的悖论，是由法国经济学家莫里斯·阿莱斯提出的。阿莱设计这个悖论，来证明预期效用理论，以及预期效用理论根据的理性选择公理，本身存在逻辑不一致的问题。

1952年，法国经济学家、诺贝尔经济学奖获得者阿莱进行了一个著名的实验：
对100人测试所设计的赌局：

赌局A：100%的机会得到100万元。

赌局B：10%的机会得到500万元，89%的机会得到100万元，1%的机会什么也得不到。

实验结果：绝大多数人选择A而不是B，即赌局A的期望值（100万元）虽然小于赌局B的期望值（139万元），但是A的效用值大于B的效用值，

即
$$1.00U(1) > 0.89U(1) + 0.01U(0) + 0.1U(5) \tag{4.1}$$

然后阿莱使用新赌局对这些人继续进行测试，

赌局C：11%的机会得到100万元，89%的机会什么也得不到。

赌局D：10%的机会得到500万元，90%的机会什么也得不到。

实验结果：绝大多数人选择 D 而非 C，即赌局 C 的期望值（11 万元）小于赌局 D 的期望值（50 万元），而且 C 的效用值也小于 D 的效用值，

即
$$0.89U(0)+ 0.11U(1)< 0.9U(0)+ 0.1U(5) \quad (4.2)$$
而由（4.1）式得 $0.11U(1)< 0.01U(0)+ 0.1U(5)$
$$1.00U(1)- 0.89U(1)< 0.01U(0)+ 0.1U(5)$$
$$1.00U(1)< 0.89U(1)+ 0.01U(0)+ 0.1U(5)$$

与（4.1）式矛盾，即阿莱悖论。

阿莱悖论的另一种表述是：按照期望效用理论，风险厌恶者应该选择 A 和 C；而风险喜好者应该选择 B 和 D。然而实验中的大多数人选择 A 和 D。

阿莱悖论形成的原因解释：由于期望效用理论假设概率是线性的，这导致人们在方案选择时会产生前后不一致的偏好，即阿莱悖论现象。卡内曼和特沃斯基通过实验，提出了确定性效应（certainty effect），可以解释阿莱悖论形成的原因。所谓确定性效应，是指人在决策时，对结果确定的现象给予过度的重视。

下列这对选择问题是阿莱斯实例的变通，它指的是适度的收益，而不是极端巨大的收益，这一点不同于最初的阿莱斯实例。用 N 来表示回答每一个问题的被试人数，每一个选项被选择的百分比在括号中给出。

问题 1. 在两者之间选择：
A. 以 33% 的概率获得 2 500 镑，以 66% 的概率获得 2 400 镑，以 1% 的概率什么也得不到；
B. 确定获得 2 400 镑。
$N = 72$ [18] [82]*
问题 2. 在两者之间选择：
C. 以 33% 的概率获得 2 500 镑，以 67% 的概率什么也得不到；
D. 以 34% 的概率获得 2 400 镑，以 66% 的概率什么也得不到。
$N=72$ [83]* [17]

实验数据显示，82% 的被试者在问题 1 中选择 B，83% 的被试者在问题 2 中选择 C。具有显著偏好的用"*"来表示。实验结果表明，大多数被试在这两个问题中做出了情绪化的选择，而这种选择违背了期望效用理论。根据期望效用理论，$U(0)= 0$，问题 1 中偏好 B 意味着：
$$U(2\ 400)> 0.33U(2\ 500)+ 0.66U(2\ 400)$$
移项简化之后可得：
$$0.34U(2\ 400)> 0.33U(2\ 500)$$
然而问题 2 中的偏好意味着：

$$0.33U(2\,500) > 0.34U(2\,400)$$

问题 2 的结论与问题 1 的完全相反。

值得注意的是，问题 2 是由问题 1 中 A 和 B 同时消去（2 400，0.66）得到的。显然，相对于将一个最初不确定的期望改变为更加不确定的期望，将一个确定收益的期望改变为可能的期望，会产生更大程度上的愿望减少。

与问题 1 和问题 2 类似，我们再看一组实验，看看在问题 3 和问题 4 中被试做出怎样的选择，这个实验也是以阿莱斯实验为基础的。

问题 3. 在两者之间选择：

A.（4 000，0.80）；

B.（3 000）。

N = 95 [20] [80]*

问题 4. 在两者之间选择：

C.（4 000，0.20）；

D.（3 000，0.25）。

N = 95 [65]* [35]

实验数据显示，80% 的被试在问题 3 中选择 B，65% 的被试在问题 4 中选择 C。具有显著偏好的用"*"来表示。实验结果表明，大多数被试在这两个问题中同样做出了情绪化的选择，而这种选择违背了期望效用理论。根据期望效用理论，$U(0) = 0$，问题 3 中偏好 B 意味着：

$$U(3\,000) > 0.8U(4\,000)$$

移项简化之后可得：

$$U(3\,000)/U(4\,000) > 0.8$$

然而问题 4 中的偏好意味着：

$$0.2U(4\,000) > 0.25U(3\,000)$$

移项简化之后可得：

$$U(3\,000)/U(4\,000) < 0.8$$

问题 4 的结论与问题 3 完全相反。

同样值得注意的是，问题 4 是由问题 3 中 A 和 B 的期望值同时除以 4 得到的。显然，将获得收益的概率从 1.0 降低到 0.25 比将获得收益的概率从 0.8 降低到 0.2 有更大的影响。

下面是两个非货币收益的问题，对这两个问题的回答也能体现出确定性效应的存在。

问题 5. 在两者之间选择：

A. 有 50% 的机会获得赴英国、法国和意大利的三周旅游；

B. 确定获得去英国的一周旅游。

N=72 [22] [78]*

问题 6. 在两者之间选择：

C. 有 5% 的机会获得赴英国、法国和意大利的三周旅游；

D. 有 10% 的机会获得去英国的一周旅游。

N=72 [67]* [33]

值得注意的是，问题 6 是由问题 5 中 A 和 B 的期望值同时除以 10 得到的。显然，将获得的概率从 1.0 降低到 0.1 比将获得的概率从 0.5 降低到 0.05 有更大的影响。

这说明，人们对非货币收益问题进行选择时，也能体现出确定性效应的存在。

4.2.2 同比率效应

确定性效应并不是违背替代公理的唯一类型。与确定性效应类似，实验还发现同比率效应，即如果对一组收益的概率进行等比率变换，也会使人们产生不一致的选择。

问题 7. 在两者之间选择：

A.（6 000，0.45）；

B.（3 000，0.9）。

N = 66 [14] [86]*

问题 8. 在两者之间选择：

C.（6 000，0.001）；

D.（3 000，0.002）。

N =66 [73]* [27]

注意：在问题 7 中，获得收益的概率是很大的（0.90 和 0.45），大多数人选择更可能取得收益的 B。在问题 8 中，尽管获得收益是可能的，但是获得的概率是极小的（0.002 和 0.001）。在这种情况下，取得收益是可能的，但可能性不是很大，大多数人选择提供更大收益的 C。

4.2.3 反射效应

前面的实验讨论的是期望收益大于 0 时的偏好情况。如果面对损失时会发生什么情况呢？卡尼曼和特沃斯基针对期望收益为负值的情况也进行了实验研究。与前面的问题 3、问题 4 和问题 7、问题 8 相对应，期望收益为负值的问题分别用 3′、4′、7′、8′ 来表示，如表 4-1 所示。

表 4-1　正收益预期和负收益预期的偏好

正　收　益		负　收　益	
问题 3:	A.（4 000，0.80）； B.（3 000）。 N = 95 [20] [80]*	问题 3′:	A′（-4 000，0.80）； B′（-3 000）。 N = 95 [92]* [8]
问题 4:	C.（4 000，0.20）； D.（3 000，0.25）。 N = 95 [65]* [35]	问题 4′:	C′（-4 000，0.20）； D′.（-3 000，0.25）。 N = 95 [42] [58]*
问题 7:	A.（6 000，0.45）； B.（3 000，0.9）。 N = 66 [14] [86]*	问题 7′:	A′.（-6 000，0.45）； B′.（-3 000，0.9）。 N = 66 [92] *[8]
问题 8:	C.（6 000，0.001）； D.（3 000，0.002）。 N =66 [73]* [27]	问题 8′:	C′.（-6 000，0.001）； D′.（-3 000，0.002）。 N =66 [30] [70]*

在表 4-1 的四个问题中，正期望之间的偏好是负期望之间偏好的镜像。因此，以 0 为中心对预期偏好正好反转，这种情况被卡尼曼和特沃斯基称为反射效应。

结论：

（1）反射效应表明，正区域的风险厌恶伴随着负区域的风险寻求。例如，在问题 3′ 中，大多数主体宁愿接受以 80% 的概率损失 4 000 的风险，胜过接受 3 000 的确定损失，尽管前者的期望效用更低。

（2）正收益预期之间的偏好与期望效用理论是不一致的，相应的负收益预期偏好也以相同的方式违背了期望效用理论。例如在问题 3 中，相对于不确定的收益，确定性的收益被高估了；在问题 3′ 中，相对于确定的损失，不确定的损失被低估了。在收益区域，人们偏好较小的确定收益，而不喜欢更大的概率性收益，从而表现为风险厌恶。在损失区域，相同的心理原则导致人们偏好更大的概率损失，而不喜欢较小的确定损失，从而表现为风险寻求。

（3）反射效应消除了对不确定性（风险）的厌恶。人们似乎讨厌不确定性，但反射效应告诉我们，人们并不总是偏爱不确定性的，也并不总是厌恶风险的。因为这种对不确定性的厌恶只有面对收益的时候才表现出来，而面对损失的时候刚好相反。

4.2.4　概率性保险

人们普遍购买保险以防止损失的现象是效用函数凹性的有力证据。另外，为什么人们愿意花这么多钱去购买保险合同，而且购买的价格很高，已经超过了期望的保险精算成本呢？然而，对各种保险的相对吸引力考查并不支持效用函数处处呈凹性的主张。例如，人们通常更偏好提供有限范围的、较低或者零扣除的保单，胜过更大范围的、较高扣除的可比保单，这与风险厌恶相反。在另一种保险问题中，人们的回答与凹性假设不一致，可以称之为概率保险。为了论证这个概念，可分析以下问题。

问题 9：假设你正在考虑购买某种财险防止损失。在考查了风险和保费之后，你发现自己在投保和不投保之间并没有明显的偏好。正在这时，保险公司推出的一个叫"概率保险"的险种引起了你的注意。在这个险种中，你支付正常保费的一半。在损失发生时，你有 50% 的机会支付另一半保费，然后保险公司赔偿你的全部损失；有 50% 的机会退还你已支付的保费，自己承担全部损失。例如，如果事故发生在一个月的奇数日，你支付常规保费的另一半，你的全部损失获得赔偿；但是如果事故发生在一个月的偶数日，那么退还你已经支付的保费，你的损失自己承担。

问题：在这种情况下，你愿意购买概率保险吗？

A. 是；

B. 否。

实验结果：$N = 95[20] [80]*$

其中 N 表示参加的人数，括号内数字表示选择该答案的人数比例。

尽管这个实验的人为痕迹比较明显，但该实验值得深思。购买这样的保险只是降低一些意外事件发生的概率，而没有完全消除其发生的概率。防盗自动警铃的安装、旧轮胎的更换、决定停止吸烟都可以看作概率保险。

问题 9 中的回答意味着概率保险通常是不具有吸引力的。显然，将损失的概率从 p 降到 $p/2$，不如将损失的概率从 $p/2$ 降到 0 更有价值。

但是，与这个实验的结果恰好相反，效用函数凹性的期望效用理论表明：概率保险是优于常规保险的。换句话说，如果在资产位置 w 点，一个人刚好愿意支付保费 y 来防范以概率 p 损失 x 的风险，那么他应该明确愿意支付更小的保费 ry 来将损失 x 的概率从 p 降到 $(1-r)p$，这里 $0 < r < 1$。正式地，如果一个人在 $(w-x, p; w, 1-p)$ 和 $(w-y)$ 之间是无差异的，那么他应该偏好概率保险 $[w-x, (1-r)p; w-y, rp; w-ry, 1-p]$ 胜过偏好常规保险 $(w-y)$。

【专栏4-2】

为了证明这个命题，卡尼曼和特沃斯基推演如下：

$pu(w-x)+(1-p)u(w)= u(w-y)$，

意味着：

$(1-r)pu(w-x)+ rpu(w-y)+(1-p)u(w-ry)> u(w-y)$。

为不失一般性，我们让 $u(w-x)= 0$，$u(w)= 1$。

因此，$u(w-y)= 1-p$。

我们希望表明：

$rp(1-p)+(1-p)u(w-ry)> 1-p$

或者 $u(w-ry)> 1-rp$。当且仅当 u 是凹函数时，该式成立。

这是效用理论风险厌恶假设的一个相当令人困惑的推论。因为概率保险直觉上看来比完全消除了风险要素的常规保险风险更大。显然，这种直觉的风险主张是不足以从假定的财富效用函数凹性中得到的。

对概率保险的厌恶特别令人困惑，因为从一定意义上讲，所有的保险都是或然的。最渴望购买保险的人最容易受到财务或者其他风险的攻击，而这些风险是不在赔偿范围之内的。看来，概率保险与可以为某一特定的风险类型提供确实赔偿的偶然保险之间，存在着重大差异。例如，概率保险可以防范你住宅的所有物件的各种形式的损失或者损害，而偶然保险则消除了因盗窃而引起的所有损失风险，但其他风险如火灾就不在赔偿范围之内。我们推测：当无保护的损失概率相等时，偶然保险通常比概率保险更有吸引力。因此，两个概率和结果等价的预期可能因表达方式的不同而效用不同。

4.2.5　隔离效应

为了简化二中择一的选择，人们通常忽略二者共有的部分，而集中关注二者不同的部分。这种选择问题的方法可能产生不一致的偏好，因为一对前景可以用不止一种方法分解成共有的和不同的部分，不同的分解有时会导致不同的偏好，我们将这种现象称为隔离效应。

问题10：考虑下列两阶段的赌博。在第一阶段，有75%的机会什么也得不到而结束赌博，有25%的机会进入第二阶段。如果你进入了第二阶段，则有以下选择：

A.（4 000，0.80）

B.（3 000）

你必须在赌博开始之前进行选择，也就是在知道第一阶段的结果之前做出选择。

注意：在这个赌博中，一个人要选择有 $0.25 \times 0.80 = 0.20$ 的机会获得4 000镑，还是有 $0.25 \times 1.0 = 0.25$ 的机会获得3 000镑。因此，根据最终的结果和概率，一个人面对的是（4 000，0.20）和（3 000，0.25）之间的选择。然而，在这两个问题中，占优的偏好是不同的。在回答问题10的141个主体中，78%的被试选择了后一个期望，即选择了B，这与问题4中的情态偏好相反。显然，因为第一阶段的结果在两个期望中是共有的，人们忽略了相同的部分（即赌博的第一阶段），将问题10看作是在（3 000）和（4 000，0.80）之间进行选择，如问题3所示。

问题4和问题10可以分别描绘成图4-4和图4-5中的决策树。按照通常的惯例，正方形表示决策节点，圆形表示机会节点。这两种表达的本质差别是决策节点的位置。在图4-4的标准图形中，决策者面对的是两个风险预期之间的选择，而在图4-5的连续图形中，他面对的是一个风险预期和一个无风险预期之间的选择。至此，完成了不改变概率或者结果的前景依赖的介绍。特别是，在连续表达中，事件"得不到3 000镑"包含在事件"得不到4 000镑"中，然而这两个事件在标准表达中是独立的。因此，获得3 000镑在连续表达中有确定优势，而在标准表达中则没有。

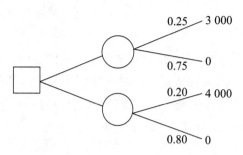

图 4-4　问题 4 的决策树表达（标准表达）

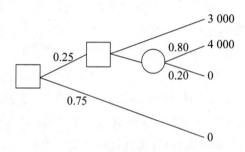

图 4-5　问题 10 的决策树表达（连续表达）

偏好反转应归于对特别重大事件的依赖，因为它违背了决策理论分析的基本假定，即前景之间的选择仅由最终的概率决定。

在上述的一种形式胜过另一种形式中，很容易非常自然地对决策问题提出异议。例如，两种不同的风险投机选择很容易被看作标准的形式。另一方面，下列问题很可能以连续的形式描绘：一个人可能会投资于这种投机，如果投机失败，那就可能以一定的概率损失自有资金；如果投机成功，那就可能面对固定收益回报和一定百分比所得之间的选择。隔离效用意味着：一些具有相同预期收益的风险项目中，附带一些固定收益条款的项目将更能增加对投资者的吸引力。

前述的问题论证了不同的概率表达会怎样导致偏好改变。现在我们来说明不同的结果表达会怎样导致选择的改变。

考虑下列两组不同主体的问题。

问题 11. 在你拥有的财产之外，给你初始奖金 1 000 镑。现在你被要求进行如下选择：
A.（1 000，0.50）
B.（500）
$N=70$ [16] [84]*

问题 12. 在你拥有的财产之外，给你初始奖金 2 000 镑。你现在被要求进行如下选择：
C.（-1 000，0.50）

D.（-500）

$N = 68$ [69*] [31]

在第一个问题中，大多数主体选择 B，而在第二个问题中，大多数主体选择 C。这些偏好符合表 4-1 中所显示出的反射效应，即对正期望的风险厌恶和对负期望的风险寻求。不过要注意：当根据最终的状态来观察时，这两个选择问题是一样的。

A =（2 000，0.50；1 000，0.50）= C

B =（1 500）= D

实际上，问题 12 可以由问题 11 在最初的奖金上加 1 000 镑并从所有的结果中减 1 000 镑得到。显然，被试没有将初始奖金与期望合并起来看，奖金没有加入期望的比较中，因为奖金在每一个问题的所有选项中是共有的。

问题 11 和问题 12 中所观察到结果的形式与效用理论明显不一致。例如，在效用理论中，100 000 镑的财富被赋予相同的效用值，而不管它之前是 95 000 镑还是 105 000 镑的财富。因此，在 100 000 镑的总体财富和等价的机会获得 95 000 镑或者 105 000 镑的财富之间的选择，与一个人当前是否拥有更小或者更大的数额是无关的。加入风险厌恶这个额外假定，该理论认为：确定获得 100 000 镑应该总是胜过赌博的。然而，问题 12 和之前几个问题的回答表明：这种情况只有在个人拥有较小的财富而不是较大的财富时才成立。

这种在问题 11 和问题 12 的所有选项中共同存在的对奖金的明显忽略意味着：价值或者效用的载体是财富的变化，而不是包含当前财富的最终的资产位置。这个结论是风险选择的替代性理论的基石。

添加香醋的啤酒

沃克纪念堂前面有两列高大的希腊式柱子，中间是宽阔的台阶，台阶上面就是入口。进门后右转，就能看到两个房间，地上是早在电灯发明以前就铺在那里的地毯，加上与之相配的古老的家具，空气中弥漫着酒精和炸花生米的气味，让人一进来就感到亲切和惬意。欢迎光临马迪•查尔斯酒吧——麻省理工学院的两家酒吧之一。以后的几周，我和伦纳德、沙恩要在这里开展我们系列的实验，实验的目的就是要弄清人们的预期是否影响他们对后来事物的观点，说得更具体一点，即酒吧的客人对某种啤酒的预期是否能形成他们对啤酒口味的评判标准。

给马迪•查尔斯酒吧客人上的啤酒品种之一是百威，另一种，我们给它一个昵称——麻省理工学院特酿。"麻省理工学院特酿"是什么酒？它基本上就是百威，只是加了点"秘密配料"——每盎司啤酒加两滴意大利香醋。

当天晚上七点多钟，杰弗瑞，计算机专业二年级博士生，很幸运地踏进马迪•查尔斯酒吧的大门。"我可以给您推荐两小杯免费啤酒样品吗？"伦纳德迎上去问道。杰弗瑞同意后，伦纳德把他带到一张桌子旁边，桌子上摆着两个小啤酒杯，里面是带白色泡沫的饮料，一只杯子上标着"A"，另一只标着"B"。杰弗瑞端起其中一杯，尝了一口，若有所思地含在口中咂了一会儿，然后拿起第二种尝了一口。"再给您来一大杯，您要哪一种？"伦纳德问。杰弗瑞认真考虑了一下，既然还有一大杯免费的，他可一定要挑选最喜欢的来享用。

杰弗瑞选择了"B"，端着杯子去找他的朋友。杰弗瑞不知道，他刚才品尝的两种饮料就是百威和麻省理工学院特酿——他后来选的就是加了意大利香醋的麻省理工学院特酿。

几分钟以后，来自德国的访问学生尼娜走了进来。"来杯免费啤酒？"伦纳德问。她嫣然一笑，点了点头。这一次，伦纳德做了进一步介绍，他说："啤酒A是一种市场上的普通啤酒，啤酒B则是加了几滴意大利香醋的调制啤酒。"尼娜都做了品尝。当样品酒喝完了（她喝加醋啤酒B时皱了一下鼻子），她示意要一大杯啤酒A，伦纳德给她倒了一大杯普通百威，尼娜接过去，高兴地找她那些正在喝酒的朋友去了。

杰弗瑞和尼娜仅仅是参与实验的几百个学生中的两个。但他们的反应是很有代表性的。事先不告诉他们，多数人选择加了醋的麻省理工学院特酿；事先告诉他们所谓特酿只不过是加了醋的百威，反应就截然不同了。掺了醋的饮料一入口，他们就皱起了鼻子，马上要求换百威。你们可预料到的教训是，直截了当地告诉人们某种东西可能味道不好，结果十有八九他们会跟着你走。

资料来源：丹·艾瑞里.怪诞行为学[M].赵德亮，夏蓓洁，译.北京：中信出版社，2008.

问题：
1. 告知啤酒是否加醋为什么会导致人们对事物的评价和选择发生变化？
2. 还有哪些心理因素可能会影响人们对事物的评价？
3. 在投资决策过程中人们是否也存在类似的心理和行为选择？

【在线测试题】扫码书背面的二维码，获取答题权限。

第 5 章
投资者认知偏差

你能承受的风险取决于你的总体经济状况,包括投资收入以外的其他收入的种类和来源。

——伯顿·马尔基尔

不同的投资者在进行投资决策时会对同一现象做出不同的反应,他们通常会依据自己的直觉或者常识来进行判断与决策。从心理学视角看,投资者的认知、情绪和个人行为等都会对投资决策产生影响。投资者在判断和决策过程中经常会出现认知偏差。所谓认知偏差就是指人们根据一定的现象或虚假的信息而作出判断,因此判断错误或判断本身与判断对象的真实情况不相符。认知偏差可导致感知失真、判断不精准、解释不合逻辑或各种统称为"不理性"的结果。而这一章我们将从投资者的认知角度来讨论认知偏差的成因与影响。

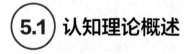

5.1 认知理论概述

5.1.1 认知心理学

认知心理学是 20 世纪 50 年代中期在西方兴起的一种心理学思潮,20 世纪 70 年代开始成为西方心理学的一个主要研究方向。随着信息理论和计算机科学与技术的迅速发展,认知心理学以新的理论观点和丰富的实验成果对整个心理学产生了巨大的影响,为心理学研究提供了一种新的范式和研究取向。

1967 年,美国心理学家奈塞尔出版了名为《认知心理学》的专著,它标志着认知心理学的诞生。在这本书中,他认为认知心理学是研究信息经感觉输入的转换、简化、储存、恢复、提取与使用的过程,他把认知心理学划分为视认知、听认知和记忆与思维心理活动三大部分。

奈塞尔认为，外界的物理能量与信息必须要转换为神经能模式，这种生物电能的模式是以后所有认知加工的基础。一旦感觉刺激中的物理能量被转换为神经能，那些未被转换的物理能就完全丢失。在这个基础上，人把所输入的信息进行表征、储存、加工和转化为知识，并运用知识来指导自己的行为和解决问题。可以说，认知活动涵盖了人的心理过程的全部范围，包括对信息的检测、模式识别、注意、记忆、学习策略、知识表征与知识结构、思维与问题解决、概念形成与规则获得、语言与认知发展和认知的自我监控等。

20世纪80年代，完整的认知心理学体系基本形成。认知是指人脑中的知觉和认识活动，即人的意识、感知、注意、记忆、问题解决和推理等过程。在这期间，认知心理学的指导思想是信息加工理论，它将人脑比作计算机，认为认知活动就是信息加工的过程。认知心理学以人的认知过程为研究对象，在研究低层次认知过程，如感觉、知觉、短时记忆等问题时，根据感觉通道不同，分别采取速视法、分听法和目标搜索法等。在研究高层次认知过程，如思维、问题解决、概念形成与推理过程、语言理解和知识运用等问题时，分别采取口语报告法、内容分析法和元分板法等。近年来，在认知心理学的研究中，更多地使用计算机程序控制来显示刺激、记录被试的反应时间、正确率、反应过程，建立心理机制模型，并在视知觉、言语知觉获得、记忆、注意、概念形成和问题解决等领域的研究中取得了很大进展，尤其是脑成像技术以及脑神经科学的理论和新的技术使用，使认知心理学的发展具有了坚实的脑科学基础。

需要指出的是，在当前的心理学文献中，有时把人类认知活动，包括感知觉、注意、记忆、思维、语言、问题解决和推理等的研究统称为认知心理学。本书以信息加工理论为指导思想，兼顾认知神经心理学的最新研究成果，在把人的心理活动与计算机进行类比的同时，把人脑看作类似于计算机的信息加工系统，认为人脑与计算机在功能结构和信息加工过程方面有许多相似之处。例如，两者都涉及信息的输入与输出、信息的储存与提取、对信息加工须按一定程序进行等。因此，信息加工的认知心理学以计算机作为人的心理机制模型，对人的心理活动和计算机对信息处理过程进行比较，以此来解释人类的认知活动过程。

计算机现在不仅是能够处理数字符号的机器，而且已经成为能够加工处理许多种符号的电子设备。这样，信息加工观点的认知心理学，就把人的认知活动过程与计算机对符号的处理过程进行比拟。例如，计算机在接受信息时对符号进行加工处理的过程，与人类记忆时对信息的输入、存储与检索和提取的过程相似，用它们来说明人的认知活动过程是能够通过计算机对信息的加工处理程序清楚地表达出来。这种把人脑看作计算机一样处理信息或符号的程序，称为人脑的信息加工系统。

认知心理学有广义和狭义之分。广义的认知心理学主要探讨人脑内部的心理活动过程、认知的发生与发展，以及对人的心理事件、心理表征和信念、意向等心理活动。狭义的认知心理学是以信息加工理论观点为核心的心理学，又称为信息加工心理学。在这个意义上，认知心理学是以人的心理结构与认知过程为研究对象，探讨认知的信息加工过程，在把人看作信息加工系统时，揭示认知过程中信息加工的内部心理机制，即信息的获得、存储、加工、提取和运用，其研究范围按照人的认知活动，包括知觉、注意、表象、记忆、思维、语言、推理、问题解决等心理过程。美国出版的《百科全书》对认知心理学给予这样的解释："认知心理学是研究人的高级心理活动过程的学科，即研究人接受、编码、操作、提取和利用知识的过程，这个过程包括知觉、语言、智能、表象、思维、推理、问题解决、概念形成和创造性。"

当代认知心理学把人看作是一个积极的、具有主观能动性的知识获得者和信息加工者。人的认知活动是人对信息的加工处理过程，以及对客观事物的变化和特征的反映，也是对事物之间相互作用和相互联系的表征。信息加工系统是指能够接收、存储、处理和传递信息的系统。

5.1.2 判断与决策中的信息加工过程

认知是指人们获得知识或应用知识的信息加工过程。换言之，人脑接受外界输入的信息，经过加工处理后，转换成内在的心理活动，进而支配人的行为，这个过程就是认知。人的认知活动是一个非常复杂的心理活动过程，由感觉、知觉、注意、表象、记忆、想象与思维等认知要素组成。

1. 感觉

感觉是人脑对客观事物各个属性、某种具体特征的直接反映，是人们获得关于世界一切知识的重要源泉。感觉受到人的解剖生理特点和功能的制约，是某一分析器活动的结果，同时也受到客观事物各种物理特性与属性的影响。

感觉是认知的第一步，一般对外界信息的认知主要是通过视觉（87%）、听觉（7%）、嗅觉（3.5%）、味觉（1%）、触觉（1.5%）感官进行的，其中以视觉、听觉和嗅觉最为重要，这几种感觉的一般规律如下。

（1）相应性。相应性是指每一种感觉器官只能对特定性质的刺激物做出反应，完成自己特定的反应任务和反应内容。视觉是由波长为380纳米至780纳米的电磁波作用于视网膜上的视锥细胞和视杆细胞所引起的；听觉是由振动频率为16Hz至20 000Hz的声波作用于人的内耳柯蒂氏器官的毛细胞所引起；嗅觉是由各种可挥发的物质微粒作用于鼻腔上部的嗅细胞所引起；味觉是由溶解于口内液体的化学物质作用于舌头和软腭上的味蕾所引起，主要有四种类型，包括酸、甜、苦、咸；触觉是由外物直接刺激人的皮肤外表相应的感觉系统而引起。皮肤感觉主要包括温觉、冷觉、触觉、痛觉四大类。

（2）感受性。感受性是指人对刺激强度及其变化的感觉能力，研究表明引起感觉不仅要有相应性，而且要有一定的强度要求。衡量感受性一般采用感觉阈限，在心理学上把能引起感觉的最小刺激强度称为绝对感觉阈限，而将这种能觉察出最小刺激强度的能力称为绝对感受性。绝对感受性与绝对感觉阈限成反比关系，即绝对阈限越小，能引起感觉的刺激强度越弱，绝对感受性就越大，这说明人的感觉器官越灵敏。然而，有时刺激强度发生了变化，人们的感觉并不一定能立即有所感觉。例如，2 500元的冰箱涨价10元，消费者并不一定能立即有所感觉，这是由于差别阈限在起作用。心理学上把能够引起感觉差别的最小变化量称为差别阈限。例如，当冰箱价格提高到2 600元时，人们就会有明显的感觉，其中100元就是原来2 500元的差别阈限。相应地，心理学上把能够区别出同种刺激最小差别的能力称为差别感受性。

19世纪德国科学家韦伯（E. Weber）发现，这种差别阈限不是一个绝对数值，而是与第一种刺激相对应的相对数值。最初刺激越强，感觉第二种刺激就越不容易，例如，冰箱涨价10元无人察觉，涨价100元会引人注意，而肥皂涨价0.20元就会引起人们的关注。一般来说，在感觉阈限以内都能引起人的感觉，如声波在16Hz至20 000Hz以内都会有感觉，超过此限则无感觉。感觉本身的强度会直接影响感觉的舒适度，如中等大小的音量会使人产生舒适的听觉享受，中等强度的音响也具有同等特点；中等强度的低音会使人有荡气回肠之感，轻盈的高音在心头缭绕会使人产生强烈的愉悦感；而超强度的重型低音会震痛人们的耳膜和其他器官，心脏不好的人还会有五脏翻滚、天旋地转之感；高强度的高音（如重金属摇滚音乐等）会使人出现针刺般的强烈感觉。触觉同样如此，适度的温度和按摩会使人产生舒适感，而过高或过低都会使人感到不适，甚至使人产生痛感。因此，刺激强度对人的感觉非常重要。

（3）适应性。适应性是指刺激对感觉器官的持续作用会使得感受性发生变化。这种作用可能增强，也可能降低。一般来说，随着时间的延长，感觉的敏感性会逐渐降低，"入鲍鱼之肆久而不闻其臭，入芝兰之室久而不闻其香"就是说的这个道理。适应性是人们应付环境时心理自动调节的一种机能。接触初期的好奇心、新鲜感需要人们付出相应的心理能量，同时也会分散人们的精力和对其他事物的注意力，而适应性则会使人的心理活动趋于平稳。对于消费活动来讲，适应有有利的一面，可以把消费者的精力和注意力从高度的新鲜感和好奇心中解脱出来。但好奇心的满足、新鲜感的降低、敏感性的消失，又会使人产生失落感和空虚感，甚至会使人产生枯燥和麻木的体验，从而使人厌弃某一商品。

（4）相互性。相互性是指各种感觉器官的感受性在一定条件下会出现此消彼长的现象。例如，听觉在黑暗中会加强，在光亮中则会减弱；微弱的声响能提高人辨别颜色的感受性，而强烈的声响则会降低人对色彩的感受性。这表明，对人的某一器官刺激的加强，会相应地降低另一器官的感受性，反过来亦是如此。

【专栏5-1】　　　　　韦　伯　定　律

韦伯定律，也称韦伯—费希纳（费勒）定律，是德国生理学家E.H.韦伯（1795—1878）通过对重量差别感觉的研究发现的一条定律，即感觉的差别阈限随原来刺激量的变化而变化，而且表现出一定的规律性。

韦伯—费希纳定律是表明心理量和物理量之间关系的定律。韦伯发现同一刺激差别量必须达到一定比例，才能引起差别感觉，这一比例是个常数。后来，韦伯以前的学生、莱比锡大学的物理学教授费希纳在韦伯的研究结果上进一步研究指出，心理量是刺激量的对数函数，即当刺激弱度以几何级数增加时，感觉的强度以算术级数增加。

韦伯—费希纳定律是营销学中研究购买者价格差异感受的一条定律。所谓价格差异感是指当购买者在面对价格的调整、变化或者不同价格时的心理认知程度。如果消费者能够对价格的差异进行理性的判断，那么当绝对的价差一样时，就应该产生相同的行为。但是实践和实验的结果都表明，购买者对同样的价差的反应并不相同。下面是两个不同假设条件的实验：

实验 A：假设你所光顾的文具店中计算器的价格是 20 元，而有人告诉你其他商店的价格是 15 元。

实验 B：假设你所光顾的文具店中计算器的价格是 120 元，而有人告诉你其他商店的价格是 115 元。

那么，在哪种情况下你会改变到其他商店购买计算器？

实验的结果是，在 A 实验中大约 68% 的人会换一家商店去购买，B 实验中大约 29% 人会愿意换一家商店去购买。这种实验的结果有什么特别的含义吗？只要我们仔细分析一下两组实验中的价差，就会发现两组实验的差价其实是一样的（都是 5 元），所以实验结果的不同寻常之处就在于，如果购物者都是理性经济人的话，为什么在相同的经济损益面前，其行为却有如此的不同呢？进一步分析，我们会发现，虽然两种实验中购物者实际节省的都是 5 元，但是在 A 中，5 元相对于价格总额是一个不小的数字；而在 B 中，5 元相对于价格微不足道。这就是营销学中著名的韦伯—费希纳定律：购买者对价格的感受与基础价格的水平有关，购买者对价格的感受更多地取决于相对价值，而非绝对价值。根据韦伯—费希纳定律，购买者对价格变化的感受更多地取决于变化的百分比，而非变化的绝对值，并且在产品价格之上之下各有一个界限。将价格调整至界限之外容易被购买者觉察到，而在界限之内调整却往往被购买者所忽视。

2. 知觉

知觉是人脑对直接作用于感觉器官的客观事物的整体反映，它是个体在综合了多种感觉的基础上形成的对事物的整体印象。感觉与知觉的一致性在于两者都是对事物的直接反映，区别则在于感觉是对认知对象的个别属性、颜色、气味、形状等的反映，而知觉是对认知对象的整体形象的反映。两者关系是知觉必须以各种形式感觉的存在为条件，且与感觉同步进行。知觉并不是感觉的简单相加，因为知觉的发生依赖于人们过去的知识和经验，也依赖于人们的兴趣和情绪等。人们正是依靠过去的经验和此刻的心境来把所感觉出的个别属性综合为整体形象，从而把当前的对象物知觉为某个确定的事物。知觉的产生是人的多种感觉器官联合活动的结果，许多感觉器官的共同参与能反映出对象的多种多样的属性，这样就产生了综合的、完整的知觉。例如，看电影、观看演唱会都是视觉器官和听觉器官联合活动的结果，不过是以其中一部分感觉器官的活动为主，在许多知觉活动中，视觉器官和运动器官起着主导作用。

3. 记忆

记忆是过去经验在头脑中的重现或者是人脑对过去经历过的事物的反映。信息加工心理学认为，记忆是对输入信息的编码、存储，并在一定条件下进行检索和提取的过程。因此，对刺激信息的编码、存储和提取是记忆的信息加工过程，任何信息只有经过这些过程的加工与处理，才能输入长时记忆系统使其转换成人脑中的知识与经验，并利用它们来解决实际问题。

认知心理学把人类的记忆过程划分为三个连续的阶段：编码阶段（或称为识记）、存储阶段（或称为保持）和提取阶段。

（1）编码阶段：是记忆对刺激信息进行转换与编码的过程，也是人获得知识与经验的过程。在整个记忆系统结构中，编码阶段具有不同的层次或不同的水平，而且是以各自不同的形式存在着的。同时，编码阶段又是一个展开的过程，它包括了对刺激信息的反复感知、思考、体验和操作的过程。新输入的刺激信息必须与人的已有的知识结构与经验体系形成某种联系，并融入其中，才能够获得新的信息与巩固已有的知识与经验。在特定情形下，当某事物与人的需要、兴趣、情绪等紧密联系时，尽管只有一次经历，也能牢固地存储这些信息，如学生收到期望中的学校录取通知书时的激动心情与情景，往往会使其终生不忘。

（2）存储阶段：是把在编码阶段已经加工的信息，如感知过的事物、体验过的情感、练习过的动作、思考过的问题等，以一定的形式保持在记忆系统中的过程。存储或保持是记忆的第二个阶段，它把已经输入的被编码的信息保持一段时间。认知心理学把知识的存储状况称为知识的表征，它可以是事物的图像，也可以是一系列概念或命题。存储阶段是编码阶段与提取阶段的中间环节，它在记忆过程中起着非常重要的作用，没有信息的存储，也就不可能有记忆，记忆的成绩与效果往往是通过记忆测验中对刺激信息保持的质与量体现出来的。

（3）提取阶段：是指从记忆系统中查找出已存储的信息，并把某些信息重现出来的过程。一个人记忆力的强与弱，就是通过对已存储的信息的提取而表现出来的。

一个人在记忆过程中获得成功，即表明以上所有三个阶段是完整的：输入的刺激信息已经被编码，重要信息已被存储和被提取。而当一个人记忆失败，则说明可能在以上三个阶段中的一个或几个阶段出现了问题。

4. 注意

注意是人的心理活动对一定事物或活动的指向与集中。它是心理活动的一种积极状态，使得心理活动具有一定的方向性。注意本身不是一个独立的心理过程，而是伴随人的识记、情感意志活动过程所表现出来的。注意的生理基础是机体的一种定向反射，定向反射是由周围环境的变化引起的，刺激物的出现、消失、增强、减弱以及性质上的变化等都会引起定向反射。而注意的中枢机制则是神经过程的诱导规律，在大脑皮层上发生的每一个兴奋中心都会引起周围区域的抑制，从而使人能够清晰地反映一部分事物而远离其他部分事物。

注意有两个基本特征。一是指向性，是指心理活动有选择地反映一些现象而离开其余对象。二是集中性，是指心理活动停留在被选择对象上的强度或紧张。指向性表现为对出现在同一时间的许多刺激的选择；集中性表现为对干扰刺激的抑制。它的产生及其范围和持续时间取决于外部刺激的特点和人的主观因素。

注意的功能包括：

（1）选择功能。注意的基本功能是对信息进行选择，使心理活动选择有意义的、符合需要的和与当前活动任务相一致的各种刺激；避开或抑制其他无意义的、附加的干扰当前活动的各种刺激。

（2）保持功能。外界信息输入后，每种信息单元必须通过注意才能得以保持，如果不加以注意，就会很快消失。因此，需要将注意对象的影像或内容保持在意识中，一直到完成任务，达到目的为止。

（3）调节功能。有意注意可以控制活动向着一定的目标和方向进行，使注意适当分配和适当转移。

（4）监督功能。注意在调节过程中需要进行监督，使得注意向规定的方向集中。

5. 思维

（1）思维的内涵。作为一个科学概念，心理学把思维作为一种认知活动和反映活动，并认为它与感知、记忆等认知活动具有本质的区别。思维是人脑对客观事物间接的、概括的反映。所谓间接的反映是指通过其他事物的媒介或中介来获得对事物的认识，如"月晕知风，础润知雨"。所谓概括的反映是指对事物的共同特征和内在规律性的本质认识，如"笔是书写的工具"等。

思维活动和其他反映活动一样，包含着反映的内容和反映的过程两个方面。当一个人说他正在想问题的时候，其实含有"想什么"和"如何想"。"想什么"是指思维的内容，"如何想"是指思维的过程。认知心理学主要不是研究思维的内容，而是研究思维的过程，即研究人在思维活动中，如何进行一系列操作以达到问题解决的过程。因此，思维是一种间接的、概括的、指向问题解决的认知活动过程。

（2）思维与表象。思维是人脑对刺激信息的加工处理。从信息加工的角度讲，思维是人对信息的分析与综合、比较与归类、抽象与概括、系统化与具体化等复杂的心理活动过程。对信息进行加工转换，产生新的心理表征，其过程既要借助于概念来进行，也要借助于表象来进行。表象是人脑对以前感知过的事物形象的反映，是过去感知事物痕迹的再现，是感知到思维过渡的重要环节和桥梁。

5.1.3 问题解决策略

人的思维活动和问题解决策略紧密联系，问题解决是人类思维活动的普遍表现形式，人的智慧性、创造性突出表现在解决问题上。

按照认知心理学理论，问题解决是指在一个问题空间中的搜索过程，是一个能够通过有效的算子，达到目标状态的过程。有的问题空间是如此之大，要对它们进行彻底的搜索是不可能的，但是，可以通过各个子目标状态的算子来逐步缩小问题空间，最后解决问题。比如，国际象棋的问题空间就有大约 10 的 20 次方种状态，而围棋的问题空间可能就更大了。为此，人类问题解决经常要依靠问题空间的搜索策略，在一定的合理时间内通过一定的努力来解决问题。

问题解决策略是影响问题解决效率的重要因素之一。当一个人在面临问题的时候，可以采用不同的策略来解决问题。到底应该运用哪种策略来解决问题，则依赖于主体所面对的问题的性质和内容，同时也依赖于个人已有的知识与经验的丰富性。

认知心理学把在问题解决中所运用的策略概括为两大类：算法和启发式。

1. 算法

算法是指在问题空间中，随机搜索所有可能的算子或途径，直到选择出一种有效的方法来解决问题的策略。算法实质上是按照逻辑步骤以保证问题得到解决的一套程序，是具有能够得出正确答案的特定步骤，把解决问题的方法一一进行尝试，并根据可运行的步骤操作，最终解决问题，尽管解决问题的效率不高，但通常总能够起作用。例如，解决算术问题的方法就是运用算法策略的一个例子。又如，在密码箱上有三个转钮，每个转钮有 0—9 位数字，现在要采用算法策略，尽快找出密码并打开箱子，这时就要通过逐个转动三个数字转钮的随机组合，尝试直到找到密码并打开箱子为止。再如，当使用计算器或用纸和笔来进行加、减、乘、除等运算的时候，也是在使用算法策略解决问题。

算法的问题解决策略能够保证问题的准确解决，但是它的最大欠缺是在解决某些问题时需要进行大量的尝试，费时费力，效率不是很高。如果面对的问题复杂、问题空间很大时，解决该问题就很困难。另外，有些日常生活的非明确限定性问题也很难用算法策略来加以解决。当在找不到合适的算法来解决问题时，人们常常会采用启发式策略。

2. 启发式

启发式是指个体根据已有的知识经验，在问题空间内进行粗略搜索来解决问题的策略。它要求个体具备与问题相关的特定领域的知识，是一种思考上的捷径，是解决问题的简单、笼统的规律或策略，也称之为经验法则或拇指法则（the rule of thumb）。启发式并不能完全保证问题解决的成功，但是运用这种方法来解决问题则比较省时省力，而且效率较高。

问题解决的效率取决于问题空间的性质和对问题空间的搜索模式。问题解决行为是个体在问题空间中搜索解决问题的路径、一系列知识（结点）状态，它引导着问题解决者通过问题空间实现问题解决。认知心理学家认为，在问题解决中最重要的策略是启发式。

算法与启发式是两类性质不同的问题解决策略。虽然算法能保证问题一定得到解决，但它不能取代启发式。在以下情况下，最有可能导致人们使用启发式，而不是理性思考：

（1）当我们没有时间认真思考某个问题时；
（2）负载的信息过多，以至无法充分对其进行加工时；
（3）手中的问题并不十分重要，以至于不必太过思虑时；
（4）缺乏做出决策所需的可靠的知识或信息时。

5.2 启发式偏差

人们依赖数目有限的启发式原则，以把概率估计和数值预测的复杂任务降低为较简单的判断操作。通常，这些启发式原则很有用，但有时，它们也会导致严重和系统的错误。本节讨论被用来估计概率和预测数值的 3 种启发式，包括代表性启发、可得性启发、锚定与调整启发及其所导致的偏差。

5.2.1 代表性启发偏差

代表性启发是指，人们倾向于根据样本是否代表（或类似）总体来判断其出现的概率。人们在不确定的情况下，会关注一个事物与另一个事物的相似性，以推断第一个事物与第二个事物的类似之处。人们假定将来的模式会与过去相似并寻求熟悉的模式来做判断，并且不考虑这种模式产生的原因或重复的概率。

代表性启发原则很有用，但代表性启发可能会导致偏差，其偏差主要有以下几种情况。

1. 对结果的先验概率不敏感

首先，我们来看下面这个实验（实验 5-1）。

【实验 5-1】 身份判断实验

丹尼尔·卡纳曼做了一个著名的实验：约翰，男，45 岁，已婚，有子女；他比较保守，谨慎并且富有进取心；他对社会和政治问题不感兴趣，闲暇时间多用于业余爱好，如做木匠活和猜数字谜语。

假设约翰来自于一个工程师和律师组成的样本群，然后分别告诉被测试者不同的先验概率：一组被测试者被告知工程师人数为样本的 30%，律师人数为样本的 70%；另一组被测试者被告知工程师人数为样本的 70%，律师人数为样本的 30%。询问两组被测试者约翰更有可能从事哪种职业？

结果表明，两组被测试者大都认为约翰是工程师，即使在主试有意提醒他们注意叙述条件的情况下，这种现象仍未改变。这说明，人们只根据描述性语言的代表性进行判断却全然不考虑先验概率的影响。

先验概率是指事情还没有发生，根据以往的经验来判断事情发生的概率。后验概率是事情已经发生，要求这件事情发生的原因是由某个因素引起的可能性的概率，没有特定证据时，人们会恰当地利用先验概率；而有无用证据时，人们会忽视先验概率。通常，人们的直觉会认为联合事件比单个事件有更高的代表性，这种现象被称为联合谬误。

我们再来看另一个实验（实验 5-2）。

【实验 5-2】 Tom W 实验

1973 年卡尼曼及特沃斯基进行了一个名为"Tom W"的著名实验，大致内容包括：

给被试一段关于 Tom W. 的描述："Tom W. 智商很高，但是缺乏真正的创造力。他喜欢按部就班，把所有事情都安排得井然有序，写的文章无趣、呆板，但有时也会闪现一些俏皮的双关语和科学幻想。他很喜欢竞争，看起来不怎么关心别人的感情，也不喜欢和其他人交往。虽然以自我为中心，但也有很强的道德感。"

然后要被试估计，Tom W. 最有可能是以下哪个专业的学生：企业管理，工程，教育，法律，图书，医学，社会学？

想象一下如果你是其中一名被试，你会怎么回答？

结果，绝大多数被试都认为 Tom W. 最有可能是工程系学生。相信你的答案也差不多。为什么呢？很有可能是因为 Tom W. 最像一个学工程专业的学生。也就是说，对 Tom W. 的以上描述，与我们心目中一个理工科学生所应当具有的形象完全吻合（或者说代表了一个理工科学生的形象），所以我们认为 Tom W. 最有可能是工程系的学生。

这就是典型的代表性启发式思维方式。当面对不确定的事件，我们往往根据其与过去经验的相似程度来进行判断或预测。说简单一点，就是基于（过去经验的）相似性来预测（当前事件的）可能性。到底个体 A 是否归属于群体 B？如果个体 A 具有群体 B 的某些特征（具有相似性、代表性），则认为个体 A 归属于群体 B。但是被试完全忽略了学生在各个专业中的基础比率（base rate）。就算上述 7 个专业的学生都一样多，那么任何一个学生是工程系的学生的概率和他是其他任何一个专业的学生的概率是一样的，即 1/7。根据另外一组被试对所有学生在各个专业中所占比率的估计，学工程学的学生应该比学其他专业的学生要更少，即占比不到 1/7。如果考虑到这一点，那么任意抽一个学生出来（比如 Tom W.），他是学工程学的可能性应该是很低的。这种在判断时忽略基础比率而导致的谬误就是所谓的基础比率谬误（base rate fallacy）。

卡尼曼和特沃斯基在 1974 年揭示了人们利用代表性的启发方法形成信念和推理时，存在着两个严重的偏差：

一是过于注重事件的某个特征而忽视了其出现的先验概率，从而引起信念的偏差；

二是忽略了样本大小对推理的影响。这种用小样本特征反映母体特征的信念是小数定理。若人们不知道数据的产生过程，他们会利用非常少的数据尽快地进行推断。

2. 对样本规模不敏感

我们先来看卡尼曼和特沃斯基的一个实验（实验5-3）。

【实验5-3】 哪家医院生男孩多的天数多

假设某一城镇有大小两家医院，在大医院每天有45名婴儿出生，在小医院每天有15名婴儿出生。婴儿50%是男孩，但具体比例每天都不一样。一年来，两家医院都把每天出生男婴数超过60%的天数进行了记载。

请问哪家医院记载的天数多？

结果56%的被试者认为天数将相等。但正确答案是小医院记载的天数多，因为大样本更不容易偏离50%的总体概率。而这种基础的统计知识并不在人们的考虑范围内。

这个实验说明人们认为小样本和大样本都具有对于总体同样程度的代表性，而根据概率统计理论，大样本比小样本的方差更小，因而更能稳定地代表总体，因而代表性启发法导致了认知的偏误。这种认为小样本也可以很好反映总体的观点被称为"小数定律"。另外，对样本规模不敏感还会导致"热手现象"（hot hand），即当一个运动员在一场比赛中射入多个球时球迷就会根据这个小样本现象认为他处在顶峰时期，显然这种认识也是有偏差的。

大数法则是一种先验概率，而天生是概率盲的人，却自觉地相信"小数法则"。

当当网的创办人俞渝女士，曾在一个名为《创业百问》的电视节目中和郭广昌这样讨论：

郭总刚才讲的，5个合伙人15年可以同步进步，这事我觉得违反自然规律。这个团队有人进步、有人退步，有人进的多，有人退的少，这在经济学上来讲是——大数法则。

以刚才描述的现象，在我听来，是一个小数法则的现象。小数法则里头有这种神话，而这种神话发生在你身上，那你很幸运，但是我觉得在其他正在建立团队的人身上，去同样复制的可能性很小。我觉得做企业一定要看大数法则……

资料来源：孙惟微.赌客信条：你不可不知的行为经济学[M].北京：电子工业出版社，2010.

3. 对偶然性（运气）的误解

我们接着看下面这个抛硬币实验（实验5-4）。

【实验5-4】 抛硬币实验

抛掷一个相同的硬币，一次得到头像（H）的概率是1/2，连续八次抛掷都是头像的概率是1/256，如表5-1所示。如果前面连续八次都是头像，现在要对第九次下赌，下一次你估计会出现什么？你是赌头像（H）还是赌字呢？

表 5-1 抛硬币实验

连续抛掷得到头像（H）的概率		连续抛掷得到头像（H）的概率	
银币出现的顺序	概　　率	银币出现的顺序	概　　率
H	1/2	HHHHH	1/32
HH	1/4	HHHHHH	1/64
HHH	1/8	HHHHHHH	1/128
HHHH	1/16	HHHHHHHH	1/256

人们期望由随机过程而产生的事件序列，甚至是很短的序列，也能代表这个过程的本质特征。研究者过分关注小样本的结果，而全然高估这些结果的可复制性或可重复性。这就是由小数定律引起的"局部代表性"，局部代表性观念的一个结果是"赌徒谬误"。所谓"赌徒谬误"是指对于那些具有特定概率的机会，人们会受到当前经历的影响而给予错误的判断。在实际研究中，这种偏差导致了对不充分规模的样本的选择，以及对结果的过分解释。

4. 对可预测性不敏感

决策者有时必须对一些预测对象进行数值预测，如股票未来的价格走势、商品销售情况、公司未来利润等，决策者经常利用代表性经验法则来预测，如果对预测对象的描述看上去很不错，那么决策者可能会乐观估计被预测对象的未来趋势，决策者可能并未考虑到证据的可靠性和预测的准确度，他们的预测对证据的真实性和预测的准确性不敏感，从而使预测结果产生偏差。特沃斯基与卡尼曼认为，这种判断模式违背了标准统计理论。标准统计理论认为，预测结果及其准确性与决策者分配给事前的资讯和特定证据的相关权数有关，当预测准确度降低时，决策者的预测将慢慢趋近于先天概率，即随着预测准确度的降低，人类的判断有回归于先天概率的现象。

我们再来看如下案例（案例5-1）。

【案例 5-1】
摩托罗拉的"铱"星系统

1987年，摩托罗拉公司的工程师构想了一个全球卫星移动电话项目，即宏伟的"铱"星系统：用全球卫星系统建立一个遍及全世界的电话通信网络，使客户能够在世界上任何地方接收和拨打电话。工程师们将这一激动人心的项目介绍给了摩托罗拉的高层管理者。

"铱"星系统是一个非常庞大的规划，它需要耗时11年，约50亿美元的投资。高层对这一项目的反应如何呢？他们在没有进一步核查的情况下，在第一次会谈时就赞成了这一项目。他们没有任何现金流预测，没有贴现率，没有NPV，没有IRR，甚至没有回收期法。摩托罗拉公司的管理层用直觉判断代替了严密的财务分析。

"铱"星系统营运之时,一般蜂窝式移动电话话费持续走低,相比之下,卫星电话每分钟超过 7 美元的话费实在高昂,因而所吸收的卫星电话用户的数量远远低于原来的预期。严重的入不敷出导致资金迅速枯竭,财务陷入困境,公司不得不在 2000 年 3 月宣布破产,斥资 57 亿美元的"铱"星系统最终走向失败。

5. 有效性幻觉

人们经常通过选择最能代表输入(如对某个人的描述)的结果(如某一职业)进行预测。如当人们要求受试者利用某个人的描述资料预测其职业时,受试者常常选择最能代表个人描述特质的职业进行预测。而且,描述资料和所选职业间相似的程度越高,受试者对自己所进行的判断越有信心。人们对他们预测的信心主要依赖于代表性的程度,而对影响预测准确性的因素(如信息不充分、不可靠或已经过时等)考虑很少或不考虑。这种因预测的结果和输入信息之间的良好配合所产生的不当自信被称为有效性幻觉。

6. 对均值回归的误解

一些预测信息的预测能力是有局限的,而人们往往忽视了这一点,结果是他们往往进行了"非回归预测",也就是说他们用线性的方式对问题进行预测与推断,而没有考虑到现实中由于种种因素的影响,事情的发展趋势往往存在回归的倾向。首先,人们在许多肯定会发生回归的语境中,并没有预期回归的发生;其次,在他们确认回归的发生时,常常对之创造虚假的因果解释。

5.2.2 可得性启发偏差

可得性启发,是指人们倾向于根据一个客体或事件在知觉或记忆中的可得性程度来评估其相对频率,容易感知到的或回想起的客体或事件被认为会更经常出现。可得性启发法是非常有用的,因为大集合(更容易得到的事件)的例子通常比小集合(不容易得到的事件)能更好、更快地获得。但是,同代表性启发法一样,可得性启发法也可能会导致偏差,其偏差主要有以下几种情况。

1. 由于例子的可获得性而引发的偏差

当通过例子的可获得性来判断类别的规模时,其例证容易提取的类别,比之频率相同但其例证更难提取的类别,在数量上显得更多。例如,结了婚的年轻人经常会为干家务的事情发生争吵,总认为自己做家务活要比对方多。美国的心理学家就此做过这样一个调查,让妻子和丈夫各自评估自己所做的事占所有家务的比例,然后将两人的比例加起来,结果总是超过 100%。这其实很好理解,一方面是因为自利归因,另一方面也是因为自己做的家务活总是能记住,所以就总觉得自己做的要比对方多。

同样,人们在对风险进行评估时也往往倾向于依赖自己的历史经验或记忆。例如,当你问别人坐火车和乘飞机哪个更安全,可能很多人都会告诉你坐火车更安全,飞机出事故的概率大。其实,飞机事故的发生率远远小于火车事故的发生率,然而一旦飞机出事,电视、广播、报纸等媒体纷纷发布消息，人们也看见、听见了许多有关信息。而当人们比较两种交通工具的安全性时，他们就很容易立即想起关于飞机事故的报道，因而回答坐火车更安全。像这样人们根据能够想起某些信息的容易程度来判断事物发生的频率，就是可得性启发。

关于例子的可获得性偏差我们可以通过实验5-5进行讨论。

【实验5-5】 哪种事件最危险

下面4个事件全部跟水相关，哪一种最可能引发死亡或受伤？
（1）遭遇鲨鱼袭击。
（2）飓风。
（3）海流。
（4）洪水。
对人们来说，哪一种最危险？

大多数人试图通过与每个事件相关联的事件来考虑上述4种风险，并根据记忆中这些事情发生的频率来判断它们是否容易发生。记忆包含个人经历和通过媒体获得的信息。

2005年8月，飓风"卡特里娜"袭击美国的一些城市，并摧毁了新奥尔良的堤防系统，飓风导致的洪水摧毁了城市，并成为媒体每天报道的头条。因"卡特里娜"飓风造成的死亡人数超过1 500人。在"卡特里娜"飓风之前，飓风和洪水造成的死亡人数要低得多。2004年，连续4次飓风袭击佛罗里达州，这在人们看来，是极不寻常的。这4次风暴造成的死亡人数约为100人，这个数字在当时是相当高的。

媒体报道了鲨鱼袭击游泳者和冲浪者的事件，其戏剧性程度往往堪比许多洪水和飓风的报道。海流的报道偶尔会出现，通常是因为有人在海流中溺水

在"卡特里娜"飓风之前，大多数人认为鲨鱼袭击或洪水是最危险的，很少有人选择海流。然而，根据美国救生协会的说法，海流是最危险的。1994—2014年的报告数据显示，海流是导致冲浪海滩救生员救援的主要原因，80%的救生事件与海流相关。该协会报告称，2010—2014年，平均每年约有72 700人获救，有111人死于溺水。美国国家海洋和大气管理局（NOAA）的报告称，2004—2014年，每年平均有75人死于洪水，108人死于飓风。尽管不同测试所得的结果有所不同，但是在50%的情况下，海流都排在飓风或者洪水的后面。

2. 由搜索效率而引发的偏差

当人们对某一问题的出现用可得性启发法进行判断时，在搜索与问题性质相近的事件时，有的事件搜索到的效率要高于其他类似事件，而人们就依照高效率搜索事件对此进行推断，忽视了事件本身的客观性，最终由搜索效率引发偏差。

例如，对于下面这个问题，"字母k常出现在英文单词的第一个字母位置还是第3个字母位置？"绝大多数人认为字母k常出现于英文单词的开头。但实际上，在英文里，第

3个字母是 k 的单词数是以 k 字母开头的单词数的 3 倍。人们之所以认为字母 k 常出现于英文单词的开头，显然是由于人们更容易回忆起以字母 k 开头的单词，而不容易回忆起第 3 个字母为 k 的单词。

同样，还有一个类似的实验（实验5-6）。

【实验5-6】 安全判断实验

假设有一个 8 岁的孩子，名叫莫莉，她有两个最好的朋友，一个叫艾米，一个叫伊玛尼，两个朋友都住在附近。莫莉的父母知道艾米的家里放着一把枪，伊玛尼家的后院有个游泳池。你认为莫莉的父母会让莫莉去谁家玩？

答案是他们不许莫莉到艾米家玩。因此，莫莉就经常跑到伊玛尼家玩。莫莉的父母觉得自己的做法是在保护莫莉，这样做是对的。

可根据统计资料显示，这种做法一点都不明智。平均来说，美国每 1.1 万个家庭游泳池就能溺死一个孩子。美国一共有 600 万个这样的游泳池，这也就是说，每年将近有 550 个不到 10 岁的孩子是溺死在游泳池里。相比之下，在美国每 100 多万支枪才会杀死一个孩子。据估计，美国一共有 2 亿支枪，这就是说美国平均每年死于枪口下的孩子数量大约为 175 名。所以对于美国孩子来说，他们死于游泳池里的概率（1∶11 000）要远远大于死于枪口的概率（1∶1 000 000），也就是说莫莉在伊玛尼家的危险程度是在艾米家的 100 倍。

3. 想象力的偏差

当人们要评估一类事件的频率但这类事件在脑海中又无法找到实例时，可以依照一定的规则来推断。在这类情况中，人们通常通过相关的容易被建构的例证来形成想要评估的例证并评估其频率或概率。然而，例证建构的容易性并不总能反映实际的频率，这种评价模式容易导致偏差。

4. 幻觉相关的偏差

当决策者根据两个事件在脑海中相关联的程度，来判断两个事件共同发生的次数或概率时经常会产生偏差，这主要是因为决策者无法了解事件间真正的关系，或者因为先入为主的观念影响了决策者的判断，而这种因决策者的观念混淆所产生的偏差现象被称为幻觉上的相关。此时，若决策者认为两个事件相关联的程度很高，便会判断两事件共同发生的概率很高，但这种判断方式往往高估了这一概率。

【专栏5-2】 满月与疯子

人类很早就已经对月亮产生了崇拜，各个文明都创造过自己的月神和无数传说。月亮的阴晴圆缺，总能引起人内心的波动，相比于中国的相思意象，欧洲文明中的月亮似乎更加"负面"。一个主要的说法是：月相变化会引起人的行为变化，诱发人体内的负面因素，进而导致发疯或犯罪等。其中，满月之夜尤其危险，会引起如自杀、车祸、曲棍球赛斗殴等诡异事件。直到现在，如果晚上发生了怪事，很多人还是会说："外面肯定是满月"。我们也可以看到，在很多影视作品中，满月是狼人和吸血鬼变身，能量暴增，甚至失控的时刻。这种月亮信仰被称为"月亮疯子效应"（lunar lunacy effect）或"特兰西瓦尼亚效应"（Transylvania effect）。

事实上，并没有多少证据证明满月会影响人类行为。但有趣的是，国外的一项调查显示，在西方医院里仍有70%的护士相信满月之夜会导致医院混乱和高接诊率。

5.2.3 锚定与调整偏差

在判断过程中，人们最初得到的信息会产生锚定效应，从而制约对事件的估计。所谓锚定效应，就是指当人们需要对某个事件进行定量估测时，会将某些特定数值作为起始值，起始值像锚一样制约着估测值。初始值或参照点，可以理解为确定问题的明确表达，也可作为部分计算的结果。对锚定的调整一般都是不充分的，不同的参照点产生不同的推测，这就会导致偏差。

【案例 5-2】
"加一个鸡蛋还是两个鸡蛋"？

街头有两个拉面摊，相距不远，味道也差不多，可是东边摊位营业额每天都比西边摊位高出一二百元。西边摊位老板非常郁闷，我的拉面比他做得好吃，为什么没他挣钱多呢？

于是请教朋友，朋友观察了几天后，发现两家摊位每天卖出拉面的数量差不了多少，但是东边摊位每天要多卖出一二百个鸡蛋。

拉面上桌前，东边摊位老板都问一句："加一个鸡蛋还是加两个鸡蛋？"很多人都会选择加一个，也有人选择加两个，选择不加鸡蛋的人很少。

而西边摊位老板，却忽视了这个细节，总是很随意地问："加不加鸡蛋？"有些人随口就说不加，也有人说加一个吧，很少有人选择加两个。

原来，"加一个鸡蛋还是两个鸡蛋？"看似是一句不经意的话，背后却大有讲究。东边摊位老板把顾客锚定在"加几个鸡蛋"上，西边摊位老板则把顾客锚定在"要不要加鸡蛋"上。在前一种情况下，顾客是在"加一个鸡蛋还是加两个鸡蛋"中进行选择（或者说是调整）；而在后一种情况下，顾客是在"加不加鸡蛋"中进行选择（或者说是调整），由于人们往往不能调整得很充分，所以导致东边摊位营业额每天都比西边摊位高出一二百元。

锚定调整偏差主要分为以下两种情况。

1. 不充分的调整

人们在对后面的事件进行判断时，前面类似现象的印象制约着后面的判断范围，导致了不充分调整。

【实验5-7】 幸运轮实验

在一个幸运轮实验中，被试者被要求对各种数量进行估计，如联合国中有多少个非洲国家。此时，一个很大的轮盘在受试者面前转动，轮盘上面有0到100的数字，当轮盘转动起来后会随机地停在一个数字处。不同的被试者群体会得到不同的数字系列，接着被试者被要求回答轮盘上的数字是高于还是低于他们估计的答案，然后才说出确切的答案。

这一实验表明，答案受到了幸运轮产生的随机数的深刻影响。如当幸运轮停在10处，被试者回答的非洲国家数量平均数是25，但幸运轮停在65处时，平均值就变成了45。而有趣的是，所有被试者都清楚轮盘产生的数字是随机的，并且也不会对被试者产生任何情绪的影响。也就是说，当被试者把他们的估计建立在不完全估计基础上时，会产生锚定。

我们来看下面的实验（实验5-8）。

【实验5-8】 不充分的调整实验

康奈尔大学的拉索教授曾向500名正在修MBA学位的学生提出问题："匈奴王阿提拉在哪一年战败？"

拉索要求这些学生把他们自己电话号码最后的3个数字，加上400，当作这一问题的"基准"数字。

如果得到的和在400～599之间，这些学生猜测的阿提拉战败年份平均是公元629年。

如果得到的和在1200～1399之间，这些学生猜测的阿提拉战败年份平均是公元988年。

这些被试学生明明知道他们得到的基准数字毫无意义，可是这个数字却仍然对他们产生了影响。

我们再看实验5-9。

【实验 5-9】 数字连乘实验

在一个实验中,高校学生被要求在 5 秒钟内对一数字结果进行估计。一组学生所给出的算式是:

$$8\times7\times6\times5\times4\times3\times2\times1$$

而另一组学生所给出的算式是:

$$1\times2\times3\times4\times5\times6\times7\times8$$

限定这么短的时间是为了不让被试者进行完整的计算。为了迅速回答这类问题,人们会进行几个步骤的估计,并通过推断和调整来估计结果。因为调整通常不充分,从而会导致估计不足。加之,开始几步乘法的结果在降序中比在升序中更大,所以前面的表述应该比后面的更大。

该实验确认了上面的两个预测:升序的估计均值为 512,而降序的估计均值为 2 250,两者的差别很大,并都远远少于正确答案 40 320。值得注意的是,两个乘积的估计存在巨大差异。这两道题仅在乘数数字排列上有所不同,前者从大到小,后者从小到大。可以认为被试验者是在对问题进行了最初的几步运算以后,就以获得的初步结果为参照来调节对整个乘积的估计。由于最初几步运算的结果产生了锚定效应,而且以后的调整均不够充分,未达到应有的水平,这就说明了调整策略的局限性。

锚定现象和宏观经济学家所谈论的"价格黏性"(sticky prices)有关。只要过去的价格作为新价格的建议,新价格就趋于接近过去的价格:锚定调整偏差在证券市场往往表现为对股票价格的锚定。在判断股票的价格水平时,最可能的锚定数字是记忆中离现在最近的价格,因此会使股价日复一日地趋同。过去的股价可能会成为股价发展势头逆转的原因之一。另外,投资者对股价指数在最近达到的顶峰和最近整体水平的锚定可以用来解释其非同寻常的行为。对单个股票而言,价格的变化也会受到其他股票价格变化的锚定,市盈率也会受其他公司市盈率的锚定。这种联系有助于解释为什么不同的股票会一起涨跌,以及为什么不同行业但总部设在同一国家的企业比同一行业但总部设在不同国家的企业有着更加相似的股价变动趋势。证券市场中出现的这些非正常现象都可以用人们倾向于参考方便的数字的锚定来解释。

锚定还导致"货币幻觉"(money illusion)。货币幻觉是指人们在经济决策中对通货膨胀率没有做出足够的调整,并混淆了货币的名义数量和真实数量。Shafir,Diamond 和 Tversky(1997)已通过实验表明,人们倾向于依据问题给出的是以名义数量的形式还是真实数量的形式而对同一问题给出不同的答案。在问题中所给的数量也像锚定一样产生作用。货币幻觉会影响人们在认知、情绪上处理通货膨胀的方法。

我们来看实验 5-10。

【实验5-10】 货币幻觉实验

Ann 和 Barbara 毕业于同一所大学。毕业后，两人在公司从事相似的工作，Ann 的起薪是每年 30 000 美元，在他工作的第一年，没有通货膨胀；工作的第二年，Ann 得到 2%（600 美元）的加薪。Barbara 的起薪也是每年 30 000 美元，但在工作的第一年，有 4% 的通货膨胀率；第二年，Barbara 得到 5%（1 500 美元）的加薪。

问题：
（1）当她们进入第二年的工作中时，谁的经济情况更好？
（2）当她们进入第二年的工作中时，你认为谁最开心？
（3）如果两个人都收到另一家公司所提出的工作邀请，你认为谁最可能为了另一份工作而辞去现在的工作？

实验结果分析：

大多数人回答：Ann 的经济情况会更好，Barbara 会更开心，而且 Ann 更可能为另一份工作而辞职。但令人迷惑的是，如果 Ann 的经济情况会更好，为什么她不开心而且还更可能为了另一份工作而辞职呢？Shafir，Diamond 和 Tversky 认为，虽然人们能指出怎么为通货膨胀做出调整，但这不是他们通常的思维方法，他们通常的方法是根据账面价值来考虑的，所以账面价值驱动着人们的情感反应。

2. 对联合和分离事件评估时的偏差

【实验5-11】 简单和联合事件评价实验

在一个实验中，受试验者获得一个机会对两个事件中的一个下赌注。这一实验用到了三种类型的事件：

A. 简单事件：从一个 50% 是红球，50% 是黑球的缸中拿出一个红球（$p=0.50$）；

B. 联合事件：从一个 90% 是红球，10% 是黑球的缸中可放回地连续取出 7 个红球（$p=0.48$）；

C. 分离事件：从一个 90% 是黑球，10% 是红球的缸中可放回地在 7 次抽取中至少获得一个红球（$p=0.52$）。

问题：
（1）对 A 和 B 下注，你的选择是什么？
（2）对 A 和 C 下注，你的选择是什么？

实验结果

在对简单事件和联合事件下赌注时，绝大部分的受试验者会对联合事件下注

（p=0.48），而不对简单事件（p=0.50）下注。在对简单事件和分离事件下注时，受试验者喜欢对简单事件下注（p=0.50），而不喜欢对分离事件下注（p=0.52）。这种选择模式说明了人们倾向于高估联合事件的概率并低估分离事件的概率。

对联合事件评估的偏差普遍存在于按计划进行的工作中。一项工作的成功完成，如一个新产品的推出，是由很多环节和部件所组成，每一个环节和部件都有成功和失败的可能性。即使每个环节成功的概率很高，但如果事件数量很大的话，成功的总概率会很小。高估联合事件概率的一般趋势会导致在估计某一计划将成功或某一项目将按时完成时无端乐观。一个复杂系统，任何一个关键部分出问题都会发生故障。即使每部分出现问题的可能性很小，如果考虑到许多部分时，出问题的总概率也会很高。由于锚定，人们倾向于低估复杂系统出问题的概率。

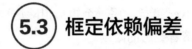

5.3 框定依赖偏差

5.3.1 框定效应

1. 框定效应的内涵

在人们形成认知时，其所面对的背景、对事物的描述和表现方式都会影响人们对事物的认知和判断。

框架效应，或称框定依赖、背景依赖，就是指人们会因为情境或问题表达的不同，而对同一事物表现出不同的判断或偏好（受到了表达方式的引导），从而做出不同的选择。人们通常是根据过去的经验，以及素材发生的背景来解释新的信息。在一种情形下，一个刺激物以一种方式被感知，而在另一种情形下，同样的刺激物可能会产生非常不同的感知。具体来讲，背景包括：

（1）不同方案的比较；

（2）事情发生前人们的想法；

（3）问题的表述方式；

（4）信息的呈现顺序和方式。

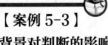
背景对判断的影响

一次，一个年轻的牧师问主教："请告诉我，祷告的时候可不可以吸烟？"主教严肃地回答："祷告是非常严肃的事，必须心无杂念、专心致志，当然不可以吸烟。"

过了几天，这个牧师又问主教："请告诉我，吸烟的时候可不可以祷告呢？"没想到主教却回答："当然可以，我们可以在任何时候祷告。"

著名的缪勒-莱耶（Muller-lyer）错觉效应可让我们看到框定依赖的作用，如图5-1所示。

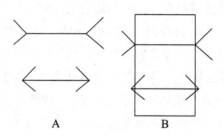

图 5-1 Muller-lyer 错觉效应

图5-1中的A为Muller-lyer错觉，线段看上去上面的比下面的长，尽管事实上上面的比下面的短。B为透视Muller-lyer错觉，用一个矩形消除这种错觉。由此可见，对事物本质的判断与认知受到背景和决策者经历的限制。

2. 框定效应的主要类别

在判断和决策领域中，框定效应的主要例子是对比效应、首因效应、近因效应和晕轮效应、稀释效应等。

（1）对比效应。我们可通过实验5-12来认识。

【实验5-12】 对比效应实验

用三个大碗，第一碗盛热水，第二碗盛温水，第三碗盛冰水。然后，把一只手浸入热水中，另一只手浸入冰水中，要浸入30秒。等你的手已经适应了水温，把在热水中的手浸入温水中，5秒后，再把冰水中的手也浸入温水中。

如果你和大多数人一样的话，都会有这样的感觉：先前浸在热水中的手会告诉你这碗温水是冰的；而先前浸在冰水中的手会告诉你这碗温水是热的。事实上，如果让你的朋友来做这个实验，并且不要告诉他那碗是温水，他可能也不能辨别出那碗水的温度是多少。每只手都呈现出了"对比效应"（contrast effect），但这两种效应正好相反。

许多早期的心理学研究都涉及了如温度识别、颜色识别和重量识别的知觉判断。因此，对比效应是在实验室里被可靠地证明了的最早的心理现象之一。

对比效应的研究告诉我们，对比的选择会产生截然不同的效果。根据前后不同的情景，可能让事物或方案看起来更好或更坏。我们通常不太留意前后关系的影响，更少质疑呈现方案的效度，这会极大地增加前后关系设计者的威力，如政客、广告商、券商，他们设计的前后关系可以影响我们的观点和判断。

【案例 5-4】

雏菊

《雏菊》（英语：*Daisy*），又名《雏菊女孩》（*Daisy Girl*）、《和平，小女孩》（*Peace, Little Girl*），是1964年美国总统选举中现任总统候选人林登·约翰逊一方一部备受争议的电视竞选广告。这部广告被认为是林登·约翰逊在1964年选举中取得对巴里·戈德华特压倒性胜利的一个重要因素，尽管该广告仅在电视上播出了一次。这部广告也被视为美国政治和广告史上的一个重要转折点，至今它仍被视为美国历史上最具争议的政治广告之一。

这一广告以一个小女孩（2岁的莫尼克·M. 科齐柳斯）伴着鸟鸣在草地上摘雏菊的花瓣开始，她摘下花瓣时缓慢地数数。她数错了几次，不是顺序颠倒就是重复，这表现出了她的稚嫩。当她数到九的时候，一个模仿导弹发射倒计时不详的男声出现在广告中，女孩抬头望向天空，好像看到了天上的东西。镜头不断缩放直到她的瞳孔充满整个屏幕，画面随即变暗。倒计时到零时，伴着爆炸声屏幕上播出了核弹爆炸的闪光和若干核试验爆炸的火球和蘑菇云。

播出翻滚上升的火球后，画面切向了最后一个镜头，屏幕上显示了放大的白炽蘑菇云。旁白中播出了林登·约翰逊的声音，他说："这些就是赌注！让所有上帝的孩子在世界上生存或是走向黑暗。我们必须彼此相爱，不然我们必定死亡。"另一个旁白（解说员克里斯·申克尔）则说："在11月3日投约翰逊总统一票，这赌注高到让你不能留在家中。"

广告制作的背景是在1964年美国总统选举过程中，巴里·戈德华特持右翼的竞选方针，主张削减社会福利项目、采取主动进攻的军事行动。戈德华特在竞选中表露出，他愿意在别人不能接受的情况下动用核武器。林登·约翰逊的反击即利用了这一点。例如，他引用戈德华特的演讲"一念之间，你可以按下一个按钮在日落前消灭3亿人"来暗示他愿意发动核战争。林登·约翰逊希望缩小越战规模，戈德华特却支持越战并建议在必要时使用核武器。

显然，在对比效应的影响下，和平与战争的对比显得如此清晰而毫无争议。

（2）首因效应。首因是指首次认知客体而在脑中留下的"第一印象"。首因效应（primacy effect）是指最初接触到的信息所形成的印象对我们以后的行为活动和评价的影响。根据韦伯定律，我们的大脑会对刺激做出反应，但当我们连续集中注意力于某物时，我们的注意力会递减，即随着人们注意力的转移，列表上排位靠后的项目会受到较少的关注，因此这些项目对判断的影响力较小。例如，人们参加某项正式活动时要"打扮"一下，就是给人一个好的"第一印象"。

美国社会心理学家阿希（Solomon Asch）在1946年发表了一篇有关背景依赖的经典论文。阿希设计了这样一个试验：他让被试验者给出某个人的印象，要求一半的被试验者对具有下列品质的人给出他的印象：嫉妒、顽固、挑剔、冲动、勤勉、聪明。另一半的被试验者则被要求对具有同样品质的人给出他的印象，只是这些品质的顺序相反：聪明、勤勉、冲动、挑剔、顽固、嫉妒。

阿希发现，每一系列排在前面的品质，要比排在后面的品质严重地影响印象，这种现象就被称为"首因效应"。若聪明排在嫉妒和顽固之前而作为第一个品质，嫉妒和顽固还会产生首因效应吗？心理学的研究表明，这时首因效应还会发生。Anderson 发现，不仅是第一个因素，而且第二印象和第三印象仍显示出重要的首因效应。首因效应会对判断带来重要的影响。

（3）近因效应。虽然人们更容易受到对此论题第一种论述的影响，可是，情况并不会总是这样，在某些场合下，最后一个论述要比第一个论述更具影响力，这种现象被称为"近因效应"（recency effect）。近因效应经常发生，即比起第一个论述，人们能够更清晰地记住最后一个。

究竟哪个效应更强呢？这便产生了一个有趣的话题。比如，你参加一个公众研讨会，假设你有机会第一个或最后一个发言。你会选择哪个呢？如果你第一个发言，你就能利用首因效应，但如果你最后一个发言，你就可利用近因效应。哪个选择更好呢？

Miller 和 Campbell（1959）考察了这个问题。Miller 和 Campbell 编辑了一个法庭审判的抄本，这是关于对一个有缺陷的蒸馏器的损坏结果的陈述。这个审判过程被重新安排了，因此，有关原告的资料放在文本上的一个区域，有关被告的资料放在另一个区域。换句话说，"正面"信息包括：原告证人所举证词，原告律师对被告证人的考察记录，以及原告律师的开场和结束时的陈词。"反面"信息包括：被告证人所举证词、被告律师对原告证人的考察记录，以及被告律师的开场和结束时的陈词。

Miller 和 Campbell 让不同的人阅读律师、证人等人的品质特征信息，并记录下这个过程。每个记录持续大约 45 分钟，该信息分别以 8 种不同方式中的一种进行展示。某些情况下，被试验者听完这种针锋相对的信息后会立即进行判断，另一些情况下，试验的各个步骤间会有一周的间隔时间。他们发现，在某些情况下出现了首因效应，而在另一些情况下则出现了近因效应。当要求被试验者听完这种针锋相对的陈述，一周后才做出判断时，会发生首因效应。若这些信息的呈现有一周的时间间隔，被试验者听完第二个信息后立即做出判断时，会发生近因效应。

因此，若你有机会在讨论会上选择第一个或最后一个发言，如果有人在你发言之后立即发言，并且讨论完一段时间后，人们才对其做出反应，这时你应当第一个发言。例如，针对要讨论一周后才投票决定的论题，你应当第一个发言。如果两个信息之间有间隔，并且要求人们在第二个信息呈现后立即做出反应，这时你应当利用近因效应选择最后一个发言。

（4）晕轮效应。背景依赖的另一个例子就是"晕轮效应"（halo effect），这是 1920 年 Edward Thorndike 命名的。Thorndike 发现，当要求军队首长评估他们军官的智力、体形、领导能力和品质特性时，这些评价结果之间经常呈现高度的相关性。据 Thorndike 所讲，一位监管航空学校学生工作的飞行长官，评价的智力和体形的相关系数是 0.51；智力和领导能力的相关系数是 0.58；智力和品质的相关系数是 0.64。Thorndike 也发现，有关教师各种各样的评价结果之间的正相关关系被用来决定老师的薪水和升迁。比如，在某种情况下，一个老师大体上的优点和他整体上的外貌形象、健康状况、机敏程度、智力水平、正直诚信之间的相关性很强。另外，对一个老师声音的评价与对他的智力水平和"对公共事务的关心程度"的评价的相关性很强。

Thorndike 的结论是："即使是一个非常有能力的领班、雇主、教师或者部门经理，他也不能把一个人看作各种独立品质的混合物，也不能单独给每个品质分配一定程度的大小而不受其他品质的影响。"

自 Thorndike 观察出这个结果后，许多不同的晕轮效应也得到了证实。例如，对"审美晕轮效应"的研究表明，相对于相貌普通或不引人注意的人而言，身材迷人的人看上去较幸福，职业地位也更高。又如，当论文的作者不是相貌普通或没有吸引力的人，而是身材迷人的人时，论文的质量就会得到较高的评价。

晕轮效应的许多初创试验也是由阿希（1946）做的。比如，阿希询问一半的被试验者对某个人的印象，这个人的特点是聪明、灵巧、勤奋、热情、果断、务实和谨慎；他又问另一半的被试者对某个人的印象，这个人的特点是聪明、灵巧、勤奋、冷淡、果断、务实和谨慎。这样，这两组被试验者听到的描述，除了说第一个人热情、第二个人冷淡之外，别的都一样。然后，让被试验者看成对的品质（多数是相反的），并让他们判断哪个品质和他们对这个人的印象相一致。这些成对的品质是：慷慨/吝啬，贪婪/满足，急躁/温厚，幽默/严肃。阿希发现，像热情、冷酷这样的品质，它的内涵会影响被试验者对这个人的整体印象。也就是说，被试验者创造了"晕轮"。例如，76%～95%的被试验者对有热情品质的这个人的印象会使他们认为这个人也具有慷慨、满足、温厚、幽默的品质，相反，只有6%～35%的人才认为有冷酷品质的这个人有上述的品质。

Harold Kelley（1950）发表了一篇论文，旨在用真实的人代替一系列的品质来探讨晕轮效应，结果同样发现了晕轮效应。那些盼望有个热情教导员的学生认为，这个教导员不仅要相对的体贴、温厚、友善，而且要更加的平易、幽默、仁慈。进一步讲，当学生认为这个指导员对人热情的话，有趋向让学生和这个指导员产生更多的相互影响。在认为指导员对人热情的学生中，有56%的人参加了课堂讨论。这些结果表明，晕轮效应在社会交互活动中起了作用，并且可能会影响后继行为。

（5）稀释效应。关于稀释效应我们先来看实验5-13。

【实验5-13】 稀释效应实验

在以下实验中，估计哪个学生的平均分数更高。

A. 提姆：平均每个星期，提姆要花31个小时的课外时间学习。

B. 汤姆：平均每个星期，汤姆要花31个小时的课外时间学习。汤姆有一个弟弟、两个妹妹。他每隔三个月去看望一次爷爷、奶奶。他每隔两个月打一次台球。

你可能会认为提姆比汤姆的成绩好。实验发现，掌握与问题非相关及非诊断性的信息能够产生稀释相关信息的作用，导致相关信息的有效性减弱。稀释效应对于那些对控制印象的问题感兴趣的人来说，具有明显的实用价值。

当我们反复思考如何做出一个困难的决策时，一般都会辩解说："如果我能掌握更多的信息……"Aronson（2001）认为，虽然拥有更多的信息有时候确会有所帮助，但同时它也会通过"稀释效应"改变我们对事物的认识，即中性和非相关信息容易减弱判断或印象。

5.3.2 框定依赖

由于人们对事物的认知和判断过程中存在着对背景的依赖，因此事物的表面形式会影响对事物本质的看法，事物的形式被用来描述决策问题时常称为"框定"。"框定独立"是指该形式与行为无关。传统金融学的拥护者认为框定是透明的，表明业内人士可以通过不同的方法看到现金流是如何被描述的。然而许多框定不是透明的而是隐晦难懂的，当一个人通过不是透明的框定来看问题时，他的决定将在很大程度上取决于他所用的特殊的框定，这就是所谓的"框定依赖"。由框定依赖导致认知与判断的偏差即为"框定偏差"，它是指人们的判断与决策依赖于所面临的决策问题的形式，即尽管问题的本质相同但因形式的不同也会导致人们做出不同的决策。以下是卡尼曼和特沃斯基关于框定依赖的经典实验。

【实验 5-14】 士兵突围实验

一位将军在敌人优势兵力威胁下，处于进退两难的境地。他的情报官员说，除非他带领士兵们沿两条可行的路线之一撤出，否则，他们会遭到伏击而被俘，其中600人将被歼灭。如果走第一条路线，200名士兵可以得救；如果走第二条路线，有1/3的可能是600名士兵全部得救，但有2/3的可能是这600人全部被歼。那么，他应该选哪条路线呢？

这位将军还得在两条撤退路线中进行选择。但这次他的副官告诉他说，如果选择第一条路线，400名士兵将要丧命；如果选择第二条路线，有1/3的可能是全部得救，有2/3的可能是600人全部被歼。这样，他应该选哪条路线？

实验结果：

在第一种情况下，绝大多数人会劝这位将军走第一条路线。理由是：保全能保全的生命，比冒造成更大损失的风险要好。

在第二种情况下，绝大多数人会劝这位将军选择第二条路线。因为走第一条路线，肯定要有400人死亡；而走第二条线，至少有1/3可能全部保全。

关于这两个问题，绝大多数人得出了截然相反的结论，这个事实多少有点使人吃惊。因为只要粗略地考察一下就可以看出，这两个问题的实质是一样的，仅有的差别是：第一个问题是从保全士兵生命的角度提出来的，第二个问题是从丧失生命的角度提出来的。卡尼曼和特沃斯基发现，这种对于理性认识的背离是经常出现的，它是头脑在衡量各种复杂的可能性时走捷径的结果。此外，人们对于一个问题的答案可以如此容易地改变，甚至在生死攸关的问题上也是这样，这表明我们的判断未必就能够做出正确的决策。因为这些判断自身可能是有缺陷的。

以上实验结果说明：人们在判断与决策中违背了预期效用理论中的"恒定性"原则。恒定性是指各个期望的优先顺序不依赖于它们的描述方式，改变各个结果的描述形式（框定）并不会改变优先顺序。

【实验5-15】 医疗框定实验

被试验者被告知有关肺炎的两种治疗结果的统计信息。这些统计数字，以死亡率的形式告诉一部分被试验者，以存活率的形式告诉另一部分被试验者。然后被试验者选择他们所偏爱的治疗方案，这些信息陈述如下：

问题1（存活框定）：

A. 外科手术：100人中，90人在治疗后期仍活着，第1年年末68人存活，5年后有34人存活。

B. 放射治疗：100人在治疗过程中都活着。第1年年末有77人存活，5年后有22人存活。

问题2（死亡框定）：

C. 外科手术：100人中，治疗期间或后期10人死亡，第1年年末有32人死亡，5年后66人死亡。

D. 放射治疗：100人在治疗过程中无人死亡，第1年年末22人死亡，5年后有78人死亡。

实验结果分析

框定过程中的细微差别产生了显著的效果，被试验者中偏爱放射疗法的百分比，从存活框定下的8%升到死亡框定下的44%。当以下述方式表达时：立即死亡的风险从10%降至0%，而不是以存活率从90%升到100%，放射疗法比起手术疗法的好处显得更大，对于有经验的医生或者在统计上精于世故的经纪人，框定依赖的诱导效应是一样的。

由于人们经常缺乏一个稳定的偏好顺序，框定依赖的心理特征影响人们对事件的认同度，并影响其决策。对选择的方式进行诱导能影响人们所做的选择，这种运用框定效应来诱导人们决策的现象称为"诱导效应"。

实际上，框定效应是普遍存在的，因而诱导效应也被广泛采用。

塞勒注意到了附加费或打折这两种不同形式所带来的效应，消费者放弃一些折扣要比接受一些附加费容易得多。因为同样的价格差异，在折扣的情况下被视为收益，而在附加费的情况下则被视为损失。类似的观点可用来解释在销售淡季时，商家常常采取打折的促销方式。因为在销售旺季，商家取消打折这种临时性促销手段，比抬高价格更容易被消费者接受。

为 eBay 公司增值

eBay 是一个可让全球民众上网买卖物品的线上拍卖及购物网站。用户可以上 eBay 购买和销售物品，如古董、艺术品、珠宝、书籍、收藏品以及汽车零件等。eBay 于 1995 年 9 月 4 日创立于加利福尼亚州，在 1998 年的 9 月首次公开发行股票。在 2002 年，eBay 以 14 亿美元的股票交易收购了网上支付提供商 PayPal，PayPal 为 eBay 的用户提供了既安全又可靠的网上支付平台。到 2002 年年末，eBay 成为世界上最成功的网络公司之一。如果在 eBay 上市时，购买了 100 美元的股票，那么到 2003 年 5 月这笔投资的价值会超过 640 美元。相反地，标准普尔 500 指数和纳斯达克综合指数在一样的时间段内的收益非负即零。

在 2003 年 5 月 20 日，eBay 的股票价格以 97.75 美元收盘，与年初相比增长超过了 44%。这样的增长使得 eBay 的市场估值比通用汽车和麦当劳都要高。2003 年 5 月，互联网公司股票快速增长后，《圣何塞水星报》提出了这样一个问题，即网络股这种快速上涨到底是取决于这类股票的坚实基础还是如同 1999 年的投资的羊群效应。在这之前，投资者就提出了同样的问题。

2003 年 4 月 1 日，eBay 的首席财务官拉吉夫·杜塔（Rajiv Dutta）召开了一次国际财务执行官协会部门会议。他在演讲中讨论了 eBay 公司的管理层以何种方式回应那些认为公司股票价值被高估的投资者。他指出，eBay 公司的管理层通过下面的以市盈率增长率为基础的分析向持怀疑态度的投资者进行了充分的解释说明。

在 2003 年 3 月，eBay 公司的市盈率为 79，一些投资者通过这个指出公司的股价过高。但是，杜塔指出，仅仅以市盈率为基础的估值忽略了收益的增长因素。从这方面来看，他建议应该将 eBay 公司的股票与大型零售企业沃尔玛的股票相比较，并使用市盈率增长率比率作为价值评估的核心。根据《财富》杂志的描述，沃尔玛公司是美国 2003 年最受尊敬的企业。

2003 年 5 月 20 日，eBay 公司的预期市盈率为 66.7，而当时沃尔玛公司的市盈率为 22.7。根据市盈率，当时 eBay 公司的价格几乎是沃尔玛公司价格的两倍多。但是，杜塔指出，分析师们预测 eBay 公司将会增长 42.5 个百分点，而沃尔玛公司将会增长 14 个百分点。因此，eBay 公司的市盈率增长率为 1.56，该数据实际上比沃尔玛公司的 1.62 要低。根据市盈率增长率的理念，eBay 公司实际上比沃尔玛公司的股票价格要低，这也是 eBay 公司的首席财务官所强调的一点。

2003 年 5 月，eBay 公司财务和投资者关系部的副总裁马克·拉巴什（Mark Rubash）明确表示，公司的管理者并没有追踪股权回报率的变化路径，对企业资本成本的价值也不确定。根据与投资者以及分析师们的谈话，他们相信公司的资本成本在 11%～12%。但是，他们主张不要计算他们的资本成本，称应使用教科书中的方法如资本资产定价模型（CAPM）或者将公司的历史股权回报率作为价值评估的分析要素之一。考虑到公司在 2003 年表现出的高速甚至是加速的增长率，eBay 公司的管理层坦言，他们对公司股票的内在价值几乎没有什么看法。

问题：

1. 使用市盈率、市盈率增长率估值和现金流折现模型进行估值有哪些区别？

2. eBay 的首席财务官为什么强调使用市盈率增长率估值方法？采用这种方法的优缺点是什么？杜塔是否存在认知偏差？

3. 结合我国证券市场的实际情况，谈一谈我国上市公司（主板、创业板和科创板）的市场估值问题。

【在线测试题】扫码书背面的二维码，获取答题权限。

第 6 章
前景理论：风险决策分析

> 如果你听见赌博者的谈话，就会发现他们通常是在讲故事，而不是在评价事件发生的概率。
>
> ——罗伯特·希勒

理性人的预期效用理论存在公理化假设，而心理实验却表明人们在不确定条件下存在选择偏好，导致预期效用理论在现实中存在反射效应、隔离效应、偏好反转等特征，这是对预期效用理论的挑战。经济学家试图通过放松个体决策与偏好的有关公理化假定，在技术上对预期效用理论模型进行修正或改进，但这些修正模型并不十分令人满意。卡尼曼和特沃斯基提出的前景理论在一定程度上对个体决策与偏好的实验结果进行了合理的解释，前景理论可以说是对预期效用理论某种程度上的替代。

在卡尼曼和特沃斯基看来，个体进行决策时，实际上就是对"期望"进行选择，而所谓期望就是各种风险预期的结果。

6.1 个人风险决策过程

卡尼曼和特沃斯基认为，个人的风险决策过程可以分为两个阶段：第一阶段为编辑阶段，第二阶段为评价阶段。编辑阶段主要是指对可供选择的方案进行相关信息的收集、分析和处理，为第二阶段的评价做准备；评价阶段主要是指对编辑阶段处理过的信息进行进一步加工处理，对各决策方案进行估值并做出最终决策。

6.1.1 编辑阶段

编辑阶段的作用包括：组织和用特定的形式对方案的情况进行描述，以简化后面的评价和选择。编辑的对象是预期收益和概率，对它们进行变换处理，有利于第二阶段的评价。

编辑阶段的主要内容如下：

（1）编码。人们在决策过程中，通常关注的是收益和损失，而不是财富或者福利的最终状态。收益或者损失通常是相对于某个参照点而言的，而参照点通常与人们当前的资产状况有关。编码就是根据参照点，将方案的收益（损失）和概率表达出来。例如，假设有一个抛硬币的赌局，若正面出现你将赢得5元，若反面出现你将输掉3元，这个赌局就可以编码为（5，0.5；-3，0.5）。

（2）整合。方案有时可以通过将同一结果的概率整合在一起而获得简化。例如，方案（200，0.25；200，0.25）可以简化为（200，0.50）。

（3）剥离。在编辑阶段，有些方案所包含的无风险部分可以从风险部分中分离出来。例如，方案（300，0.80；200，0.20）可以自然地分解为两部分：一个200元的确定收益和100元的风险收益，即方案（300，0.80；200，0.20）由（200，1）和（100，0.80）组成。类似地，方案（-400，0.40；-100，0.60）可以看作由一个100元的确定损失和风险损失（-300，0.40）组成。

（4）抵消。人们在概率性选择时，会抛开方案中共有的部分，这就是抵消。例如，在（200，0.20；100，0.50；-50，0.30）和（200，0.20；150，0.50；-100，0.30）之间进行选择，可以通过抵消，简化为（100，0.50；-50，0.30）和（150，0.50；-100，0.30）之间的选择。

（5）简化。简化是指通过对概率和结果凑整来处理。例如，方案（101，0.49）很可能被重新编码为以50%概率获得100元。简化的特别重要形式包括抛弃极端不可能的结果。

（6）占优检查。占优检查是指检查给定的所有方案，发现不占优的可以不经过进一步评价就直接拒绝，从而简化决策。

以上就是编辑阶段的主要工作。实际上，很多对方案选择的偏好异象可能与方案的编辑过程有关。例如，涉及隔离效应的不一致就是由共有部分的抵消引起的。

6.1.2 评价阶段

编辑阶段之后，决策者需要对编辑的方案进行进一步加工处理，对各决策方案进行估值并做出最终决策。

方案的期望价值是由价值函数和决策权重共同决定的，即：

$$V = \sum_{i=1}^{n} \pi(p_i) v(x_i)$$

$\pi(p)$ 是决策权重，它是一种概率评价的单调增函数；

$v(x)$ 是决策者主观感受所形成的价值，即价值函数。

第一个变量 π 与概率 p 有关，是 p 的函数，$\pi(p)$ 是决策权重，可以反映 p 对方案总体价值的影响。第二个变量 v 是决策方案各种可能结果 x 的函数，$v(x)$ 可以反映结果的主观价值。由于各种结果是相对于参照点而言的，所以参照点可以作为价值刻度的0点。这样，

$v(x)$ 离开参照点的程度就是收益或者损失。

【专栏 6-1】 对评价方案 V 的讨论

如果方案的简化形式为 $(x, p; y, q)$，它最多有两个非 0 的结果。在这样的方案里，一个人以概率 p 获得 x，以概率 q 获得 y，以概率 $1-p-q$ 获得 0，这里 $p+q \leqslant 1$。如果一个给定方案的所有结果都是正的，也就是 $x, y > 0$，且 $p+q = 1$，这个期望是严格为正的；如果一个给定方案的所有结果都是负的，也就是 $x, y < 0$，且 $p+q = 1$，这个期望是严格为负的；如果一个期望既不严格为正也不严格为负，那它就是一个一般的期望。

根据前景理论，假如决策者面对的是一般的期望，即 $p+q<1$，或 $x \geqslant 0 \geqslant y$，或 $x \leqslant 0 \leqslant y$，那么

$$V(x, p; y, q) = \pi(p)v(x) + \pi(q)v(y) \tag{6.1}$$

这里 $v(0)=0$，$\pi(0)=0$，且 $\pi(1)=1$。与效用理论一样，V 定义的是方案总体价值，而 v 定义的是某个结果的价值。对于确定性方案，$V(x, 1) = V(x) = v(x)$。

严格为正和严格为负的期望和一般期望的评价原则是不同的。在编辑阶段，这种严格为正或严格为负的期望可以被分离成两部分：（1）无风险部分，也就是确定获得的最小收益或者确定支付的最小损失；（2）风险部分，即可能发生的收益或损失。因此，对这种方案的评价可以用以下方程来描述。

如果 $p+q=1$，并且要么 $x>y>0$，要么 $x<y<0$，那么

$$V(x, p; y, q) = v(y) + \pi(p)[v(x)-v(y)] \tag{6.2}$$

也就是说，严格为正和严格为负的期望价值等于无风险部分的价值加上不同收益的价差乘以更极端结果出现概率的权重。例如，$V(400, 0.25; 100, 0.75) = v(100) + \pi(0.25)[v(400)-v(100)]$。方程（6.2）的本质特征是决策权重 $\pi(p)$ 适用于描绘方案的风险部分价差 $v(x)-v(y)$，它不适用于描绘方案的无风险部分 $v(y)$。注意：方程的右边等价于 $\pi(p)v(x) + [1-\pi(p)]v(y)$。因此，如果 $\pi(p) + \pi(1-p) = 1$，那么方程（6.2）可以变为方程（6.1），但这个条件一般是不满足的。

前景理论方程在期望效用理论的基础上保留了一般的双线性形式。然而，为了容纳第 4 章前面所描述的那些效应，我们假定：价值附属于变化而不是最终的状态，决策权重与设定的概率不相符。这些对期望效用理论的违背肯定会导致规范无法接受的结果，如不一致性、非传递性和违背占优。当决策者认识到他的偏好是不一致的、非传递的或者违背占优时，这些偏好的异象通常会被决策者修正。然而，在很多情况下，决策者没有机会发现某偏好可能违背自身希望遵从的决策规则。在这种情况下，前景中所暗指的异象就会出现。

6.2 价值函数

6.2.1 价值函数的参照点

前景理论强调了某些心理学原则的重要性。前景理论强调，当我们考虑选择性决策时，我们头脑中关注的是变化，而非最终的状态。卡尼曼清晰地表达了这一观点，他让我们思考自己将手浸入温度不同的三桶水中会发生何种反应。卡尼曼告诉我们把三桶水按照水温从左向右排列，冷的摆放在左侧，微温的摆放在中间，热的摆放在右边。实验开始后，一个人将左手浸入冷水，将右手浸入热水。他最初的反应是感到了两种不同的极端温度，但是随着时间推移，这种最初的感觉随着对新环境的逐步适应而不断减弱。当最初的感觉消退，他把双手浸入中间的温水桶，这时会发生什么？他左手感到热，右手感到冷，尽管他的双手正同时放在温热的水桶中。卡尼曼认为我们的大脑思维会牢牢记住变化，而不是最终状态，这也正是前景理论关注收益与损失的原因。

大量研究表明，人们通常考虑的不是财富或福利的最终状态，而是财富或者福利的变化。按照认知心理学的观点，我们的感知器官适合对变化或者差异进行评价，而不适合对绝对量值进行评价。例如，当我们感知光线强弱、噪音大小或者温度高低时，过去和当前经验会帮我们确定一个参照点，与这个参照点相比，当前的刺激程度是可以被感知的。因此，一个给定的温度被确认为热或冷，可能依赖于一个人已经适应的温度。相同的原则适用于非感觉的属性，如健康、威望和财富。例如，相同水平的财富可能意味着一个人一贫如洗，也可能意味着另一人非常富有，这依赖于他们当前的资产。

【实验6-1】 财富参照点

实验设计

安排两组学生：

对于第一组学生，先让他们拥有30美元，再给他们一个参与抛硬币游戏的机会，如果正面朝上可以获得9美元，反之则输掉9美元，问学生是否愿意参与这个游戏。

对于第二组学生，直接请其在下面两者中做出选择，一是抛硬币游戏，如果正面朝上可获得39美元，反之可获得21美元；二是如果选择不参与游戏则可直接得到30美元。

实验结果：

在第一组学生中，70%的被试愿意参与抛硬币游戏，而第二组学生中只有43%的被试愿意参与游戏。

实验结果分析：尽管两组学生的选择组合是一样的，一是39美元和21美元之间的不确定选择，二是确定的 30 美元，但两组被试的选择却存在系统性的差异，开始就获得收益的被试接受了游戏，没有获得初始收益的被试则不接受游戏。初始状态的 30 美元和 0 美元成为他们决策的参考点。这说明，人们的决策受到其初始财富状况的影响，当人们拥有初始财富时（如第一组的情况），人们倾向于风险寻求，即愿意参加不确定性的赌博，而当人们没有初始财富时（如第二组的情况），人们则倾向于风险回避。

6.2.2 价值函数的形状

前景理论指出，人们对风险的态度受到"心理物理学"原理的驱动。按照该原理，随着我们逐步适应刺激，我们对同一物体的反复刺激反应会减弱。例如，心理物理学让我们发现第一次获得 1 美元收益比第二次感觉要明显强烈，也就是说人们从 0 美元到获得 1 美元后，其感觉要比从获得 1 美元到 2 美元更加强烈。相应地，第一次损失 1 美元也会给人带来比第二次更加强烈的冲击。概率也有同样的特点，从 0% 的概率开始，我们对概率的第一个 1% 增长比第二个 1% 增长更为看重。相应地，从 100% 的概率开始，我们对第一个 1% 的减少比第二个 1% 的减少更为看重。

同样道理，100 美元收益和 200 美元收益之间的价值差异比 1 100 美元和 1 200 美元收益之间的价值差异显得大。类似地，100 美元损失和 200 美元损失之间的差异比 1 100 美元损失和 1 200 美元损失之间的差异显得大。因此，我们假定财富变化的价值函数在参照点以上通常是凹的（当 $x > 0$ 时，$v''(x) < 0$），在参照点以下通常是凸的（当 $x < 0$ 时，$v''(x) > 0$）。换句话说，收益和损失的边际值通常随着它们的增大而减小。

关于价值函数形状的以上假设，是基于无风险状态下收益和损失的反应。卡尼曼认为，源自于风险选择的价值函数也具有同样的特征，如下列问题所示。

【问题 1】
A.（6 000，0.25）
B.（4 000，0.25；2 000，0.25）
$N=68$ [18] [82]*

【问题 2】
（-6 000，0.25）
（-4 000，0.25；-2 000，0.25）
$N = 64$ [70]* [30]

由【问题 1】可以得到
$\pi(0.25)v(6\,000) < \pi(0.25)[v(4\,000) + v(2\,000)]$

由【问题 2】可以得到
$\pi(0.25)v(-6\,000) > \pi(0.25)[v(-4\,000) + v(-2\,000)]$

简化这两个不等式，可以得到

$v(6\,000) < v(4\,000) + v(2\,000)$

$v(-6\,000) > v(-4\,000) + v(-2\,000)$。

这与价值函数在收益段呈凹函数，在损失段呈凸函数是一致的。

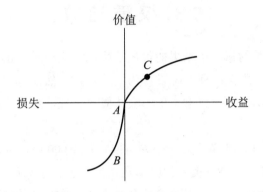

图 6-1 一个假定的价值函数

价值函数还有一个显著特征：损失比收益显得更加突出。一个人损失一大笔钱的痛苦感受比获得相同数额的快乐感受显得更大。确实，大多数人发现：这种形式 $(x, 0.50; -x, 0.50)$ 的均衡性赌博显然没有吸引力，而且对均衡公平赌博的厌恶通常会随赌注的增大而增长。换句话说，如果 $x > y \geqslant 0$，偏好 $(y, 0.50; -y, 0.50)$ 胜过 $(x, 0.50; -x, 0.50)$。因此，根据方程（6-1），

$$v(y) + v(-y) > v(x) + v(-x)$$

令 $y = 0$，移项后可以得到

$v(x) < -v(-x)$。

假设 v 的导数 v' 存在，让 x 逼近 y，可以得到

$v'(x) < v'(-x)$。

因而，损失时的价值函数比收益时的价值函数更加陡峭。

简而言之，卡尼曼提出的价值函数是这样的：

（1）定义的是对参照点的背离；

（2）通常收益时是凹的，损失时是凸的；

（3）损失时比收益时更加陡峭。

价值函数满足图 6-1 所示的属性。注意：S 形价值函数在参照点处是最陡峭的，这和马克维茨所假定的效用函数形成鲜明的对比，他所假定的效用函数在该区域相对平缓。

需要说明的是，对价值函数进行讨论时有时必须要考虑特殊情况的偏好效应。例如，一个人需要花 60 000 美元来购买一处住宅时的效用函数可能在临界点附近显示出异常的陡峭。类似地，当损失接近可能迫使一个人卖掉房子并迁居到不甚合意的地方时，他的损失

厌恶可能急剧上升。因此，既然一个人的价值（效用）函数会受到涉及特定数额的额外结果的影响，那么它并不一定总是反映人们单纯对待货币的态度。这种情况可能会导致价值函数在某一临界点附近形状发生变化，即可能在收益状态下是凸的，在损失状态下是凹的。

6.3 权重函数

在前景理论中，方案的每一个结果的价值要乘以决策权重，由此来确定方案的价值。很多经典理论认为，决策方案的概率可以作为决策权重。然而，卡尼曼和特沃斯基不这样认为。他们认为，概率不是决策权重，也不服从概率公理，不应该被解释为程度的测量或者信心。

考虑这样一个投掷硬币的游戏，一个人可能获得1 000美元或者0美元。这是一个公平游戏，在这种情况下获得1 000美元的概率是0.50。是不是决策权重就等于0.50，也就是$\pi(p)=p$呢？如果期望效用理论成立，那么这两个变量是一致的，也就是$\pi(p)=p$。否则，则不然。

我们现在转而讨论决策权重π的特性。当然，决策权重与客观概率相联系，决策权重π是客观概率p的增函数，同时，决策权重π和客观概率p之间又呈现明显的非线性关系。

我们定义$\pi(0)=0$，$\pi(1)=1$。换句话说，结果视为对不可能事件的忽略，$\pi(p)$是概率p的权重与确定事件权重之比。决策权重函数具有如下特点。

1. 小概率事件高估及次可加性

小概率事件通常被高估，是指对于较小的p，$\pi(p)>p$。

【问题3】
A.（5 000，0.001）
B.（5）
N =72 [72]* [28]

【问题4】
A.（-5 000，0.001）
B.（-5）
N=72 [17] [83]*

在【问题3】中，人们偏好有效的彩票胜过彩票的期望值。在【问题4】中，他们偏好可以被看作保费支付的小的损失胜过小概率的大损失。马克维茨也报告过类似的观察。

在【问题3】中的彩票偏好意味着：

$$\pi(0.001)v(5\ 000) > v(5)$$

假定价值函数收益时是凹的，可得

$$\pi(0.001) > \frac{v(5)}{v(5\,000)} > 0.001$$

假定价值函数损失时是凸的，【问题 4】中乐于购买保险也意味着相同的结论。

对于较小值的 p，π 是 p 的次可加性函数，也就是对于 $0 < r < 1$，$\pi(rp) > r\pi(p)$。

【问题 5】在两者之间选择：
C.（6 000，0.001）；
D.（3 000，0.002）。

$N = 66\ [73]^*\ [27]$

对（6 000，0.001）的偏好胜过（3 000，0.002），意味着
$$\pi(0.001)\,v(6\,000) > \pi(0.002)\,v(3\,000)$$
假定价值函数收益时是凹的，可得
$$\frac{\pi(0.001)}{\pi(0.002)} > \frac{v(3\,000)}{v(6\,000)} > \frac{1}{2}$$

即
$$\pi(0.001) > \frac{1}{2}\pi(0.002)$$

第 4 章表 4-1 中问题 8' 的反射偏好也产生了相同的结论。然而第 4 章问题 7 和问题 8' 中的偏好形式表明：当 p 值较小时，次可加性成立；对于较大的 p 值，次可加性并不成立。

2. 次确定性

次确定性是指互补事件的权重之和通常小于确定事件的权重。尽管对于小概率事件，$\pi(p) > p$，但是有证据表明：对于所有的 $0 < p < 1$，$\pi(p) + \pi(1-p) < 1$。我们称这种特性为次确定性。可以看出，在任何版本的阿莱斯实例中的典型偏好意味着：对有关的 p 值都存在次确定性，如本章的问题 6 和问题 7。

【问题 6】在两者之间选择：
A. 有 33% 的概率获得 2 500 镑，有 66% 的概率获得 2 400 镑，有 1% 的概率什么也得不到；
B. 确定获得 2 400 镑。

$N = 72\ [18]\ [82]^*$

【问题 7】在两者之间选择：
C. 有 33% 的概率获得 2 500 镑，有 67% 的概率什么也得不到；
D. 有 34% 的概率获得 2 400 镑，有 66% 的概率什么也得不到。

$N=72$ [83]* [17]

【问题6】的偏好意味着：

$v(2\,400) > \pi(0.66)v(2\,400) + \pi(0.33)v(2\,500)$

即

$[1-\pi(0.66)]v(2\,400) > \pi(0.33)v(2\,500)$

【问题7】的偏好意味着：

$\pi(0.33)v(2\,500) > \pi(0.34)v(2\,400)$

所以

$1-\pi(0.66) > \pi(0.34)$

即

$\pi(0.66) + \pi(0.34) < 1$。

相同的分析应用于阿莱斯最初的实验可以得到 $\pi(0.89) + \pi(0.11) < 1$。

次确定性表明，π 是对 p 的回归，但相对于期望效用理论而言，偏好对概率变化的敏感性较小。由于互补事件的权重之和通常小于确定事件的权重，同时由于小概率事件的权重大于其客观概率，次确定性就意味着中高概率的权重要小于其客观概率（见图6-2）。

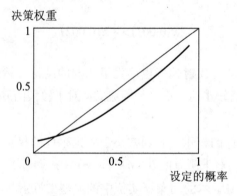

图6-2 一个假定的权重函数

3. 次比例性

次比例性是指，当概率比一定时，大概率对应的决策权重的比率要小于小概率对应的权重比率，即对于 $0 < p, q, r \leq 1$，有

$$\frac{\pi(pq)}{\pi(p)} < \frac{\pi(pqr)}{\pi(pr)}$$

【问题8】在两者之间选择：

A.（4 000，0.80）；

B.（3 000）。

$N = 95\ [20]\ [80]^*$

【问题9】在两者之间选择：

C.（4 000，0.20）；

D.（3 000，0.25）。

$N = 95\ [65]^*\ [35]$

【问题8】的偏好意味着：

$v(3\ 000) > \pi(0.80) v(4\ 000)$

【问题9】的偏好意味着：

$\pi(0.20) v(4\ 000) > \pi(0.25) v(3\ 000)$

可得

$\pi(0.20) v(4\ 000) > \pi(0.25) \pi(0.80) v(4\ 000)$

即

$$\frac{\pi(0.8)}{\pi(1)} < \frac{\pi(0.20)}{\pi(0.25)}$$

回顾第4章中的问题7和问题8，也能得出类似的结论。

次比率性说明，当方案的概率发生同比率变化时，决策权重的变化并不是同比率的。Zeckhauser通过一个例证论证了决策权重π的非线性问题。

【案例6-1】
俄罗斯轮盘赌

假设你被迫玩俄罗斯轮盘，但是你有机会通过支付一笔钱从已经上膛的枪支中移出一颗子弹。你愿意将子弹的数目从4降到3与将子弹的数目从1降到0支付同样多的钱吗？大多数人感觉：将死亡的概率从1/6降到0比将死亡的概率从4/6降到3/6对他来说更有意义。经济的考虑将导致一个人在后一种情形中愿意支付更多的金钱。

4. 端点不良，决策权重常被忽视或放大

图6-2中提出了一种假定的权重函数，它满足对较小值的p的超估和次加性，也满足次确定性和次比例性。这些属性使π在该开区间内相对平缓，并且在接近终点时突然变化，这里$\pi(0) = 0$，且$\pi(1) = 1$。也就是说，人们把极小概率的事件看成是不可能的，而把极大概率的事件看成是绝对的。然而，在有些情况下，人们又有把极小概率高估的倾向，对概率很小的收益表现出风险偏好，同时又对概率很小的损失表现出极度的厌恶。这就解释了为什么有些人偏爱彩票和保险。人们理解和评价极端概率的能力是有限的，非常不可能的事件要么被忽略、要么被超估，高概率和确定之间的差异要么被忽略、要么被夸大。因此，

π 在接近终点时不是性状良好的。

6.4 前景理论的进一步讨论

前景理论汇集了一系列著名学者的重要观点，包括经济学家、数学家、统计学家，当然还有心理学家的观点。经济学家中有三位诺贝尔奖获得者，分别是莫里斯·阿莱斯、米尔顿·弗里德曼与哈里·马科维茨。这三位经济学家均对人们做出风险决策的重要方式进行了研究。阿莱斯识别了人们对概率事件的思考方式，特别是当概率很小或者风险不存在时。弗里德曼与著名的统计学家伦纳德·萨维奇（Leonard J. Savage）合作，对人们在购买彩票时表现出风险追求特征，但在购买保险产品时呈现出风险厌恶特征加以分析。马科维茨也对相同的问题展开了分析，关注人们的"通用财富"（customary wealth），并研究以通用财富衡量时，人们风险行为所发生的改变。

卡尼曼与特沃斯基将这三位经济学家的闪光思想融合，并补充了相关的心理学理念，构建出了前景理论框架。基于马科维茨的研究成果，前景理论指出，人们基于一定的"参照点"对相对收益与损失进行分析从而解读风险事件。基于弗里德曼与萨维奇的研究成果，前景理论指出人们在部分环境中表现为风险厌恶，在其他环境却表现为风险追求。基于阿莱斯的研究成果，前景理论指出，相比大概率事件，人们会更看重小概率事件，相比一点风险，人们更偏好无风险。以上这三个观点正是前景理论所强调的重要认知理论。

本节的主要内容来自于赫什·舍夫林的观点，主要是对卡尼曼提出的前景理论中某些内容展开了进一步讨论。

【专栏6-2】 赫什·舍夫林

赫什·舍夫林（Hersh Shefrin），圣塔克拉拉大学金融系教授，当今世界行为金融研究领域的知名学者，行为金融学先驱之一。

赫什·舍夫林始终致力于从不同角度研究风险，在数学领域的研究主要关注贝叶斯组合，在经济领域的研究主要关注不确定性，在金融领域的研究则以风险心理学为重点。他与诺贝尔经济学奖获得者理查德·塞勒（Richard Thaler）和行为金融学大师迈尔·斯塔特曼（Meir Statman）长期合作并开展研究，将著名行为科学家阿莫斯·特沃斯基（Amos Tversky）和诺贝尔经济学奖获得者丹尼尔·卡尼曼（Daniel Kahneman）的相关心理理论引入其行为金融研究中。

此外，赫什·舍夫林曾经担任美国审计委员会主席，为大型金融机构提供行为风险管理咨询，他的思想和观点见诸各类财经媒体。

赫什·舍夫林发表过大量原创性研究。他的文章经常被刊载在《金融学期刊》《金融经济学期刊》《金融研究评论》《金融和数量分析期刊》《金融管理》《金融分析师期刊》

和《证券组合管理期刊》等全球著名的金融杂志。其专著《超越贪婪和恐惧》首次全面介绍了行为金融,把金融从业者和学者作为受众人群。此外,赫什还著有《资产定价的行为方法》《行为公司金融》《终结管理幻觉》和《金融行为主义》等。

6.4.1 参照点的转移

按照卡尼曼的观点,收益和损失都是用前景赌博时获得的或者支付的货币的数额来定义的,参照点被当作现状或者一个人当前的资产。尽管这对于大多数选择问题或许是真实的,但是也存在这种情况,即根据不同的参照点对收益和损失进行编码,同样的问题可能会导致不同的选择。例如,月薪的意外税金被看作是损失,而不是收益减少。类似地,一个巨大成功后经历暴跌侵蚀的企业家,可能会将小损失看作收益的减少。

参照点和当前资产位置之间的差异,也可能因为一个人尚未适应近来的财富变化而出现。想象一个商业投机者已经损失了 2 000 美元,现在又面临着一个 1 000 美元的确定收益与一个相等机会获得 2 000 美元或者什么也得不到的选择。如果他还没有适应自身损失,那么他很可能将这个问题编码为(-2 000, 0.50)和(-1 000)之间的选择,而不是(2 000, 0.50)和(1 000)之间的选择。像我们所看到的一样,前者的表达比后者导致了更多偏好风险的选择。

【案例 6-2】
加油站的广告牌

一条街道的边上有一家小加油站,出于税务方面的考虑,加油站老板希望来加油的顾客用现金付账,而不是刷卡。他想出了一个方法,即在加油站的门口树立一个大招牌,上面写着"93# 汽油,现金 6.25 元/升,刷卡加收 0.3 元/升"。没想到,这个牌子一经挂出,小加油站的顾客立刻少了一大半,这可把老板给急坏了。老板学习营销专业的儿子知道了这件事,思考了一下,把牌子内容略作改动,变成了:"现金折扣! 93# 汽油,刷卡 6.55 元/升,现金只需 6.25 元/升!"很快,小加油站的顾客又多了起来,而且更多顾客开始用现金付账了。

这个案例中,开始的广告牌里用了"加"字,暗示消费者把 6.25 元/升定为参照价格,肯定不愿意买 6.55 元/升的。后来改用"折扣",让消费者把 6.55 元/升定为参照价格,6.25 元/升用现金买,就非常吸引顾客了。也就是说,原先加油站的价格是与某种"损失"(加价)联系在一起的,是一个损失框架;修改之后,则是与某种"获得"(折扣)联系在一起的,是一个获得框架。不同的广告语产生了不同的框架,而不同的框架则影响了消费者对参照价格的选择,最终导致了两条标语的不同效果。即使广告牌的实质信息在修改前后并没有发生什么变化,但是由于原先的广告是在损失框架下传递信息,很容易引起人们的损失厌恶心理;修改之后,广告变成了获得框架,因此倾向于获得的顾客又回来了。

参照点的变化改变了前景的偏好顺序。特别是，当前理论意味着选择问题的负转化。例如，不完全适应近来的损失会增大某些情况下的风险寻求。例如，如果一个风险前景$(x, p; -y, 1-p)$是刚好可以接受的，那么$(x-z, p; -y-z, 1-p)$的偏好胜过$(-z)$，这里$x, y, z>0, x>z$。

研究表明：一个对自己损失不能平心静气的人很可能接受他不曾接受的赌博。倾向于玩风险大的赌注的赌博随着赌博日子的增加而增长，尚未适应损失或者为达到期望收益的失败者容易导致风险寻求。又如，一个期望买保险的人，多半因为他在过去已经购买过保险或者他的朋友购买过保险，他很可能将支付保费y来防范损失x的决策编码为$(-x+y, p; y, 1-p)$和(0)之间的选择，而不是$(-x, p)$和$(-y)$之间的选择。前面的讨论使保险很可能在形式表达上比后者更有吸引力。

当一个人像决策分析所提倡的那样根据最终的资产，而不是根据收益或者损失来表达决策问题时，参照点转移的另一种重要情形就出现了。在这种情形中，参照点将财富的刻度设定为0，价值函数很可能处处都是凹的。根据当前的分析，除了对小概率的赌博之外，这种表达本质上消除了风险寻求。这种根据最终资产的决策问题的外在表达或许是在损失区域消除风险寻求的最有效的方法。

很多经济决策包括交易都是一个人付钱来换取合意的前景。当前的决策理论分析了这些问题，如现状与包括已获得的前景减去成本的二中择一状态之间的比较。例如，是否为赌博（1 000, 0.01）支付10美元的决策被看作（990, 0.01；-10, 0.99）和（0）之间的选择。在该分析中，准备购买正前景等价于乐意接受相应的混合前景。

整合无风险和风险前景的普遍失败，戏剧性地表现在隔离效应中，这表明：人们在决定是否购买赌博时，不可能按照从结果中减去成本的操作行动。取而代之的是：人们通常分别评价赌博和它的成本，如果组合价值是正的，那么就决定购买赌博。因此，如果$\pi(0.01)v(1\ 000)+v(-10)>0$，那么将以10美元的价格购买赌博（1 000, 0.01）。如果该假设是正确的，如决定为（1 000, 0.01）支付10美元就不再等价于接受赌博（990, 0.01；-10, 0.99）的决定。

参照点的位置和选择问题的编码以及编辑的方式是决策分析中的关键因素。

6.4.2 对前期收益和损失的框架效应

前景理论强调框架效应的重要性，这意味着人们对决策方案的描述很重要。我们在下文将介绍另一个凸显框架效应重要性的实例。

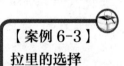

【案例6-3】
拉里的选择

拉里是某基金公司的高级经理，拉里已经告诉我们，他属于损失厌恶类型的投资者，所以他会拒绝接受成败机会相等的，获得500美元收益或者发生500美元损失的风险方案。当我们问他是否会拒绝金额较小，如 225 美元或 450 美元的风险方案时，他回答："我拒绝接受这种胜负概率各半的风险方案，风险与回报不匹配。我承认随着金额降低，我越来越愿意试一把。如果赌金下降到 20 美元，我愿意接受，因为损失 20 美元的风险对心理影响最小。"

框架效应非常重要，我们要考虑以下三种情境。

1. 情境一

如果我们把这个问题进行调整，拉里将接受这个胜负概率各半，可能赢得 450 美元收益或者发生 450 美元损失的风险方案。此时，我们对拉里的提问方式如下：

【问题 10】设想你之前决定冒险，刚刚赢得了 1 500 美元的收益。现在你有一个新机会参加一个胜负概率各半，收益与损失均为 450 美元的赌局。你对这个新风险将接受还是拒绝？

拉里回答他将接受该风险，并解释了他的思考过程："现在我已经有 1 500 美元赌资入袋，即使将来无法赢得 450 美元收益，出现 450 美元损失，也不会对我的情绪造成实质干扰，因为我觉得自己在用之前赢得的赌金下注，无论如何，这不算是自己直接支付的现金成本。"

理查德·塞勒与埃里克·约翰逊（Eric Johnson）对人们前期收益和损失如何影响其风险决策提出了系统性分析框架。在损失方面，塞勒与约翰逊假设人们会把前期收益看作"赌资"，因而愿意接受胜负概率各半的赌局，而这种赌局他们之前是拒绝参加的。而参加赌局的前提条件是潜在损失小于 1 500 美元。

2. 情境二

如果把赌局环境加以改变，把前期赢得 1 500 美元收益变成发生 750 美元损失，那么拉里将拒绝接受胜负概率对半、收益或损失均为 225 美元的赌局。对拉里设定的提问如下：

【问题 11】设想你曾经冒险，结果导致自己刚才损失了 750 美元。现在你有一个新机会参加一个胜负概率对等、收益或损失均为 225 美元的赌局。你对这个新风险将接受还是拒绝？

拉里解释道："我刚刚损失 750 美元，心有余悸。我希望把总损失限定在 750 美元，所以无论将来是赢回 225 美元还是再多损失 225 美元，我都会选择放弃。如果损失达到 975 美元，我心理上会感觉更痛苦，这种痛苦将远远超过将已经发生的损失从 750 美元减少到 525 美元给我带来的安慰。"

3. 情境三

如果场景描述略加改变，拉里将接受而不是拒绝这场赌局。我们将措辞改变为，拉里将在"接受750美元的确定损失"与"损失525美元或者975美元的可能性对等"之间做出权衡选择。改变后的措辞既没有改变金额也没有改变概率，两种不同版本的描述在经济结果上完全相同。

拉里现在实际上注意到了自己答案所体现的差异。对此，拉里进行解释说："这很有趣，但是我已经清楚意识到这种逻辑似乎与我做出的其他回答有所矛盾。我觉得原因可能在于当知道自己损失750美元后，我已经接受现实，准备从头开始，所以这种胜负概率对等、收益或损失为225美元的赌局对我而言不具有吸引力。"

拉里的行为模式凸显出框架效应发挥了重要作用。按照前景理论，如果人们比较两种风险方案时，对某一方案的所有描述都趋向于某种方向，那么人们随后会比较两种风险方案的价值，选择出较为重要的方案。前景理论强调对某一风险的描述方式将影响我们心中对此的衡量与评价。

6.4.3 概率大小

前景理论告诉我们，概率大小对人们做出风险决策具有重要影响。许多人觉得很低的风险与没有风险截然不同。以此类推，他们也觉得几乎确定与完全确定截然不同。同时，许多人将接近于0的两种概率视为基本相同，把接近于1的两种概率也视为基本相同。因此，人们的行为可能并不像我们之前所描述的那样。

为了更好地理解概率大小如何影响行为，我们思考以下问题。

【问题12】假设你面临如下所指定的E与F两种情形。

E：90%的概率获得2 000美元，10%的概率获得0美元

F：45%的概率获得4 000美元，55%的概率获得0美元

你将选择E还是F？

接着，思考一下如果获得正收益的概率很小，那么你将如何选择？特别是，假设你遇到如下指定的G和H两种情形。

G：0.2%的概率获得2 000美元，99.8%的概率获得0美元

H：0.1%的概率获得4 000美元，99.9%的概率获得0美元

你将选择G还是H？

拉里选择的是较为安全的方案E以及较冒险的方案H。这是一种最常见的反应，几乎半数的实验对象都做出了这种选择。作为比较基准，大约3/4的金融专业本科生也做出了该选择。

选择E、不选择F反映出，拉里更加偏好近乎确定的2 000美元收益而非更冒险的4 000元收益，虽然这两种风险方案提供了完全相等的期望值。与之类似，G与H的期望值也完全相等，而且能赢得的资金数量也与E、F完全相等。然而，对于G与H两种选择而言，

赢得正收益的概率微乎其微。拉里等人选择了 H 而非 G，是因为他们把 0.1% 与 0.2% 的概率实际上看作完全一样。在这个过程中，他们基于金额进行选择，由于 H 的收益是 G 的两倍，所以他们最终选择了 H。

【问题 12】中选择 H 不选择 G 的人做出了风险追求型决策。重点在于 G 和 H 的风险只涉及收益，这种结果与人们只在涉及收益时做出风险厌恶型决策是相悖的。前景理论提出，当人们面对的只有收益时，其行为方式取决于概率大小。对于【问题 3】类的决策任务，当获取（非零）收益的概率居中，大多数人的确会做出风险厌恶型决策。然而，当获取收益的概率很小时，人们将改变行为，更可能做出风险追求型决策。

这项关于前景理论的实验结果还表明，如果人们的决策任务只有损失，那么人们的决策结果会出现类似的反转。例如，当人们面临两种抉择，一种是接受 40 美元损失，另一种是存在 0.1% 的概率出现 40 000 美元损失，大多数人宁可选择确定的损失。

现实中对于收益/损失以及中等/极端概率有四种组合。用四种组合和对每种组合的两种风险态度选择，我们在四个方格中有 16 种填充方式。如果对组合风险态度完全随机，那么特定四格组合任务的相对概率将是 1/16（6.25%）。

综上，前景理论告诉我们，人们在面对风险时会表现出四种具体行为模式。当未来只涉及收益，如果非零收益概率适中，人们倾向于做出风险厌恶型决策；如果收益概率极小，人们倾向于做出风险追求型决策。当未来只涉及损失，如果非零收益概率适中，人们倾向于做出风险追求型决策；如果收益概率极小，人们倾向于做出风险厌恶型决策。

需要留心对风险管理者行为偏好的概括不能过于笼统。很少有人在行事中能完全依照前景理论的四种具体模式，大约 75% 的反应符合四种模式中的两种或三种。对于金融专业本科生，约 38% 的人符合其中的三种模式，然而各组别之间经常存在差异。对于拉里所在的组别，25% 遵从一定的行为模式。前景理论的四种模式是对于全体样本选择倾向的表述，但是用于个人研究时这只是一个出发点。

6.4.4 下注金额与个体差异

尽管前景理论捕捉到了人们进行风险决策时的"惯常"反应，但是很多人实际上并不按照前景理论的规则行事。

【问题 13】考虑一项决策任务，在 M 和 N 两种具有相等期望收益的方案中进行选择。
M：肯定会损失 500 美元
N：出现 1 000 美元损失或者 0 美元损失的风险各有 50%

你会选择哪种方案呢？

尽管人们对这个问题的回答有所差异，但最常见的回答是选择 N 方案。大约 50% 的金融专业本科生和 75% 的研究生选择 N，这种选择模式似乎适用于【问题 13】2/3 的调查对象。

对于包括拉里在内的组别，68%的人选择N。选择N的调查对象解释称："我不喜欢有确定性的损失，希望接受有对半风险的方案以规避损失。"选择M的调查对象解释道："相比N方案，损失500美元的方案似乎对我更有吸引力。我觉得，额外损失500美元的痛苦超过了没有损失能带来的快乐。"

一部分按照前景理论行事的人将选择风险型方案N。而且，根据前景理论，无论【问题13】中的具体金额是大还是小，人们都会选择N。在此类实验中，舍夫林测试了下注金额对人们行为的影响，让实验对象指出如果下注金额分别提高10倍和100倍，他们的反应是否会发生变化，反之如果下注金额分别减少1/10和1/100，他们会做出何种反应。实验发现，人们的观点存在着显著差异。以下是两个具体观点：

（1）我宁愿选择确定的损失。如果下注金提高10倍或100倍，我愿意选择接受确定损失，但是如果下注金额减少1/10或1/100，我愿意选择抛硬币。

（2）我愿意选择第二种风险方案，因为概率对半，我觉得乐观情况是可能不发生分毫损失。如果金额增加，我可能不会做出同样的选择，因为我有可能损失更多。如果下注金额降低，我不会改变选择，因为我的涉险金额变得更小了。

实验的受调查者做出了不同的选择。然而，他们认同随着下注金额提高，也越来越不愿意冒险，但也有一些人表示，无论下注金额是多少，他们都会做出同样的选择。因此，"运用前景理论的风险管理者需要进行审慎判断，世界上不存在普适性原则"。

选择和谁约会？

一个寒冷的周日，麻省理工学院的学生在校园里匆忙奔走，我问他们中的一些是否愿意让我拍照做实验，有的学生看上去不情愿，有的学生直接走开了，但多数学生乐意参与。不一会儿，我的相机里就存满了学生们灿烂的笑容。我回到办公室，从中打印出60张——30个女生，30个男生。

下一个星期，我向班里的25名研究生提出了一个不同寻常的请求：让他们对这30个男生和30个女生的照片根据相貌来配对（男配男，女配女）。就是说，我让他们搭配出麻省理工学院的"伍迪·艾伦和丹尼·德维托"，以及"布拉德·皮特和乔治·克鲁尼"。从配出的30对里，我又挑出了大家都觉得最相似的6对——3对女生，3对男生。

现在，就像弗兰肯斯坦博士一样，我开始对这些面孔做特殊处理。我用Photoshop软件对照片做少许改变，给每张照片加工出比原来相貌稍差的新版本。我发现稍稍移动鼻子的位置就能破坏面部的对称。用另一种工具，我把一只眼睛变大，或减少一些头发。

没有阵阵的闪电照亮我的实验室，也没有沼泽地上的犬吠，这是个从事科学研究的好日子。到收工的时候，我手头有了麻省理工学院的乔治·克鲁尼原型（A）和麻省理工学院的布拉德·皮特原型（B），以及一只眼睛有点耷拉、鼻子稍宽的乔治·克鲁尼（-A）和面部不大对称的布拉德·皮特（-B）。对其他不如他俩帅气的各对，我也做了相同处理。于是有了张嘴笑时嘴角稍歪的伍迪·艾伦原型（A）和有一只眼睛错位、令人发怵的伍迪艾伦（-A），还有了丹尼·德维托原型（B）和面部有点变形的丹尼·德维托（-B）。

12张照片中的每一张，我实际上既有一张原型版本还有一张稍差的诱饵版本。

现在我们到了实验的主要部分。我带着这些成套的照片来到学生中。我一个一个地问，问他（她）们是否愿意参与实验。如果同意，我就拿出印有一套三张的照片给他（她）看。有的一套中包括原版本照片A、它的诱饵版本-A，和另一张原版本照片B。也有的包括原版本照片B、它的诱饵版本-B和另一张原版本照片A。

例如，一套里可能包括一张原版本的克鲁尼（A）、一张诱饵克鲁尼（-A），还有一张原版本的皮特（B）；或者一张原版本的皮特（B）、一张诱饵皮特（-B）和一张原版本的克鲁尼（A）。我要求学生们（或男或女）想和3个中的哪一个约会，就在那张照片上画个圈。最后，我一共发出了600套。

实验结果是：每次我发出一套3张，包括一张原型、一张扭曲过的照片和另一个人的原型照片，参与者总是表示愿意与"正常的"原型照片里的人——明显优于那张扭曲过照片中的那个——约会，而不选择另一个照片未经过扭曲的人。这样选择的可不是一半对一半，整个实验中这样选择的人占了75%。

资料来源：丹·艾瑞里. 怪诞行为学[M]. 赵德亮，夏蓓洁译. 北京：中信出版社，2008：14-16

问题：
1. 实验的结果说明人们在进行判断和决策过程中存在哪些偏差？
2. 还有哪些心理因素可能会影响人们的判断和决策？
3. 在投资决策过程中人们是否也存在类似的心理和行为选择？

【在线测试题】扫码书背面的二维码，获取答题权限。

第7章
投资者情绪与行为偏差

> 不要感情用事。在投资前，要控制住自己的情绪，不要带有贪婪、恐慌的情感。
>
> ——沃伦·巴菲特

 投资者情感和情绪偏差

7.1.1 情绪与投资决策

传统金融学理论认为，人们在面对风险和不确定性时能够做出理性的决策，从而使他们的财富最大化。因为涉及金钱时，理智和逻辑应该能克服情感和心理偏差。事实是这样吗？这个假设合理吗？在现实中，情况可能正好相反。当人们所做的风险决策涉及金钱时，情感也可能战胜理智。

1. 情感与决策

心理学家和经济学家研究了情感在决策制定中扮演的角色，他们将其称为"情绪反应"。他们发现，似乎与决策毫不相干的感觉和情绪也会影响决策。这里所谓的"毫不相干"是指情感并非是由决策引起的。例如，你可能因为阳光普照或喜欢的球队赢球了而心情大好，这种美好的感觉接下来可能会影响投资决策，而且情感反应较强烈的人在进行投资决策时，看上去更容易受到情感的影响。情感与认知分析过程相互作用，最终形成决策。有时候，情绪反应会背离理智和逻辑，并主导决策过程。实际上，情况越是复杂和不确定，情绪对决策的影响就越大。

这样说来，在决策制定中情感和理智哪个更重要就成了核心问题。情感的分量似乎更重。举例来说，神经学家安东尼奥·达马西奥关于那些大脑腹内侧额叶皮层受到破坏的病人的报告显示，病人的智力、记忆和逻辑能力未受损伤，但感知能力变差了。各种试验都表明，

决策制定过程中的情感缺失会损坏理性决策的能力。达马西奥由此得出一个结论：情感是理性决策不可或缺的部分。

让我们看看心理学家如何研究情绪对决策的影响。他们让受试者写下生活中愉快或沮丧的事情。在写的过程中，受试者在重温了那些事情之后，会愉快或沮丧。与高兴的人相比，沮丧的人对未来更悲观，换句话说，情绪愉快的受试者认为未来好事可能会很多，而坏事会很少。

在一项研究中，情绪愉悦的人认为"一年内，我会遇到一位新朋友，我们将成为非常好的朋友"的可能性为84%，而情绪低落的人则认为自己遇到这样一个人的概率仅有51%。另外，当被问及"未来五年内我被卷入严重交通事故"的可能性时，情绪低落的人认为发生的机会为52%，而情绪愉悦的人则认为他们遇到的机会仅为23%。两种人对未来的看法是不同的。

除了情感的重要性，人们对认知过程中实际情况的变化总是不够敏感。例如，人们在彩票抽奖的时候，可能认为千万分之一的中奖概率与万分之一的中奖机会相差不多，因为都是小概率事件。但实际上后一个中奖机会要比前一个中奖机会多1000倍。当彩票唤起彩民强烈的情感时，想赌一把的决定就对中奖机会已发生巨大变化这一事实不太敏感了。简言之，情感主导了复杂决策的制定过程。

2. 情感与金融

金融决策是很复杂的，掺杂着风险与不确定性，因此，情感在投资决策中占有一席之地。让我们看看麻省理工学院金融工程实验室一项为期一个月的试验：投资者进行交易并对自己的情绪状态进行评价。实验结论包括：对货币收益或亏损情感回应强烈的投资者的交易表现比其他人差得多，情绪化的投资者并不是出色的投资者。

情感或者说心境也可能影响投资决策，这叫作错误归属偏差。也就是说，人们总是错误地把他们当时的心境带入金融决策中。如果心情很好，一个人很可能对投资做出乐观估计。好（坏）情绪将增加（降低）投资风险资产（如股票）的可能性。

3. 情感影响投资决策

让我们看看投资者基于期望而做出买卖股票的决策。理性预期模型体现了传统的金融学思想，这种观点认为，投资者的期望来自对基础分析和现代投资组合理论等工具的应用。这些工具要求投资者对企业的未来做出假设：今后三年公司将达到怎样的增长速度？公司的预期收益、可预期的变化以及与其他资产间的相关性是怎样的？事实上，即使最老练的投资者也不认为有任何方法能做出最精确的假设。理性预期模型要求投资者用不带偏见的理性方式消除不确定性，但有证据表明，由于情感和认知偏差的影响，人们常做出带有偏见的非理性选择。

库恩和纳特森曾做过一个试验：他们让受试者玩一个游戏——必须不间断地从两类资产里做出投资选择，其中一类是已知每种结果出现概率的风险资产，另一类是无风险资产。在游戏中使用的是真钱。在开始前，受试者要看一段可能具有刺激性的影像并进行讨论，通过这种方式引入正面、中性或者负面的情绪，从而发现引入正面情绪会激发风险较大的选择，而且受试者对其选择更有信心。产生这种自信的一个原因是他们还没有全部吸收与其初始选择相反的信息。负面情绪导致了回避风险的选择。

投资者即使使用了基本面分析这类定量方法，也会受到情绪影响。仅仅是无偏的数据是不够的，分析技术还包括对一些假设条件做出估计。一些基础分析技术比别的技术复杂，但都包括了对未来的假设。为了更好地说明这一点，让我们看看金融专业的学生都在学习的一个常量贴现率模型现值：$PV=D_1/(k-g)$。投资者必须对固定不变的增长率 g 做出估计。考虑到情绪会对风险性和不确定性决策产生影响，增长率 g 的估计值可能带有偏差反过来导致模型计算结果出现偏差。

假设年收益率 k 为11%，长期股利增长率为5%。情绪愉悦的投资者可能会乐观地把后者高估为7%。这样一来，这个数字在他们心目中比在无偏见的投资者心目中要高许多。乐观投资者会认为股票被低估了并因此购买这只股票，而实际情况并非他们所想的那样。

由于情绪或情感的原因，投资者在投资过程中可能会出现各种偏差。投资者的情绪和情感偏差主要包括心理账户、过度自信、禀赋效应、证实偏差、时间偏好、后悔厌恶、模糊厌恶、熟悉偏好、本土偏差等。在此主要对心理账户、过度自信、禀赋效应、证实偏差、时间偏好进行介绍。

7.1.2 心理账户

【案例 7-1】
专用的账户

一位经济学教授平时总有一些计划外的花销，比如，冲动消费时买的一双后来几乎没穿过的鞋，朋友结婚要交的礼金，等等。这些花销并不是很多，教授也不太在意。可是，正所谓"聚沙成塔"，每当他去银行查账时，总会发现自己的户头上"莫名其妙"地少了很多钱，他对此十分不满。为了解决这个问题，聪明的教授想出了一个"绝妙"的办法：他决定每年为慈善事业捐款3万元，并专门为此建立了一个账户。每当花费一笔"计划外"的钱款时，他就从这个慈善捐款账户中扣除。一年下来，这个账户中居然有余额。教授最终有没有真的将这笔余额捐给慈善事业并不重要，重要的是，他再也不会为那些计划外开支心烦了。

这种做法乍看起来有些可笑——不管是什么账户里的钱，都是自己的钱，为什么搁在自己的平常账户里就心疼，搁在慈善捐款账户里就不心疼呢？难道钱和钱还不一样吗？

生活中常常有类似的"自欺欺人"的例子，比如赌场里一掷千金的赌徒，商场里刷卡成瘾的"卡奴"，那么，这背后的原因是什么呢？

1. 心理账户的内涵

心理账户是芝加哥大学行为科学教授理查德·塞勒（Richard Thaler）提出的概念。所谓心理账户就是指，人们在心里无意识地把财富划归至不同的账户进行管理，不同的心理账户有不同的记账方式和心理运算规则。这种心理记账的方式和运算规则恰恰与经济学和数学运算方式都不相同，因此经常会以非预期的方式影响着决策，使个体的决策违背最简单的理性经济法则。人们在做什么事情之前，一般都会根据自己的"心理账户"来决定事情的重要性，进而决定取舍，即在决策过程中，决策者的心理与行为，如情感情绪、成就动机、价值权衡、才智品德、心理偏好等都是影响决策的重要因素，因而使得决策过程呈现出种种非理性特征。

【专栏 7-1】 理查德·塞勒

理查德·塞勒（Richard Thaler）——芝加哥大学教授，行为金融学奠基人。

理查德·塞勒1945年出生于美国新泽西州，曾先后在罗彻斯特大学取得文学硕士（1970）和哲学博士（1974）学位。理查德·塞勒先后执教于罗彻斯特大学（1971—1978）和康奈尔大学（1978—1995），1995年起任芝加哥大学商业研究生院行为科学与经济学教授、决策研究中心主任至今。他现为美国经济学会会员、美国艺术与科学研究院院士，是行为经济学和行为金融学领域的重要代表人物。

塞勒的主要研究领域是行为经济学、行为金融学与决策心理学。在理论研究中，他对反常行为、经济人假设、禀赋效应、跨期选择、心理账户和股票市场等方面研究做出了重大贡献；在实际应用上，他分析和解释了消费者行为、社会福利政策、储蓄投资政策等行为经济案例。其代表作有《赢者的诅咒》《准理性经济学》和《助推》等。

在 2002 年，理查德·塞勒教授获得了诺贝尔经济学奖的提名。可惜的是，那一年的诺贝尔经济学奖与他擦肩而过，而被前景理论的提出者、普林斯顿大学行为经济学家丹尼尔·卡尼曼教授获得。而2017年理查德·塞勒教授同样因为其在行为经济学上的成就获得诺贝尔经济学奖。宣布获奖后，瑞典皇家科学院这样描述塞勒的研究："理查德·塞勒将心理上的现实假设纳入经济决策分析中。通过探索有限理性，社会偏好和缺乏自我控制的后果，他展示了这些人格特质如何系统地影响个人决策以及市场成果。"

关于心理账户，我们来看实验7-1。

【实验 7-1】 购买商品实验

情境一：假定你要买一件夹克和一个计算器。在某商场夹克的价格是125美元，计算器的价格是15美元。这时候有人告诉你，开车二十分钟后到另一个街区的一家商场中计算器的价格是10美元。请问：你会去另一个商场买计算器吗？

> 情境二：假定你要买一件夹克和一个计算器。在某商场夹克的价格是 15 美元，计算器的价格是 125 美元。这时候有人告诉你，开车二十分钟后到另一个街区的一家商场中计算器的价格是 120 美元。请问：你会去另一个商场买计算器吗？
>
> 实验结果：
>
> 在情境一中，有 88 名被试者，其中 68% 的人愿意去另一家商场，为 15 美元的计算器节省 5 美元。
>
> 在情境二中，有 93 名被试者，只有 29% 的人愿意去另一家商场，为 125 美元的夹克节省 5 美元，选择偏好发生了逆转。

为什么大多数人在买一个 15 美元的计算器时都愿意花 20 分钟的时间去节约 5 美元呢？而同样是节约 5 美元，在买一款 125 美元的夹克时却不愿意花 20 分钟的时间。这种看起来非理性的现象，违背了传统经济学的原理（因为在上述两种情况下，都是 20 分钟时间与 5 美元的交换），但是，心理账户理论就可以很好地解释它。

心理账户理论认为，消费者在感知价格的时候，是从三个不同的心理账户进行得失评价的。第一个是最小账户，就是不同方案所优惠的绝对值。在本实验中的最小账户就是 5 美元。第二个是局部账户，也可称为相对值账户。例如，在实验情境一中开车前往另一家店的"局部账户"表现为计算器价格从 15 美元降为 10 美元（相对差额为 1/3）；而在实验情境二中的"局部账户"表现为计算器价格从 125 美元降为 120 美元（相对差额为 1/25）。第三个是综合账户，综合账户就是总消费账户，该实验的综合账户为 140 美元。

在上面的实验中，消费者是自发运用了局部账户，即通过相对优惠值来感知价格。情境一中有 33.3% 的优惠；而情境二中仅有 4% 的优惠。因此，人们的购买行为发生了反转。表现为在实验情境一中，68% 的实验对象选择去另一家商场；而在实验情境二中，却只有 29%。

人们在两种实验情境中做出不同的选择，说明心里账户的局部性会使人们用相对值而不是绝对值来评价事物，从而在两个商品价格交换后产生不同的实验结果。

此后，Philip Moon, Kevin Keasey, Darren Duxbury 对卡尼曼的研究进行了重复实验并且提出，当优惠超过某个阈限值的时候，消费者对绝对优惠值同样非常敏感。绝对值优惠与相对值优惠之间存在一种关系。

我们再来看另外两组实验（实验 7-2、实验 7-3）。

【实验 7-2】 看电影实验（1）

> 情境一：如果你花了 70 元买了一张《复仇者联盟 4》的电影票。可是天公不作美，在电影放映的当天，下起了大暴雨，出行很不方便，那么你还会去看电影吗？
>
> 情境二：如果你花了 35 元买了一张《复仇者联盟 4》的半价电影票。可是天公不作美，

在电影放映的当天，下起了大暴雨，出行很不方便，那么你还会去看电影吗？

事实上，这两种情境需要面对的抉择都是"现在有一张票，要不要去看电影"，而且如果是完全理性地进行决策，在这两种情景下的选择应当趋向一致。但实验结果却显示，人们在这两种情境下的选择大不相同：在情境一中，更多的人选择了去看电影；而在情境二中，更多的人选择了待在家里。

这个实验简单而明了地说明了沉没成本的数量对于关闭心理账户的影响：在情景一中，由于是全价购买的电影票，在看电影这个心理账户上，你已经支付了70元的沉没成本，要关闭这个心理账户的话，你会经历很大的痛苦，因此更多的人选择去看电影。而在情景二中，因为电影票是半价的，在看电影这个心理账户上，沉没成本相对较小，关闭这个心理账户带来的痛苦也就较小，因而关闭它就容易得多，所以人们更容易选择不去看电影。

其实，心理账户的关闭不仅跟沉没成本的数量有关，而且跟沉没成本的支付时间有关。把上一个实验略微调整，进一步做以下调查。

【实验7-3】 看电影实验（2）

情境一：你是一个"漫威铁杆影迷"，当你得知这个系列电影的最新作《复仇者联盟4》将上映时，你提前两个月订好了票，票价70元。可是天有不测风云，在电影放映的当天，下起了大暴雨，出行很不方便，那么你还会去看电影吗？

情境二：你是一个"漫威铁杆影迷"，正好这个系列电影的最新作《复仇者联盟4》将上映，于是你提前两天买好了电影票准备去一饱眼福，票价70元。可是天有不测风云，在电影放映的当天，下起了大暴雨，出行很不方便，那么你还会去看电影吗？

在这两种情境中，花的钱都是一样的，即在看电影这个心理账户上的沉没成本是一样的。按理说，在这两种情境中，大家的选择应该一致。但是实验结果仍然显示，在情境一中，更多的人选择不去看电影；而在情境二中，更多的人选择去看电影。

行为经济学家的解释是，人们对沉没成本价值的估计会随着时间的推移而减少，也就是说，时间越长，人们心理上沉没成本的价值就越低，从而关闭心理账户带来的痛苦就越小，关闭心理账户也就越容易。这个例子里，电影票价格一样，即沉没成本一样，但由于支付时间不同，导致时间长的沉没成本在人们心理上贬值了，因而相较于刚买电影票的那些人来说，提前订票的人更容易放弃去看电影。

心理账户有两个最本质的特征：一是非替代性；二是具有不同于经济学的特定运算规则。

2. 心理账户的非替代性

按照传统的微观经济学理论，金钱不会被贴上标签，它具有替代性，事实上，越来越多的实证研究表明：人们并不是把所有的财富放在一个整体账户进行管理，每一元钱与每一元钱可以很好地替换与转移。相反，人们会根据财富来源与支出将其划分成不同性质的多个分账户，每个分账户有单独的预算和支配规则，金钱从一个账户转移到另一个账户并不容易。塞勒将这种金钱不能很好转移，不能完全替换的特点称之为"非替代性"。塞勒教授在研究中发现金钱非替代性的表现如下。

（1）由不同来源的财富而设立的心理账户之间具有非替代性，如意外之财和辛苦得来的钱不具替代性。一般来说，人们会把辛苦挣来的钱存起来不舍得花，而如果是一笔意外之财，可能很快就花掉。有学者研究表明：不同来源的财富有不同的消费结构和资金支配方向。奖金收入最主要的支配方向排序为：①储蓄；②人情花费；③家庭建设与发展开支。彩票收入最主要的支配方向排序为：①人情花费；②储蓄；③享乐休闲开支。正常工资收入最主要的支配方向排序为：①日常必需开支；②储蓄；③家庭建设与发展开支。

（2）不同消费项目而设立的心理账户之间具有非替代性。我们来看一个案例："王先生非常中意商场的一件羊毛衫，价格为1250元，他觉得贵而舍不得买。月底的时候他妻子买下羊毛衫作为生日礼物送给他，他非常开心。尽管王先生的钱和他的妻子的钱是同一家庭的钱，为什么同样的钱以不同的理由开支心理感觉不同？"研究表明：自己花费购买羊毛衫，属于生活必需开支，1250元太贵了；而作为生日礼物送给丈夫，属于情感开支。因此，人们欣然接受昂贵的礼品却未必自己去买昂贵的物品。可见，为不同的消费项目设立的心理账户之间具有非替代性。

（3）不同存储方式导致心理账户的非替代性。塞勒教授举例：约翰先生一家存了15 000美元准备买一栋理想的别墅，他们计划在5年以后购买，这笔钱放在商业账户上的利率是10%；可最近他们刚刚贷款11 000美元买了一部新车，新车贷款3年的利率是15%，为什么他不用自己的15 000美元存款买新车呢？

通常，人们对已经有了预定开支项目的金钱，不愿意由于临时开支挪用这笔钱，对这个家庭来说，存起来买房的钱，已经放在了购房这一预定账户上，如果另外一项开支（买车）挪用了这笔钱，这笔钱就不存在了。从理性上说，家庭的总财富不变，但因为财富改变了存放的位置，固定账户和临时账户具有非替代性，所以人们的心理感觉不一样。

3. 心理账户的运算规则

在日常经济活动中，人们是如何操纵和管理心理账户，这些经济交易在人们心中又是如何被评估的呢？塞勒认为：人们在进行各个账户的心理运算时，实际上就是对各种选择的"损失—获益"进行估价，称之为"得与失的构架"（the framing of gains and losses），人们在心理运算的过程中并不是追求理性认知上的效用最大化，而是追求情感上的满意最大化。情感体验在人们的现实决策中起着重要作用，塞勒将这种运算规则称之为"享乐主义的加工"（hedonic editing）。

为了更好地探讨心理账户的价值运算如何影响人们的经济决策行为，卡尼曼教授在"前景理论"中提出了"价值函数"(value function)这一概念,并对价值函数的特征进行了讨论。

根据价值函数的特点,塞勒在关于心理账户的研究中,将价值函数在得与失的不同组合结果中的偏好情况作了分析。

规则一:两笔盈利应分开。假如两笔收入 X、Y 均为正,分开价值为 $V(X)+V(Y)$,整合值为 $V(X+Y)$。因价值曲线在右上角为凸形,所以 $V(X)+V(Y)>V(X+Y)$,个体更偏好分开体验。假如想送朋友两件礼物——一套衣服和一个健身器,最好分两次送。每次送一件礼物所带来的心理体验比一次送两件礼物的心理体验高。

规则二:两笔损失应整合。两笔支出对个体而言是"损失",因价值曲线在左下角为凹形,所以 $V(-X)+V(-Y)<V(-X-Y)$,个体更偏好整合价值。这一规律可以解释生活中的很多现象,如开会收取会务费时,最好一次收齐并留有余地,若有额外开支一次次增收,虽然数量不多,会员仍会牢骚满腹。

规则三:大得小失应整合。两笔收入一正一负:X,$-Y$,且余额为正,即 $X>Y$,从价值曲线看应是 $V(X)+V(-Y)<V(X-Y)$,所以人们更偏好整合。这条规则给人们的启示是,如果你有一个大的好消息和一个小的坏消息,应该把这两个消息一起告诉别人。如此整合,坏消息带来的痛苦会被好消息带来的快乐所冲淡,负面效应也就小得多。

规则四:小得大失应具体分析。第一,在小得大失悬殊时应分开。两笔收入一正一负:X,$-Y$,且余额为负,X 和 Y 相差悬殊,此时,分开估价的心理体验要好。例如 (40,-6 000),人们更愿意分开估价,因为价值曲线在 -6 000 元附近相对较平缓,40 元的获得与 6000 元的损失相比几乎没有减少损失的作用,分开估价还能得到 40 元收益的感觉。第二,小得大失且差距不大,应整合。如 (40,-50),人们更偏好整合价值,表现为 $V(X-Y)>V(X)+V(-Y)$。整合估价时,人们在心理会把损失从 50 元降低到 10 元,这样的损失就显得小了,心理体验更好,整合估价的作用便体现出来。

塞勒进一步把这四条规则概括为:

(1)分离收益;

(2)整合损失;

(3)把小损失与大收益整合一起;

(4)把小收益从大损失中分离出来。

以上心理账户的运算规则对于理解和解释现实经济决策行为有重要的指导意义。

4.心理账户的应用研究

(1)心理账户在金融投资领域的应用。心理账户在金融投资决策领域最广泛的应用是投资组合结构的运用。根据理性投资组合理论,投资者应该只关心他们投资组合的期望收益,而不应该关注某个特定投资部分的收益。可事实相反,投资者倾向于把他们的资金分成安全账户(保障他们的财富水平)和风险账户(试图进行风险投机的买卖)。1997 年费希尔(Fisher)和斯塔特曼(Statman)提出:人们在投资时会把资金分别放在不同的投资账户中,即使是基金公司也建议投资者建立一个资产投资的金字塔,把现金放在金字塔的最低层,把基金放在中间层,把股票放在金字塔的最高层。2000 年,舍夫林(Shefrin)和 斯塔特曼(Statman)提出了行为资产组合理论。

在行为金融理论中,行为投资组合理论是建立在卡尼曼和特维尔斯基的前景理论之上的一个框架体系。它认为投资者的资产结构应该是金字塔式的分层结构(这里的层就是心理账户),投资者对其资产分层进行管理,每一层对应投资者的一个目标。底层是投资者为避免贫穷而设立的,所以,其投资对象通常是短期国债、大额可转让存单、货币市场基金等有稳定收益、风险小的证券;高层是为使其富有而设立的,其投资对象通常是外国股票、成长性股票、彩票等高风险、高收益证券。舍夫林和斯塔特曼设计了投资者只有一个心理账户和两个心理账户的行为资产组合模型,并给出了模型的最优解。当投资者有两个心理账户时,他们分别在低期望水平和高期望水平两个心理账户建立投资模型,并在两个账户之间分配资金。

(2)心理账户在消费领域的应用。经典的生命周期假说和持久收入假说是凯恩斯以后消费函数理论最重要的发展,但他们的理论是建立在完全理性人的假设之上的。例如,生命周期假说就认为:"人总是能够深谋远虑,在任何时候都会考虑几十年以后的长远利益,并站在这种高度,根据一生的总财富来合理安排一生中每个阶段的消费,使一生的总效用达到最大。"这显然和人们实际的消费行为不符,这种过于理性化的理论也无法解释现实中的许多经济现象。1988年舍夫林(Shefrin)和塞勒(Thaler)提出行为生命周期理论(behavior lifecycle hypothesis)修正了传统的生命周期假说,使之能更好地描述现实中人们的消费行为。行为生命周期理论的两个最重要的概念是自我控制和心理账户。

行为生命周期理论引入"心理账户"理论解释消费行为。消费者根据生命周期不同财富的来源和形式,将它们划分为三个心理账户:现期可花费的现金收入账户(I),现期资产账户(A)和未来收入账户(F)。行为生命周期理论认为:不同账户的财富对消费者的决策行为是不同的。现金收入账户消费的诱惑力最大,因此,将这个账户的收入不消费而储蓄起来的心理成本也最大;现期资产账户的诱惑力和储蓄的心理成本居中;未来收入账户的诱惑力和储蓄的心理成本最小。由于不同的心理账户对消费者的诱惑不同,所以消费者倾向于较多地通过现金收入账户消费,而较少通过现期资产账户消费,几乎不通过未来收入账户消费。不仅不同的心理账户对消费者的诱惑是不同的,而且同一个心理账户,其中的财富余额不同,对消费者的诱惑也不同。财富余额越多,诱惑越大。

行为生命周期理论的消费函数可表示为 $C=f(I, A, F)$,且有:$1 \approx C/I > C/A > C/F \approx 0$。这就是说,现金收入账户的边际消费倾向最大,接近于 1;现期资产账户次之;未来收入账户最小,接近于 0。和生命周期持久收入假说的消费函数相比,行为生命周期理论在分析消费者行为时强调的是心理方面的因素,这些心理因素主要是通过心理账户加以描述。因此,心理账户的划分及其性质是理解行为生命周期理论的关键。

(3)关于消费预算的研究。1994 年 Heath 和 Soll 发现,消费者有为不同的消费支出账户设置心理预算的倾向,并且严格控制该项目支出不超过合适的预算。例如,每个月的娱乐支出 300 元，每个月的日常餐饮消费 1 000 元等。如果一段时间购买同一支出项目的总消费额超过了预算，人们会停止购买该类产品。即使在同一个消费项目中，不同的消费也有不同的预算标准，同是娱乐消费，看电影的消费是 200 元，买一本武打小说的消费是 50 元。他们通过实验证明：人们当前在某一类项目的消费支出会减少他们未来在同一类项目的支出，而对其他项目的支出几乎没有什么影响，即心理账户对每个消费项目会设定一个预算控制。

1996 年，Chip 和 Soll 研究认为，心理账户通过心理预算调节人们的消费行为。这表现为：人们会为不同的消费设置预算，但预算通常会低估或者高估购买特定商品的价格，因此常使人们产生"穷鬼"和"大富翁"的认知错觉，从而出现消费不足和过度消费的消费误区。他们通过三个实验证明了心理账户的分类预算对消费决策的重要作用。

2006 年，Eldar Shafir 和 Richard Thaler 的研究表明：在购买和消费暂时分离的商品交易中，人们会建构多种框架的心理账户。奢侈品的购买更多被认为是一种"投资"而不是一种消费，因此，当消费很早以前购买的高档产品时，通常被编码为"免费"的或者是储蓄。但如果消费方式不是按原意愿进行时，对该产品的消费预算就会发挥作用。

7.1.3 过度自信

【实验 7-4】 完成论文实验

一位行为经济学教授曾经在自己的学生中做过一项调查，这些学生当时正要开始自己的毕业论文写作，教授让这些学生估计在下列三种情况下，自己能用多长时间写完毕业论文。这三种情况分别为："在最好的情况下，即一切都很顺利"，"情况不好也不坏，即一般情况"和"情况很糟糕，进展很缓慢"。

结果发现，学生们给出的平均估计值分别为 27.4 天、33.9 天和 48.6 天。统计结果显示，他们真正完成毕业论文的时间，平均长达 55.5 天！

1. 过度自信的内涵

大量的认知心理学的文献认为，人是过度自信的，尤其对其自身知识的准确性过度自信。人们系统性地低估某类信息并高估其他信息。Gervaris、Heaton 和 Odean（2002）将过度自信定义为，认为自己知识的准确性比事实中的程度更高的一种信念，即对自己的信息赋予的权重大于事实上的权重。关于主观概率测度的研究也发现确实存在过度估计自身知识准确性的情况。

心理学家通过调查人们回答的置信区间，能测出人们对知识的过度自信。以下是拉索与舒梅克尔在《决策陷阱》一书中所探讨的一个例子（实验 7-5）。

【实验7-5】 过度自信的测试

下面你会遇到一个小测试,你只能依靠记忆来回答小测试中的10道问题。除了给出推测值外,请给出一个最小值和最大值所构成的区间,要保证正确答案有90%的可能(置信度)在这个区间内。

请注意,不要将区间设置得过大,这会让你看上去缺乏自信。也不要将区间设置得过小,这样你会表现出过度自信。现在,你要认真填写,要确保正确答案有90%的可能在这个区间之内。

(1)马丁·路德·金(Martin Luther king)多少岁去世?
(2)尼罗河长多少公里?
(3)1989年石油输出国组织(OPEC)的成员有多少个?
(4)《旧约》共多少卷?
(5)月球的直径是多少公里?
(6)波音747的重量是多少吨?
(7)莫扎特出生在哪一年?
(8)亚洲象的妊娠期是多少天?
(9)从上海到芝加哥的航线里程是多少?
(10)海洋已知的最深处有多深?

请尽力尝试对问题作答。别担心不知道准确答案,也请不要用搜索工具。请记住对于每道题,你可以给出三个答案,即推测值、最大值和最小值。

如果正确答案位于最大值和最小值的区间范围内,那么你回答正确。否则,就是回答错误。对于每道题,如果你将最低和最高值的区间设置得过小,那么所面临的风险就是你可能答错。本题要求正确答案要有90%的可能(置信度)在这个区间内,也就是说你应该有90%的正确率,最多只能答错一道题。

实验结果:各组对问题的回答具有统计上的稳健性。

对于由120位EMBA学员所构成的抽样,平均正确率是48%;对于由207名欧洲金融专家构成的抽样,平均正确率是43%;对于由245名金融专业本科生所构成的抽样,平均正确率是46%。

正确答案在本章末尾,看看正确答案有几个在你估计的范围之内?

心理学家们的研究还发现一些职业领域往往与过度自信相联系,如外科医生和护士、心理学家、投资银行家、工程师、律师、投资者和经理在判断和决策中会存在过度自信的特征。格里芬(Grifin)和特沃斯基(Tversky)(1992)发现人们在回答中遇到极度困难的问题时,倾向于过度自信;在回答容易的问题时,倾向于不自信;当从事的是可预测性较强,有快速、清晰反馈的重复性任务时,倾向于仔细推算,如专业桥牌运动员、赌马者和气象学者在决策时都倾向于仔细推算。

Frank（1935）发现人们过度估计了自身完成任务的能力，并且这种过度估计随着个人在任务中的重要性而增强，人们对未来事件有不切实际的乐观主义。Kunda（1987）发现人们期望好事情发生在自己身上的概率高于发生在别人身上的概率，甚至对于纯粹的随机事件有不切实际的乐观主义。人们会有不切实际的积极自我评价，往往认为自己的能力、前途等会比其他人更好。过度自信的人往往有事后聪明的特点，夸大自己预测的准确性，尤其在他们期望一种结果，而这种结果确实发生时，往往会过度估计自己在产生这种合意结果中的作用。Daniel、Hirshleifer 和 Subrahmanyam（1998）认为成功者会将自己的成功归因于自己知识的准确性和个人能力，这种自我归因偏差会使成功者过度自信。

过度自信的人在做决策时，会过度估计突出而能引人注意的信息，尤其会过度估计与其已经存在的信念一致的信息，并倾向于搜集那些支持其信念的信息，而忽略那些不支持其信念的信息。当某些观点得到活灵活现的信息、重要的案例和明显的场景支持的时候，人们会更自信，并对这些信息反应过度。而当某些观点得到相关性强的、简洁的、统计性的和基本概率信息支持的时候，人们通常会低估这些信息，并对这些信息反应不足。

2. 过度自信理论的主要内容

人类倾向于从无序中看出规律，尤其是从一大堆随机的经济数据中，推出所谓的规律。Amos Tversky 提供了大量的统计数据，来说明许多事件的发生完全是由于运气和偶然因素的结果，而人类有一种表征直觉推理（representative heuristic）特点，即从一些数据的表面特征，直觉推断出其内在的规律性，从而产生认知和判断上的偏差（biases of cognition and judgment）。投资者的归因偏好也加重了这种认知偏差，即将偶然的成功归因于自己操作的技巧，将失败的投资操作归于外界无法控制因素，从而产生了所谓过度自信（overconfidence）的心理现象。过度自信是指人们对自己的判断能力过于自信。投资者趋向于认为别人的投资决策都是非理性的，而自己的决定是理性的，是在根据优势的信息基础上进行的操作，但事实并非如此。Daniel Kadmeman 认为：过度自信来源于投资者对概率事件的错误估计。人们对于小概率事件发生的可能性产生过高的估计，认为其总是可能发生的，这也是各种博彩行为的心理依据；而对于中等偏高程度的概率性事件，易产生过低的估计；但对于90%以上的概率性事件，则认为肯定会发生，这是过度自信产生的一个主要原因。此外，参加投资活动会让投资者产生一种控制错觉（illusion of control），控制错觉也是产生过度自信的一个重要原因。

投资者和证券分析师们在他们有一定知识的领域中过于自信。然而，提高自信水平与成功投资并不相关。基金经理人、股评家以及投资者总认为自己有能力跑赢大盘，然而事实并非如此。Brad Barber 和 Terrance Odean 在此领域做了大量研究。男性在许多领域（体育技能、领导能力、与别人相处能力）中总是过高估计自己。他们在 1991 年至 1997 年中，研究了 38 000 名投资者的投资行为，将年交易量作为过度自信的指标，发现男性投资者的年交易量比女性投资者的年交易量总体高出 20% 以上，而投资收益却略低于女性投资者。

数据显示：过度自信的投资者在市场中会频繁交易，总体表现为年交易量的放大。但由于过度自信而频繁地进行交易并不能让投资者获得更高的收益。在另一个研究中，他们取样1991年至1996年中的78 000名投资者，发现年交易量越高的投资者的实际投资收益越低。在一系列的研究中，他们还发现过度自信的投资者更喜欢冒风险，同时也容易忽略交易成本。这也是其投资收益低于正常水平的原因。

3. 过度自信对金融市场的影响

在传统的金融理论中都假设行为人是厌恶风险的，但现实中行为人往往是风险中性甚至是存在风险偏好的。Friedman和Savage（1948）就发现，尽管赢得彩票的概率只有数百万分之一，但还是有很多人去买彩票，这种购买彩票的行为就表现为风险偏好。风险偏好的原因很可能是过度自信。

投资者的过度自信对金融市场也会造成影响。Odean（1998）将市场参与者分为价格接受者、内部人和做市商，分析过度自信对金融市场的影响。这三类投资者在获取信息和价格决定上具有不同的机制。

（1）过度自信对交易量的影响。当投资者过度自信时，市场中的交易量会增大。在无噪音的完全理性预期的市场中，如果不考虑流动性需求，交易量应该是零。如果理性是共识，当一个投资者买进股票时，另外的投资者卖出股票，买进者会考虑是否存在卖出者知道而买进者不知道的信息，这时就不会有交易产生。而现实中金融市场的交易量是非常大的。Dow和Gorton（1997）发现，全球外汇的日交易量大约是年度世界贸易总额和投资流动总额之和的四分之一。1998年纽约证券交易所的年换手率超过75%。我国的情况更是惊人，1996年上海证券交易所的年换手率是591%，深圳证券交易所的年换手率是902%。由于没有模型来说明在理性市场中交易量应该是多少，所以很难证明什么样的交易量是过多的。Odean（1998）分析了投资者的买卖行为，发现在考虑了流动性需求、风险管理和税收影响后，投资者买进的股票表现差于卖出的股票，这些投资者交易过多，由于交易成本的原因，过多的交易损害了其收益，这是因为投资者过度自信，过度评价了私人信息的准确性并错误地解释了这些信号，才导致了差的决策。Odean观察了166个投资俱乐部6年的交易，发现平均每年的周转量是65%，年净收益是14.1%，而作为基准的标准普尔500指数收益是18%。

（2）过度自信对市场效率的影响。在理性市场中，只有当新的信息出来时，价格才会有变动。但是当投资者过度自信时，会对市场波动性产生影响。过度自信对市场效率的影响取决于信息在市场中是如何散布的。如果少量信息被大量投资者获得，或者公开披露的信息被许多投资者进行了不同的解释，过度自信会使这些信息被过度估计，导致价格偏离资产真实价值，这时过度自信损害了市场效率。如果信息仅为内部人所拥有，过度自信的内部人会过度估计其获得的私人信号，通过过多的交易显示私人信息，那么做市商、其他的投资者会迅速使得资产价格向真实价值靠拢。如果内部人的信息对时间敏感，在交易后则会迅速成为公共信息，那么这种效率收益是短暂的，这时过度自信提高了市场效率。

（3）过度自信对波动性的影响。过度自信的价格接受者会过度估计他们的个人信息，这会导致总的信号被过度估计，使得价格偏离真实价格。由于过度自信使投资者扭曲了价格的影响，使市场波动增加。过度自信的做市商会促使内部人揭示更多的私人信息，从而将价格设定地更接近其真实价格，这时过度自信使市场波动增加，同时当做市商过度自信时，风险规避程度会小于不具有过度自信特征的程度，会认为持有存货的风险不大，从而增加了存货量，降低了市场波动。过度自信对价格的影响取决于不同特征交易者的数量、财富、风险承受能力和信息。如果市场中价格接受者和内部人的数量和财富都较大，而做市商的数量较少、力量较小，则价格的波动性会更大。

（4）过度自信对投资者期望效用的影响。当投资者过度自信时，其资产组合并没有完全分散化，集中的资产组合会降低期望效用。如果信息是有成本的，过度自信的投资者会花费更大的成本去成为知情者，同时进行更频繁的交易，由于交易费用的原因，过多的交易会降低净收益（Odean，1998a）。Lakonishok等（1992）发现在1983—1989年，积极的基金经理的业绩差于标准普尔500指数的表现，扣除管理费，积极的管理减少了基金价值。这可能是由于过度自信使得基金经理在获取信息上花费太大，或者是对其选股能力过度自信所导致。但是De long，Shleifer，Summers和Waldmann（1990）证明了过度自信的交易者能够在市场中存活下来。Wang（1997）用双寡头模型证明了过度自信的基金经理不仅能够获得比理性竞争对手更高的期望收益和效用，而且也比自身理性时的收益和效用更高，所以过度自信严格占优于理性。

7.1.4 禀赋效应

传统经济理论认为人们为获得某商品愿意付出的价格和失去已经拥有的同样的商品所要求的补偿没区别，即自己作为买者或卖者的身份不会影响自己对商品的价值评估，但禀赋效应理论否认了这一观点。禀赋效应是指当个人一旦拥有某项物品，那么他对该物品价值的评价要比未拥有之前大大增加。

【实验7-6】 禀赋效应实验

实验的参加者被分为A、B两组：给A组每人发一个杯子，告诉他们这个杯子完全归他们所有，他们要做的就是在现场将杯子以某个价格卖掉或者将杯子带回家；B组可以选择一个相同的杯子或者选择一笔钱。

实验结果非常有趣：A组中选择将杯子卖掉的人，平均卖价是7.22元；B组中选择要钱的人，为一个杯子平均要价仅为3.22元。这说明，自己的杯子是贵的，别人的杯子是便宜的。由于A组的成员已经获得了一个杯子，他们的"参照点"被设定在"我拥有一个杯子"上，将杯子卖掉，就意味着将要发生"损失"，确切地说，他们现有的物品被赋予了更高的权重。而B组实验者的"参照点"则是"我没有杯子"，选择一只杯子意味着"获得"。A、B两组成员所要求的"补偿金额"的差距，说明了等额度的"损失"和"获得"在人们心中不同的价值分量：人们对于"损失"的心理感觉是要比等量的"获得"更为强烈。这个行为经济学原理，就是在1980年由塞勒发现的禀赋效应。

禀赋效应是由理查德·塞勒（1980）提出的，这一现象可以用行为金融学中的"损失厌恶"理论来解释。该理论认为一定量的损失给人们带来的效用降低要多过相同的收益给人们带来的效用增加。因此，人们在决策过程中对利害的权衡是不均衡的，对"避害"的考虑远大于对"趋利"的考虑。出于对损失的畏惧，人们在出卖商品时往往要索要过高的价格。

Hammaek 和 Brown（1974）曾发现捕猎野鸭者愿意平均每人支付247美元的费用以维持适合野鸭生存的湿地环境，但若要他们放弃在这块湿地捕猎野鸭，他们要求的赔偿却高达平均每人1 044美元。禀赋效应的存在会导致买卖双方的心理价格出现偏差，从而影响市场效率。

关于禀赋效应，我们来看案例7-2。

【案例7-2】
操作失误

老张已经在股市里经历了多年，也积累了一定的投资操作经验。但持有的5 000股A股票却令他十分头痛，这只股票是在整个股市相对高位时买入的，长期被套，大盘涨的时候，它的涨幅却很小，大盘跌的时候，它却跌得比谁都快。终于，在一个他认为价格差不多的时候，决定把它割肉卖掉。他按照即时的价格B填好卖出5 000股A股的单子，摁下"确认"键，电脑显示操作成功。长期以来他困扰不已的心情终于舒缓了，从此以后，这只股票无论是涨还是跌都与他无关了。正当他感到无比轻松的时候，仔细一看却猛然发现自己犯了一个天大的错误！他账上的A股由原来的5 000股变成了10 000股！原来他把卖单填成了买单！

还好，他买入A股后，该股票价格并没有很大的波动，基本上还在他刚刚买入的位置上。因为他是证券公司的大户，得到了万分之五的低交易费率，在他的感觉中，交易费是可以忽略不计的。也就是说，他既可以几乎无成本地把刚买入的5 000股马上卖掉，以纠正自己的操作失误，也可以按原计划把打算卖掉的5 000股加上不小心买进的股票合计10 000股全部卖掉。但事实是，在接下来的一段时间里，他什么也没有操作。人们问他为什么买错了股票却不纠正错误？他说：看看再说吧。

问题：

1.既然价格B是老张认为股票A的卖价，那么当B不经意地变成他的买价时，他却也能欣然接受？难道他对股票的估值没有客观的标准吗？

2. 老张为什么继续持有不经意买进的股票？他原本准备卖掉的股票为什么会因为一个错误的操作而改变主意了？

3. 这种对股票买价和卖价自相矛盾的估值是什么心理导致的？

禀赋效应在某些营销书籍里变身为"幼犬效应"（见案例7-3），它是一种常见的营销技巧，行为经济学家则称之为"所有权依赖症"。

【案例 7-3】
幼犬效应

父母去领孩子们逛街，路过宠物店，孩子们围着小狗不忍离去。店主和小孩家长认识，慷慨地说："把它带回家去过周末吧。如果它跟你们合不来或者你们不喜欢它了，星期一早上再把它送回来就行。"

他们如何能抵挡这样的诱惑！头两天真是快乐无比。大家争着去遛狗，看见小狗憨态可掬就哈哈大笑，小狗整晚嚎叫也会有人为它开脱："哎，它还是一只小狗呢。"

星期一是上班和上学的日子，他们在不知不觉中发觉这只狗已属于他们了。想还给店主的念头，被离别的痛苦战胜了。这个例子中店主对顾客也是非常公平的，允许他们先试试再最后决定。

7.1.5 时间偏好

方鸿渐想起在伦敦道德哲学课上那位山羊胡子的哲学家讲的话："天下只有两种人，好比一串葡萄到手，一种人挑最好的先吃，另一种人把最好的留在后面吃。按说第一种人应该乐观，因为他每吃一颗都是吃剩下的葡萄里最好的；第二种人应该悲观，因为他每吃一颗都是吃剩的葡萄里最坏的。不过事实却正好相反，原因是第二种人还有希望，第一种人只有回忆。"

——钱锺书《围城》

先吃哪一种葡萄？问题似乎很简单，但这却是一个跨期抉择问题。

在我们的生命中，很多重要的决策都与时间有关，如教育、就业、购买房屋、储蓄、投资以及在退休以后如何分配养老金等问题。对这些问题的决策要求我们对不同时点的收益和成本进行权衡。我们将这类连续多阶段的决策问题称为跨时期选择。

跨期最优化决策注重解决两个技术问题，一是如何计算未来各期带有不确定性的收入流的效用；二是如何将这些效用换算到当期进行比较。第一个问题涉及行为主体的风险偏好，在跨期模型中表现为对效用函数的设定；第二个问题涉及行为主体的时间偏好，在跨期模型中表现为对贴现函数的设定。新古典经济学假设，个人对于未来的收益有一种心理贴现率，把未来的收益转换到当期，然后进行比较。一个理性的消费者在进行消费决策时，所考虑的不仅仅是某一特定时期的效用最大化问题，而且还要考虑如何安排不同时期的消费行为，以实现一生的效用最大化，即是一个跨时期的最优选择问题。在跨时期消费选择计划中，理性的消费者在进行消费决策时，不会仅局限于当前的收入约束，他可能会借贷消费（此时他是一个借款者），也可能将当前收入的一部分节省下来以备未来之需（此时他是一个储蓄者和贷款者）。因此，跨时期选择理论广泛应用于分析消费者如何规划自己当前和未来的最优消费计划以及投资决策等问题中。

萨缪尔森提出的贴现效用模型是跨时期选择问题的传统理论。在行为经济学的视角下，经济学家们对跨时期选择进行了大量的实验研究，对传统的贴现效用模型提出了质疑，拓展出更符合人类选择行为的贴现效用模型。

1. 传统的贴现效用模型

20 世纪上半叶，时间偏好理论进入新古典框架。萨缪尔森（Samuelson）（1937）在其论文"*A note on measurement of utility*"里首次提出了规范的时间偏好模型——指数贴现效用模型。该模型中个体对跨期消费束$(c_t,\cdots,c_T)$的贴现的即期效用和表达为

$$U^t(c_t,\cdots,c_T)=\sum_{k=0}^{T-t}D(k)u(c_{t+k}),D(k)=\frac{1}{(1+\rho)^k}$$

其中，U^t是当前 t 期的总效用，$u(c_{t+k})$为各期效用函数，$D(k)$为指数贴现函数，ρ 为贴现率。

此模型一经给出就因其优美简约的形式，并与人们的复利计算实践严格吻合，而广为流传。经过不断完善，指数贴现模型已经非常精致。人们总结出它的一些重要公理假设和一些隐含的原则。可以说，违背了这些假设与原则，也就等于违背了指数贴现效用理论。

传统的贴现模型具有如下特点：

（1）贴现率在时间上恒定。贴现效用模型中包含着一个重要的假定——时间贴现率在每一期均相同。时间贴现率恒定的假设意味着决策者的跨时期偏好是时间一致的。也就是说，后期的偏好将可以"证实"（confirm）前期的偏好。

（2）正的时间偏好。在模型中，贴现率是正的，这就说明了时间偏好是正的，正的时间偏好促使人们更多地在当期消费。

（3）效用整合原则，即个体会将新的选择项与现有消费计划整合后再进行比较。

（4）各期效用独立。贴现效用模型还假定一个序列结果的总效用等于各期效用的总和。也就是说，各期的效用都是相互独立的。

（5）各期消费独立。模型的一个外在假定是决策者在 t 期的状况独立于他在其他期的消费状况。在跨时期选择中，在某个时期内决策者的效用不会受其前面或后面某期状况的影响，如决策者对意大利或者泰国旅馆的偏好不会受他昨晚是否在意大利旅馆居住或者他是否期待明天在意大利旅馆居住的影响。用萨缪尔森的话来说，就是"昨天晚上我所喝的

酒或者明天我将会喝的酒都不会对我今天关于酒和牛奶的偏好产生影响"。

2. 与传统模型相悖的市场"异常"

20世纪80年代以来,随着实验经济学的兴起,人们开始运用高度控制的实验来推算"纯粹"的贴现率。然而,近20年来的研究结果却让人大跌眼镜:人们的贴现率随着时间长度、消费品性质、标的物大小的不同而变化,人们的时间偏好呈现出与新古典模型广泛的不一致,即所谓的"市场异常"。

【实验7-7】 共同差异效应

【问题1】在两者之间选择:
A. 今天得到100美元;
B. 4周后得到110美元。

【问题2】在两者之间选择:
A. 26周后得到100美元;
B. 30周后得到110美元。

实验结果

【问题1】:有82%的人愿意今天得到100美元,18%的人愿意4周后得到110美元;

【问题2】:有37%的人愿意26周后得到100美元,63%的人愿意30周后得到110美元。

对于问题1,大多数人愿意马上获得100美元,即使再等4周后将产生10%的月利润;对于问题2,时间因素已基本不再起作用,尽管两种支付情形下的时间间隔完全相同。实验结果说明,绝大多数实验者在问题1选择100美元是敏感性递减的结果,但在问题2中,同样的4周时间间隔并不被看作是同样的长度,对时间的感觉依赖于与当前时间这个参考点,离参考点越远,时间长度越被低估。

总体来说,关于时间偏好方面的"市场异常"主要表现在以下几个方面。

(1)贴现率递减异常。在塞勒(1981)的实验中,参与者获得15美元奖券,他们可以立即拿到15美元,也可以等待一段时间再领取更多的钱,塞勒要求参与者写出他们愿意为推迟获得收入而要求补偿的金额,延长的时间段分别为一个月、一年、十年,结果参与者对应要求的金额(平均)为20、50、100美元,按复利贴现计算的贴现率分别为354%、126%和19%,如表7-1所示。

表7-1 随时间变化的贴现率变化情况(1)

现在	1个月	1年	10年
15美元	20美元	50美元	100美元
贴现率	345%	126%	19%

很明显，随着时间的推延，人们的贴现率呈现出递减的趋势。

Benzion等人1992年在一群掌握了经济学基本知识的MBA学生中重做了类似的实验，剔除了偶然因素，得到更为平滑的贴现率，其结果也表现出同样的规律。在实验中，参与者赢得40美元奖券，延长的时间间隔与对应要求的补偿额及对应贴现率关系如表7-2所示。

表7-2 随时间变化的贴现率变化情况（2）

现　　在	6个月	1年	2年	4年
40美元	49.8美元	55.7美元	65.4美元	107.5美元
贴现率	59.8%	39.3%	26.3%	21.9%

除了上面的实验之外，许多有关时间偏好的实证研究结果也都证明了这一点。贴现率递减明显与新古典贴现理论假定的固定贴现率相矛盾，表明人们时间偏好前后不能保持一致。

（2）时间偏好反转异常。作为贴现率递减的一种结果，人们在实际选择时会出现短期选择与长期选择不一致的行为，即时间偏好出现反转。如人们会在今天的100美元与明天的110美元之间偏好前者，而在30天后的100美元和31天后的110美元之间，偏好后者。同样的间隔期（1天），同样的金额，由于决策时间坐标的不同，人们的选择截然相反。这一结果严重违反了指数贴现模型中的消费独立性假设。自Strotz（1956）提出此异象后，它对新古典时间偏好理论的颠覆相当于阿莱悖论和弗里德曼—萨维奇之谜等在刺激行为金融学产生过程中的作用。

（3）其他异常。除此之外，学者们发现市场上还存在的时间偏好异常有：

①量值效应：人们对小数目收益的贴现率要远远高于大数目收益；

②符号效应：人们对损失的贴现率比对收益的贴现率要低；

③框架效应：人们对拖延实现收入要求的贴现率高于对得到加速愿意进行的支付的贴现率；

④负时间偏好：金额相等，人们宁愿在度假之前而不是在度假之后分期支付费用等。

至此，指数效用贴现理论中几乎每一个核心假设都被实证研究所驳斥，过于简化的固定贴现率和不变的效用函数已不能解释行为主体广泛的时间偏好不一致。除了这些直接推翻指数贴现模型结论的实验之外，在人们的实际消费行为中，也一直存在着许多用指数贴现模型无法解释的"谜"题，如吸毒上瘾、过度消费从而储蓄不足、过度饮食导致肥胖等。这些短期选择与长期福利不一致的贴现异常的长期、普遍的存在，是对指数贴现导致的一般均衡的严重挑战。

3. 贴现率与个体行为的一些相关研究

（1）吸烟。相关研究表明，吸烟者具有更高的贴现率。

（2）喝酒。现有数据表明，过量的饮酒者具有更高的贴现率。过多饮酒者与参照组相比有更高的贴现率。嗜酒者的贴现率比有节制的饮酒者更高，后者比参照组的贴现率也更高，酒精依赖者比参照组有更高的贴现率。

（3）非法药品使用。相关研究表明，吸毒等一系列非法药品的使用者具有更高的贴现率。

（4）赌博。病态型赌徒比参照组有更高的贴现率，实验研究与实地研究对赌博与非赌博人群的研究都得出了这一结论。研究还发现，前3个月中赌博的频率与贴现率正相关。

（5）年龄。在生命周期内，与中年人和老年人相比，年轻人表现出显著的缺乏忍耐力（Green，Fry，and Myerson，1994）。瑞得（Read，200）报告了当延迟水平仅为一年时，老年人（平均年龄为75岁）是最耐心的年龄组。然而，这项研究也发现，当延迟水平为3—10年时，老年人是最缺乏忍耐力的年龄组。这种反转可能反映了这样一个事实：75岁的人在3—10年内面临着明显的死亡或者残疾的风险。

（6）认知能力。科比（Kirby，2005）等人研究发现，大学生的贴现率与平均得分负相关。本杰明、布朗和夏普诺（Benjamin，Brown and Shapiro，2006）等研究发现，个人贴现率与标准（数学）测试得分之间存在一种相反的联系。斯瓦和格鲁斯（Silva and Gross，2004）研究发现，心理学导论课程中得分最高的1/3学生的贴现率比那些得分中等或较低的1/3学生的贴现率要低。佛瑞德瑞克（Frederick，2005）的研究显示，在认知反映问题的任务中得分高的参与者与那些得分低的参与者相比，表露出更具耐心的跨时期选择。阿若尼（Aroni，2004）的研究发现，那些没有上大学的参与者比那些上了大学的参与者有着更高的贴现率。

7.1.6 证实偏差

1. 证实偏差概述

证实偏差是指当人们确立了某一个信念或观点时，在收集信息和分析信息的过程中，他们有一种寻找支持这个信念证据的倾向，也就是说他们会很容易接受支持这个信念的信息，而忽略否定这个信念的信息，甚至还会花费更多的时间和认知资源贬低与他们看法相左的观点。

最能说明这种知觉偏差的一个例子是《吕氏春秋》中"疑邻窃斧"的故事。

从前有个丢了一把斧子的人，他怀疑是邻居家的儿子偷走了，他观察那人走路的样子，像是偷斧子的人；他看那人的神色，也像是偷斧子的人；那人的一言一行，一举一动，无一不像偷斧子的人。

后来，丢斧子的人在山谷里挖水沟时，掘出了那把斧子，他再留心察看邻居家的儿子时，就觉得他走路的样子，不像是偷斧子的；他的脸色表情，也不像是偷斧子的；他的言谈话语，更不像是偷斧子的人，那人的一言一行，一举一动，都不像偷斧子的人了。

证实偏差导致个体过分相信自己判断的准确性，评价一旦形成便不轻易改变。证实偏差其实是人的一种自利性倾向造成的，有选择地去解释并记忆某些能够证实自己既存的信念或图式的信息，验证自己观念的科学性与合理性，并由此获得自信与自尊的满足感。

心理学家研究发现绝大部分人存在这种认识偏差，我们来看下边这个实验（见实验7-8）。

【实验7-8】 四卡片实验

假如你的面前有4张卡片，每张卡片的一面为数字，另一面为字母。你所看到的4张卡片分别是：a，b，2和3。

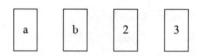

针对这4张卡片，有如下假设：如果任何一张卡片其中一面是元音字母，那么它的另一面为偶数。

现在你要翻开这些卡片（只能通过这些卡片）来对这个假设的真实性进行判断，那么你至少需要翻开几张卡片？4张卡片中，你翻开哪一张或哪几张能够证明自己的判断？

讨论：

在这个卡片任务中，大部分人选择翻开有字母a的卡片，也有一些人翻开有数字2的卡片。大概有30%～70%的人选择只翻开a和2，少于1/3的人选择翻开a和3。同时翻开a和3为正确答案，因为最有效证实的方法就是最大化地排除证伪的假说。

我们来设想一下翻开每张卡片后可能存在的情况，假设我们翻开卡片a，我们会发现背面不是偶数就是奇数，如果我们发现背面是偶数，这将证实此假说；如果我们发现背面是奇数，则可以判断该假说不成立。接下来，我们翻开卡片b，这张卡片不能给我们提供任何有效信息，因为我们需要验证的假说跟辅音没有直接联系。现在我们来考虑翻开卡片2的情况，如果背面是元音则能证实假说；相反，如果背面是辅音的话，这和假说无关。因此，这张卡片无法提供有效信息。最后，我们来看翻开卡片3的情况，如果我们发现背面是元音，证明假说不成立；如果背面是辅音，则既不能证实假说，也无法证伪假说。因此，唯一能对假说提供支持的就是卡片a和3，然而大部分人会选择翻开卡片a和2，或者仅仅翻开卡片a。卡片a能同时证明或证伪假说，而卡片2只能证明假说。

2. 证实偏差的理论解释

（1）信念坚持。人们会坚持相信他们的假设，即使这个假设与新数据相矛盾。例如，如果人们相信有效市场的假设，即使出现显著的反面证据，人们还是会继续相信。又如，一旦你相信一个投资战略,你可能会不再注意那些负面的信息,这将导致人们基于一种微弱的证据而维持一种设想,即使后续证据要求他们拒绝早期的信念。另外,当市场上形成一种"股市将持续上涨"的信念时,投资者往往对有力的信息或证据特别敏感或容易接受,而对不利的信息或证据视而不见,从而继续买进并进一步推高股市。相反,当市场形成下跌恐慌时,人们就只能看到不利于市场的信息了,以至于进一步推动股市下跌。

例如,2007 年是中国证券市场的大牛市,上证指数一路上涨到最高 6 124.04 点,而此时,市场上传言上证要突破 8 000 点甚至 10 000 点,大多数投资者仍然都在跟入买进,推进了指数不断上涨。而当指数下跌时,投资者又恐慌地不断抛售,导致上证指数一路下跌到 1 664.93 点。事实证明,我国证券投资者在风险感知的过程中,确实存在证实偏差。

(2)锚定。锚定往往也是导致证实偏差的心理因素之一。锚定并不是指人们误解附加证据,而是指人们忽视附加证据。心理学证据揭示了这样的现象:人们倾向于把证据理解为支持初始假设的附加证据,在解释后续迹象时继续原先的信念。这种效用包括这样的倾向:即在回忆时将肯定的证据视为可靠的,而将否定证据视为不相关且不可信的,因此在价值判断中容易接受肯定的证据,而对否定证据吹毛求疵。有了肯定的证据,决策者很快就减少了信息的复杂度,并且有选择地记住具有支持性的印象。对于否定的证据,他们会继续思考那些不至于破坏"选择性解释"的信息。他们甚至会把与预期假设对立的模糊性和概念错误视为对那些假设的基础进行修正的提示。甚至一些完全不一致的或是随机的数据被放置于一个合适的偏差模式中进行加工时,仍能保持甚至加强某人的预期。

(3)证据的模糊性。证据的模糊性被广泛认为是证实偏差和过度自信的重要媒介因素。Keren(1988)认为视觉上不存在证实偏差,并认为证实趋势依赖于对问题的概括和界定程度(即解释的需要),而不是简单的视觉任务。定式思维使得我们根据先前的定性模式来解释模糊的信息。例如,一个教师常常能把学生的问题或答案解释成是有创造性或者愚蠢的,而这种解释往往是基于他先前对学生的态度。

(4)联想,是指人们通过估计不同现象间的相互关系来解释求证问题。人们经常假想出事件的相互关系,而这种关系通常可能并不存在。幻想的相互关系在证实偏差中扮演了重要角色。

(5)资料的选择性搜集。证实偏差的一种形式是"基于审查"和"基于假说"的过滤。根据当前假设能合理解释模糊数据时,人们倾向于"过滤处理"后的资料,不恰当地将它们作为进一步证明的证据。若一个学生针对一个明确的问题给出了不明确的答案,老师会因他先前对这个学生知识掌握程度的假设而影响对其答案的评价,这是非常合乎情理的。然而,对有可比性的答案的不同解释打分之后,再用这些不同的分数作为进一步推断该学生能力的证据,这样做则是错误的。当资料的复杂性和模糊性要求运用先前的理论来解释数据时,这种错误特别容易发生。

7.2 投资者行为偏差

7.2.1 处置效应

1. 处置效应概述

所谓处置效应，是指投资人在处置股票时，倾向卖出赚钱的股票、继续持有赔钱的股票，也就是所谓的"出赢保亏"效应。这意味着当投资者处于盈利状态时是风险回避者，而处于亏损状态时是风险偏好者。

【实验 7-9】 卖哪一只股票？

假如投资者甲持有某只股票，买入价为每股 10 元，投资者乙持有同一只股票，买入价为每股 20 元。该股昨日收盘价为每股 16 元，今天跌到每股 15 元。请问：甲、乙两位投资者，谁的感觉更差？

多数人会同意乙比甲的感觉更差。这是因为，投资者甲可能会将股价下跌看作收益的减少，而投资者乙会将下跌看作亏损的扩大。由于价值函数曲线对于亏损比收益更为陡峭，因此，每股 1 元的差异，对乙比对甲更为重要。

再假如有一位投资者，由于需要现金他必须卖出所持有两种股票中的一种。其中，一只股票账面赢利，另一只股票账面亏损（赢利和亏损均相对于买入价格而言），该投资者会卖出哪只股票？

1998 年，美国行为金融学家奥登（Odean）在研究了 10 000 个个人投资者的交易记录后发现，投资者更可能卖出那只上涨的股票！当股票价格高于买入价（参考点）（即主观上处于盈利）时，投资者是风险厌恶者，希望锁定收益；而当股票价格低于买入价（即主观上处于亏损）时，投资者就会转变为风险喜好者，不愿意认识到自己的亏损，进而拒绝实现亏损。当投资者的投资组合中既有盈利股票又有亏损股票时，投资者倾向于较早卖出盈利股票，而将亏损股票保留在投资组合中，回避实现损失，这就是所谓的"处置效应"。

2. 处置效应的理论解释

前景理论作为行为金融学的重要基石，它认为价值函数是 S 型，采用参考点来作为投资盈利和亏损的判断标准：当投资价格高于参考点价格时（账面盈利），价值函数为凹函数，即投资者的效用函数为凹函数，此时投资者为风险厌恶者；当投资价格低于参考点价格时（账面亏损），价值函数为凸函数，即投资者的效用函数为凸函数，此时投资者为风险偏好者。

以下我们采用前景理论中 S 型价值函数分析投资者面对盈利和亏损时的不同处置措施，如图 7-1 所示。

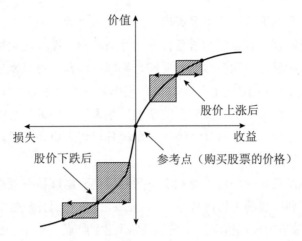

图 7-1　S 型价值函数下投资者处置效应

股票价格的上涨或下跌会导致投资的收益或损失。在收益区域或损失区域都存在价格上涨和下降两种可能。根据价值函数的特点，两个区域价格的上涨或下降，也就是收益或损失的增加或减少，会导致价值的不等额变化，基于这种价值取向，从而使人们在两个区域做出不同的选择。

如图 7-1 所示，以股票买入价格作为参考点。在收益区域，由于曲线的凹性，股票价格同等金额的涨或跌所引起的价值变化不同，收益下降引起的价值下降大于收益上升带来的价值上升，为了避免价格下降带来的恐惧，于是人们倾向于卖掉股票；在损失区域，由于曲线的凸性，收益上升所带来的价值上升大于收益下降带来的价值下降，于是人们倾向于持有股票等待价格的上涨。

3. 处置效应的经验研究

在前景理论的框架下，其他学者对投资者在股票投资上回避实现损失的现象做了进一步的研究。值得一提的是，近年来学者们利用各自所得的独特资料库对处置效应等行为金融课题进行实证研究，并取得了较大的进展。

Hersh Shefrin 和 Meir Statman（1985）指出在股票市场上投资者往往对亏损股票存在较强的惜售心理，即继续持有亏损股票，不愿意实现损失；投资者在盈利面前趋向回避风险，愿意较早卖出股票以锁定利润，即出现处置效应的现象。Hersh Shefrin 和 Meir Statman 将引致处置效应的原因归结于投资者的心理，投资者为避免实现损失带来的后悔和尴尬而回避实现损失，因为一旦损失实现，即证明投资者以前的判断是错误的；投资者急于实现盈利是为了证明自我，即骄傲自大心理所致。然而亦有其他学者如丹尼尔·卡纳曼和特沃斯基等认为，投资者担心后悔的心理重于自大心理，因此投资者宁可不采取行动，有这样倾向的投资者可能既不愿意实现亏损亦不愿意实现盈利，不卖出盈利的股票是担心股票价格会继续上升。

奥登（Odean）（1998，1999）利用美国某折扣经纪公司从 1987 到 1993 年间共 10 000

个账户的交易记录研究处置效应。奥登提出了一个度量处置效应程度的指标，他用该指标验证了美国股票投资者存在着较强的售盈持亏的行为趋向，而且这种行为动机不能用组合重组、减少交易成本和反转预期等理性的原因来解释。但是，奥登发现出于避税考虑，美国股票投资者在十二月份卖出的亏损股票较多，因而处置效应在十二月份较不明显。

国内研究者对中国股市"处置效应"的研究结果表明：中国的投资者更加倾向于卖出盈利股票，继续持有亏损股票，而且这种倾向比国外投资者更为严重。而且，在个人投资者和机构投资者中均存在着处置效应。

处置效应的基本结论是投资者更愿意卖出盈利股票，继续持有亏损股票。这种持有亏损股票而过早卖出赢利股票的"售盈持亏"的心态在国内和国外投资者中同样存在，反映了人类的天性。处置效应的极端情况就像我们通常所说的"虱多不痒，债多不愁"，甚至"死猪不怕开水烫"。而针对处置效应的一项有力措施就是：止住亏损，让赢利充分增长。

4. 检验处置效应的两个推论

处置效应的基本结论是投资者更愿意卖出盈利股票和继续持有亏损股票。与此相关的两个推论是：

（1）卖出盈利股票的比率超过卖出亏损股票的比率；

（2）持有亏损股票的时间长于持有盈利股票的时间。

处置效应还有一个不太适当的推论是卖出盈利股票的数量超过卖出亏损股票的数量，这一推论不适当的原因是当市场处于牛市时，投资者的投资组合中的大部分股票会处于盈利状态，盈利股票的数量远超过亏损股票，卖出更多的盈利股票是合理的；而当市场处于熊市时，投资者的投资组合中的大部分股票会处于亏损状态，亏损股票的数量远超过盈利股票，卖出更多的亏损股票是合理的，采取推论（1）的比率方式有利于克服上述问题。此外，从处置效应我们也可以得知股市在跌市的成交量应少于升市的成交量。

7.2.2 羊群效应

法国科学家让亨利·法布尔曾经做过一个松毛虫实验，他把若干松毛虫放在一只花盆的边缘，使其首尾相接成一圈，在花盆的不远处，又撒了一些松毛虫喜欢吃的松叶，松毛虫开始一个跟一个绕着花盆一圈又一圈地走。这一走就是七天七夜，饥饿劳累的松毛虫尽数死去。而可悲的是，只要其中任何一只稍微改变路线就能吃到嘴边的松叶。

动物如此，人也不见得更高明。

1. 羊群效应理论概述

羊群效应理论（the effect of sheep flock），也称羊群行为（herd behavior）、从众行为，是指行为上的模仿性和一致性。经济学里经常用"羊群效应"来描述经济个体的从众跟风心理。

羊群是一种很散乱的组织，平时在一起也是盲目地左冲右撞，但一旦有一只头羊动起来，其他的羊也会不假思索地一哄而上,全然不顾前面可能有狼或者不远处有更好的草。因此,"羊群效应"就是比喻人都有一种从众心理,从众心理很容易导致盲从,而盲从往往会陷入骗局或遭到失败。

很多时候我们不得不放弃自己的个性去"随大流",因为我们每个人不可能对任何事情都了解得一清二楚,对于那些不太了解,没把握的事情,往往"随大流"。持某种意见人数多少是影响从众的最重要的一个因素,很少有人能够在众口一词的情况下,还坚持自己的不同意见。压力是另一个决定因素。在一个团体内,谁做出与众不同的行为,往往招致"背叛"或被孤立,甚至会受到惩罚,因而团体内成员的行为往往高度一致。社会心理学家研究发现,影响从众的最重要的因素是持某种意见的人数多少,而不是这个意见本身。人多本身就有说服力,很少有人会在众口一词的情况下还坚持自己的不同意见。"群众的眼睛是雪亮的""木秀于林,风必摧之""出头的椽子先烂"这些教条紧紧束缚了我们的行动。

1951年阿希通过实验验证了羊群行为的存在(见实验7-10)。

【实验7-10】 阿希实验

以视觉感知的心理实验的名义,阿希在大学校园中招募了实验的被试。被试每组有7人,坐在一排,其中有6人是实验者的助手,只有一位是真正的被试,被试并不知道其他6人的身份。实验在一个房间内举行,总共12轮。每轮首先给被试展现两张纸,一张纸上印着一条线段,被试需要在另一张印有几条线段的纸上找出与刚才那条长度相同的线段,实验开始之后,实验者向所有人展示了一条标准线段,同时出示用于比较长度的其他三条线段A、B、C,其中有一条和标准线段长度一样。然后让所有人说出与标准线段长度一样的线段。实验者故意把被试安排在最后一个,前面6位被试是由实验者的助手伪装的。前两轮大家都说出自己的客观判断,之后9轮前6名被试都会按照事先的要求说出统一的错误答案,最后由真正的被试判断哪条线段和标准线段长度一样。

实验结果及分析:

在被试做出的所有回答中,有37%的回答遵从了其他人的错误回答,大概有75%的被试至少出现过一次从众行为,有5%的被试甚至跟随着大部队一错到底。只有大约25%的被试保持了独立性,自始至终没有发生从众行为。阿希实验证明了个人可能会屈从于集体的行为,即便他明白集体的行为有可能是错误的。从众行为可能导致集体决议成为个人意见的结果,而正确的意见却由于盲从而被掩盖。

2. 股市中的羊群效应

在资本市场上,"羊群效应"是指在一个投资群体中,单个投资者总是根据其他同类投资者的行动而行动,在他人买入时买入,在他人卖出时卖出。导致出现"羊群效应"还有其他一些因素,如一些投资者可能会认为同一群体中的其他人更具有信息优势。"羊群效应"也可能由系统机制引发。例如,当资产价格突然下跌造成亏损时,为了满足追加保证金的要求或者遵守交易规则的限制,一些投资者不得不将其持有的资产割仓卖出。在投资股票积极性大增的情况下,个人投资者能量迅速积聚,极易形成趋同性的羊群效应,在追涨时信心百倍蜂拥而至,在大盘跳水时,恐慌心理也开始连锁反应,纷纷恐慌出逃,这样跳水时能量放大也属正常。这就是为什么牛市中慢涨快跌,而杀跌又往往一次到位的根本原因。

羊群效应是证券市场的一种异象。金融市场中的"羊群行为"是一种特殊的非理性行为,它是指投资者在信息环境不确定的情况下,行为受到其他投资者的影响,模仿他人决策或者过度依赖于舆论,而不考虑自己的信息的行为。由于羊群行为是涉及多个投资主体的相关性行为,对金融市场稳定性和市场效率有很大的影响,也和金融危机有着密切的关系。因此,羊群行为引起了学术界、投资界和金融监管部门的广泛关注。Banerjee(1992)认为羊群行为是一种"人们去做别人正在做的事的行为,即使他们自己的私有信息表明不应该采取该行为",即个体不顾私有信息,采取与别人相同的行动。希勒(Shiller,1995)则定义"羊群行为"是一种社会群体中相互作用的人们趋向于相似的思考和行为方式。如在一个群体决策中的多数人意见相似时,个体趋向于支持该决策(即使该决策是不正确),而忽视反对者的意见。

一位石油大亨到天堂去参加会议,一进会议室发现已经座无虚席,没有地方落座,于是他灵机一动,喊了一声:"地狱里发现石油了!"这一喊不要紧,天堂里的石油大亨们纷纷向地狱跑去,很快,天堂里就只剩下那位后来者。这时,这位大亨心想,大家都跑了过去,莫非地狱里真的发现了石油?于是,他也急匆匆地向地狱跑去。

巴菲特在1985年的年报中讲述了这个故事,并且认为,直到现在,这样的故事依然在华尔街上演。

3. 羊群效应的几种解释

关于羊群行为的形成有以下几种解释。哲学家认为是人类理性的有限性,心理学家认为是人类的从众心理,社会学家认为是人类的集体无意识,而经济学家则从信息不完全、委托代理等角度来解释羊群行为,归纳起来,主要有如下几种观点:

(1)由于信息相似性产生的类羊群效应。Froot,Scharfstein和Stein(1992)指出,机构投资者具有高度的同质性,他们通常关注同样的市场信息,采用相似的经济模型、信息处理技术、组合及对冲策略。在这种情况下,机构投资者可能对盈利预警或证券分析师的建议等相同外部信息做出相似反应,在交易活动中则表现为羊群行为。

(2)由于信息不完全产生的羊群效应。信息可以减少不确定性,投资者获得准确、及时和有效的信息就意味着可以获得高额利润或者避免重大的经济损失。但是在现实市场中,信息的获得需要支付经济成本，不同投资者获得信息的途径和能力各不相同，机构投资者拥有资金、技术、人才的规模优势，个体投资者在信息成本的支付上远远不能同机构投资者相比。由此导致的直接后果是机构投资者比个体投资者获得更多的有效信息，个体投资者在获取有效信息和获得投资收益时处于不利地位。个体投资者为了趋利避险、获得更多的真实经济信号，将可能四处打探庄家的"内幕消息"，或是津津乐道于"莫须有"的空穴来风，在更大程度上助长了市场的追风倾向。

而实际上即便是机构投资者，信息也是不充分的。在信息不完全和不确定的市场环境下，假设每个投资者都拥有某个股票的私有信息，这些信息可能是投资者自己研究的结果或是通过私下渠道所获得；另外，即使与该股票有关的公开信息已经完全披露，投资者还是不能确定这些信息的质量。在这种市场环境下，投资者无法直接获得别人的私有信息，但可以通过观察别人的买卖行为来推测其私有信息时，就容易产生羊群行为。尽管机构投资者相对于个人投资者处于信息强势，但是由于机构投资者相互之间更多地了解同行的买卖情况，并且具有较高的信息推断能力，他们反倒比个人投资者更容易发生羊群行为。

（3）基于委托代理产生的羊群效应。

①基于委托代理人名誉的羊群效应。Scharfstein（1992）等提供了基金经理和分析师基于名誉的羊群效应理论。由于投资经理的能力是不确定的，对名誉的担忧就产生了。代理人 1 在得到"收入为高"的信号后进行投资。由于代理人 2 关心的是他的名声，不论信号如何，都会采取和代理人 1 一样的投资策略。因为如果决策正确，他的名声就得到增加；如果错误，则表明要么两人都是愚蠢的，要么两个人都是聪明的，但得到了同样的错误的信号，这并不损害其名声。如果采取不同的决策，委托人就认为至少有一个人是愚蠢的。因此代理人 2 会一直运用羊群策略，而不管他和代理人 1 之间的信号差异。

如果几个投资经理相继做出投资决策，每个人都模仿第一个投资经理的决策。最终，如果投资是有利可图的，好的信号将占优。私人信息最终将不会体现在投资决策中，因为所有投资经理都会跟随第一个投资经理做出决策。因此，这种羊群效应是无效的，而且也是脆弱的，因为后面的投资经理的投资行为会因为第一个投资经理所收到的一点信息而改变。

②基于代理人报酬的羊群效应。如果投资经理的报酬依赖于他们相对于别的投资经理的投资绩效，这将扭曲投资经理的激励机制，并导致投资经理所选择的投资组合无效（Brennan，1993）。

Maug（1996）等考察了风险厌恶的投资者，其报酬随着投资者的相对业绩而增减。代理人和他的基准投资经理人都有着关于股票回报的不完全信息。基准投资人先进行投资，代理人观察基准投资人的选择后选择投资组合。基于前面的信息不充分的羊群效应模型，投资经理的投资组合选择将倾向于选择和基准投资人相近的投资组合。而且，报酬制度也鼓励投资经理模仿基准投资人的选择，因为如果他的投资绩效低于市场的平均投资绩效，其报酬将受到影响。

7.2.3 恶性增资

1. 恶性增资概述

恶性增资是指当向一个项目投入大量资源（如资金和时间）后发现完成该项目取得收益的可能性很小，在明确而客观的信息表明应放弃该项目的情况下，管理者仍然继续投入额外资源。关于恶性增资问题，一位经济学者曾做过一个有趣的实验（见实验7-11）。

> **【实验7-11】 现金拍卖实验**
>
> 对200元现金进行拍卖，从1元起拍，出价最高者可拍得这笔钱，实验规则要求不仅拍得者要支付其出价，所有竞拍者也都要支付其最后的叫价。
>
> 实验结果是在竞拍过程中，200元标的被拍到了600元才停止。

理论上讲，为获得200元标的，出价200元是盈亏平衡点，也应该是竞拍出价的极限，当竞拍价格超过200元时，即使能够拍到这200元，也会是一项净损失，理性的参与者应该在价格超过200元时就停止竞拍。但由于实验规则的设计，竞拍者在任何一个价位上停止，即使没有竞拍成功，都需要支付其叫价，而这项确定的损失只有拍到标的才能得到补偿，于是参与者选择继续竞拍。

实验结果说明参与者的目标已经偏离了理性的价值尺度，继续竞拍的目的已经从获得一定的收益，转变为尽可能补偿已经出现的损失，因为只有赢得竞拍才能补偿损失。同时，参与者还有一种动机就是想赢得这场竞拍，想证实自己能够获得成功，哪怕是为此而付出的代价越来越大，竞拍已经不由自主地升级为一种非理性行为，直至损失扩大到竞拍者无法承受或不愿意承受为止。

实验中还有两个细节值得我们关注：第一，多数初期参与竞拍的人，在标的被越叫越高时就停止了叫拍，不再参与竞拍，在接近或超过标的价时竞拍就集中在少数参与者之间，说明当损失比较小时，许多人能够做出止损的行为，而当损失比较大时，则越来越有冒险的倾向；第二，经常有人试图一口就叫到标的价，从而结束竞拍，那么他自己盈亏平衡，其他人也没有任何损失，说明人们是有意识直接回避风险的。但实验规则要求必须逐步加价，那么，当损失很小时人们不在意风险的存在，逐渐增加的损失才会导致这种非理性的升级，这就好比"温水煮青蛙"，当意识到危险时自己已经深陷其中。

2. 投资决策中的恶性增资

这个过程类似于众多的企业竞争一个投资项目，其中只有一个投资者能够最终获得投资收益，其余的投资者先期已经投入的资金则变成沉没成本不能收回了。

我们常常可以看到这样的现象：对于一个已经投入了一定资金、但继续运行下去风险越来越大的项目，人们不是立刻终止项目而是继续追加投资，企图用这种方式博取最后的成功。因为项目已经上马，投资已不可逆转，终止项目意味着承认决策的错误，并且需要承担损失，而继续投资下去则存在一线成功的希望。这样做的结果往往是风险越积越大，亏空越来越大，越来越需要决策者用更大的努力去填补亏空，以至于除了用赌一把的心态进行高风险、高报酬的冒险以外，无法通过正常的投资渠道来弥补，因而形成了一种"恶性增资"的现象。

同时，研究还表明，决策者对自己负有责任的项目，更具有一种动机要证明其决策的正确性，并期望从对这个失败项目本身的追加投资中得到挽回，这就是所谓的"承诺升级"。事实上，调查结果表明，人们对他们负责的失败项目比成功项目投入了更多的资金。

奚恺元教授曾经对美国和中国的 EMBA 学生进行了以下实验（见实验 7-12）。

【实验 7-12】 医药投资计划实验

【问题 1】

你是一家医药公司的老总，正在开发一种新的止痛药。据你所知，另外一家医药公司已经开发出了类似的止痛药，如果继续进行这个项目，公司有近 90% 的可能性损失 500 万元，有 10% 的可能盈利 2 500 万元。项目才刚刚启动，还没有什么花费，从现在起，项目需要耗资 50 万元，你是坚持开发还是放弃呢？请做出你的选择。

【问题 2】

你是一家医药公司的老总，正在开发一种新的止痛药。据你所知，另外一家医药公司已经开发出了类似的止痛药，如果继续进行这个项目，公司有近 90% 的可能性损失 500 万元，有 10% 的可能盈利 2 500 万元。项目已投入了 600 万元，还需再耗资 50 万元，你是继续开发还是现在放弃？请做出你的选择。

实验结果：在问题 1 中，多数人选择"放弃"，因为盈利的机会只有 10%，而且项目尚没有投入资金，他们很轻松地放弃了项目的实施。在问题 2 中，多数人选择了"继续"。

实验结果分析：

其实两个实验对决策者而言，面对的决策问题是一样的，都是投资 50 万元进行一项概率决策，唯一不同的是后者已经产生了 600 万元的沉没成本。财务有关教科书告诉我们在进行投资决策时要忘掉沉没成本，但在现实中人们却不可避免地受到沉没成本的影响。这种对沉没成本的眷顾使经理人产生了投资决策的"恶性增资"。

面对进退两难的困境，决策者往往会倾向于继续投入资源，提升原方案的承诺，而且随着投入资源的增加，决策者表现出的"自我坚持"的行为倾向越高，从而导致更深的陷入。

3. 导致"恶性增资"的心理偏差

恶性增资行为是决策者很多心理因素综合作用的结果：

第一，"损失厌恶"是导致恶性增资的主要心理因素。损失厌恶心理表明，人们在面对确定的收益时不愿意冒风险，而面对确定的损失时会愿意冒风险。参与者一旦参与拍卖，在任何时候停止拍卖都会产生一项确定的损失，这时参与者不会选择终止拍卖接受这项确定的损失，而会选择冒险，即继续增加筹码、追加投资，企图博取可能的成功。

第二，"过度自信"也是恶性增资的心理动因之一。所谓过度自信是指人们往往过于相信自己的判断能力，高估自己成功的概率，把成功归功于自己的能力，而低估运气、机遇和外部力量的作用。过度自信使投资者过于相信自己能够在最后时刻获得扭转乾坤的成功。

第三，"证实偏差"也是推动恶性增资的一个重要心理因素。证实偏差是指当人们确立了某一个信念时，他们有一种寻找支持这个信念证据的倾向，也就是说他们会很容易接受支持这个信念的信息，而忽略否定这个信念的信息。当各种迹象表明继续投资将会越来越扩大风险的范围和程度时，人们需要更多的信息来帮助自己对未来进行判断与决策，然而，证实偏差的心理特征会阻碍他们去关注并接受那些否定自己信念的信息，从而对项目的未来趋势预测得过于乐观。证实偏差的心理倾向使经理人乐于接受继续实施项目的信息而忽略任何终止项目的信息，从而继续投入额外资源。

以上心理偏差使经理人可能在事情变坏后仍孤注一掷恶性增资，除此之外，决策者还可能存在对于社会压力的考虑，例如，需要对决策后果承担相应的责任，半途而废会给决策者带来负面影响，造成自我形象、社会名誉、经济利益、权力地位等个人及社会知觉方面的损失等。

只有充分了解自己的心理偏差，并用巨大的毅力克服这些心理偏差，决策者才能用理性的价值尺度来衡量项目投资的可行性。

【实验7-5】 过度自信的测试 答案

（1）39 岁　　（2）6770 公里　　（3）12 个　　（4）39 卷　　（5）3476 公里
（6）174 吨　　（7）1756 年　　（8）645 天　　（9）12000 公里　　（10）11033 米

案例讨论　"错误账户"下的贪婪——巴林银行的破产

1995年，巴林银行，这家全球最古老的银行之一破产了，它曾是英国贵族最为信赖的金融机构，200多年优异的经营历史，却没能逃过破产的结局，该事件震惊了世界。

更令人震惊的是，巴林银行惨痛的结局，竟出自于一个普通的证券交易员尼克·里森之手。尼克·里森1989年加盟巴林银行，1992年被派往新加坡，成为巴林银行新加坡期货公司总经理，而尼克·里森搞垮巴林银行的事发地也正是在新加坡。

无论做什么交易，错误都在所难免，但关键是看你怎样处理这些错误。一旦失误，就会给银行造成损失，在出现这些错误之后，银行必须迅速妥善处理，如果错误无法挽回，唯一可行的办法，就是将该项错误转入电脑中一个被称为"错误账户"的账户中，然后向银行总部报告。

里森于1992年在新加坡任期货交易员时，巴林银行原本有一个账号为"99905"的"错误账户"，专门处理交易过程中因疏忽所造成的错误，这原是一个金融体系运作过程中正常的错误账户。1992年夏天，伦敦总部要求里森另外设立一个"错误账户"，记录较小的错误，并自行在新加坡处理，以免麻烦伦敦的工作。于是，里森马上找来了负责办公室清算的利塞尔，向她咨询是否可以另立一个档案。很快，利塞尔就在电脑里键入了一些命令，问他需要什么账号。在中国文化里，"8"是一个非常吉利的数字，因此，里森以此作为他的吉祥数字，由于账号必须是五位数，这样，账号为"88888"的"错误账户"便诞生了。

几周之后，伦敦总部又打来电话，总部配置了新的电脑，要求新加坡分行按老规矩行事，所有的错误记录仍由"99905"账户直接向伦敦报告。"88888"错误账户刚刚建立，就被搁置不用了，但它却成为一个真正的"错误账户"存于电脑之中。而且，总部这时已经注意到新加坡分行出现的错误很多，但里森都巧妙地搪塞而过。"88888"这个被人忽略的账户，提供了里森日后制造假账的机会，如果当时取消这一账户，则巴林银行的历史可能会重写了。

1992年7月17日，里森手下一名加入巴林仅1个星期的交易员金·王犯了一个错误：当客户（富士银行）要求买进20份日经指数期货合约时，此交易员误为卖出20份，这个错误在里森当天晚上进行清算工作时被发现。欲纠正此项错误，须买回40份合约，按当日的收盘价计算，其损失为2万英镑，并应报告伦敦总公司。但在种种考虑下，里森决定利用错误账户"88888"，承接了40份日经指数期货空头合约，以掩盖这个失误。然而，如此一来，里森所进行的交易便成了"业主交易"，使巴林银行在这个账户下暴露在风险部位。数天之后，由于日经指数上升200点，此空头部位的损失便由2万英镑增为6万英镑了（注：里森当时年薪还不到5万英镑）。此时，里森更不敢将此失误向上呈报。

另一个与此如出一辙的错误是里森的好友及委托执行人乔治犯的。乔治与妻子离婚了，整日沉浸在痛苦之中，并开始自暴自弃，里森喜欢他，因为乔治是他最好的朋友，也是最棒的交易员之一。但很快乔治开始出错了，里森示意他卖出的100份9月的期货全被他买进，价值高达800万英镑，而且好几份交易的凭证根本没有填写。

如果乔治的错误泄露出去，里森就不得不告别他已很如意的生活。将乔治出现的几次错误记入"88888"账号对里森来说是举手之劳，但至少有三个问题困扰着他：一是如何弥补这些错误；二是将错误记入"88888"账号后如何躲过伦敦总部月底的内部审计；

三是SIMEX每天都要他们追加保证金,他们会计算出新加坡分行每天赔进多少,"88888"账户也可以被显示在SIMEX大屏幕上。为了弥补手下员工的失误,里森将自己赚的佣金转入账户,但其前提当然是这些失误不能太大,所引起的损失金额也不是太大,但乔治造成的错误确实太大了。

为了赚回足够的钱来补偿所有损失,里森承担了愈来愈大的风险。他当时从事大量跨式交易,因为当时日经指数稳定,里森从此交易中赚取期权权利金。若运气不好,日经指数变动剧烈,此交易将使巴林银行遭受极大损失。里森在一段时日内做得还极顺手。到1993年7月,他已将"88888"号账户亏损的600万英镑转为略有盈余,当时他的年薪为5万英镑,年终奖金则将近10万英镑。如果里森就此打住,那么,巴林银行的历史也会改变。

然而好景不长,1993年下半年由于用于清算记录的电脑故障频繁,无数笔交易的入账工作都积压起来。因为系统无法正常工作,交易记录都靠人力,等到发现各种错误时,里森在一天之内的损失便已高达将近170万美元。在无路可走的情况下,里森决定继续隐藏这些失误。

1994年,里森对损失的金额已经麻木了,"88888"账户的损失由2 000万、3 000万英镑,到7月已达5 000万英镑。事实上,里森当时所做的许多交易是在被市场走势牵着鼻子走,并非出于他对市场的预期如何,他已成为被其风险部位操作的傀儡。他当时能想的,是哪一种方向的市场变动会使他反败为胜,能补足"88888"账户的亏损,便试着影响市场往那个方向变动。

里森在自传中描述:"我为自己变成这样一个骗子感到羞愧——开始是比较小的错误,但现已整个包围着我,像是癌症一样,我的母亲绝对不是要把我抚养成这个样子的。"

1994年下半年,里森认为日本经济开始走出衰退,股价将大涨,于是大量买进日经225指数期货合约和看涨期权。然而事与愿违,1995年1月18日,日本神户大地震,其后数日,东京日经指数大幅度下跌,里森一方面遭受了更大的损失,另一方面购买更庞大数量的日经指数期货合约,希望日经指数会上涨到理想的价格范围。同年1月30日,里森以每天1 000万英镑的速度从伦敦获得资金,已买进了3万份日经指数期货,并卖空日本政府债券。同年2月10日,里森以新加坡期货交易所交易史上创纪录的数量,已握有55 000份日经期货及2万份日本政府债券合约,交易数量越大,损失越大。

所有这些交易,均进入"88888"账户。账户上的交易,因为自己兼任清查职权而可以隐瞒,但追加的保证金却是无法隐藏的。里森以各种借口继续转账。这种松散的程度,实在令人难以置信。2月中旬,巴林银行全部的股份资金只有47 000万英镑。

1995年1月份,日本经济呈现复苏势头,里森看好日本股市,分别在东京和大阪等地买进大量期货合同,希望在日经指数上升时赚取大额利润。天有不测风云,1995年1月17日突发的日本阪神地震打击了日本股市的回升势头,股价持续下跌。巴林银行因此损失金额高达14亿美元,这几乎是巴林银行当时的所有资产,这座曾经辉煌的金融大厦就此倒塌。巴林银行集团破产的消息震动了国际金融市场，各地股市受到不同程度的冲击，英镑汇率急剧下跌，对马克的汇率跌至历史最低水平。巴林银行事件对于欧美金融业的隐性影响不可估量。

里森说："有一群人本来可以揭穿并阻止我的把戏，但他们没有这么做。我不知道他们的疏忽与罪犯级的疏忽之间界限何在，也不清楚他们是否对我负有什么责任。但如果是在任何其他一家银行，我是不会有机会开始这项犯罪的。"

问题：

1. 从决策者心理角度看，是什么原因导致尼克·里森的损失一步步扩大而未及时得到纠正？这种心理特征所导致的决策行为是不是比较普遍？

2. 怎样的决策程序和控制机制才能制约人们的这种心理和行为？

【在线测试题】扫码书背面的二维码，获取答题权限。

第8章
金融市场的从众行为与金融泡沫

> 股市是谣言最多的地方,如果每次听到什么谣言,都要买进卖出的话,那么钱再多,也不够赔。
>
> ——是川银藏
>
> 次贷危机从本源上说是根本性的心理问题,因为所有这一切都是泡沫。
>
> ——赫什·舍夫林

2000年,耶鲁大学教授罗伯特·希勒向大众读者推出了自己的著作《非理性繁荣》,书中,希勒教授描述了金融市场波动的心理根源,并通过大量的证据来说明,20世纪90年代末的股市、房地产市场的繁荣中隐含着大量的泡沫,并且最终房价可能在未来的几年中开始下跌。这本书赢得了人们的普遍赞誉。保罗·克鲁格曼称赞:"罗伯特·希勒先生揭示了金融市场非理性的一面,在这方面,他比同时代的其他任何经济学家做得都多。"威廉·沃尔曼在《商业周刊》撰文评价:"这是一本惊世骇俗同时也备受争议的书,是继杰里米·西格尔1994年《股票长期走势》一书以来,关于股票市场的最重要的著作。"本章的很多内容都摘选自这本书。

【专栏8-1】 罗伯特·希勒

罗伯特·希勒(Robert J. Shiller),1946年3月26日生于底特律,美国经济学家、学者、畅销书作家。他是耶鲁大学经济学教授,当代行为金融学的主要创始人。

希勒教授于1967年获得密歇根大学学士学位,并于1972年获得麻省理工学院经济学博士学位。希勒教授从1980年起任美国全国经济研究所副研究员,2005年任美国经济学会副主席,现任美国国家经济研究局(NBER)研究员、美国艺术与科学院院士、纽约联邦储备银行学术顾问,剑桥大学和斯坦福大学等多所学术机构的客座教授。

希勒在金融市场、行为经济学、宏观经济学、不动产、统计方法及市场道德判断、公共选择等方面贡献良多,他擅长于运用数学分析和行为分析相结合的方法研究投机市场中的价格波动；分析投机泡沫，尤其是证券和房地产市场泡沫；分析金融、保险、公共财政在普通民众未来生活中的广泛影响等。

2000年，希勒教授推出了面向大众读者的著作——《非理性繁荣》。《商业周刊》《纽约人》《纽约时报》以及《金融时报》等媒体对此书大加赞赏，纷纷发表正面评论。此书还被《纽约时报》评为当年非小说类最畅销书。这本书也得到了经济学理论界的一致好评，2001诺贝尔经济学奖得主约瑟夫·斯蒂格利茨教授称赞这本书"无疑是在这个重要的领域内最重要的工作"，美国著名专栏作家比德伯恩斯坦则对希勒教授在书中表现出的经济学技巧和非凡远见赞不绝口。

希勒教授被视为是新兴凯恩斯学派成员之一，曾获1996年经济学萨缪尔森奖（Paul A. Samuelson Award），2009年德意志银行奖（Deutsche Bank Prize），2013年因"资产价格实证分析方面的贡献"获得诺贝尔经济学奖，获奖理由是"在资产定价实证分析领域的重要贡献"。

8.1 从众行为与信息传递

一项关于人类社会的基本观察是：那些定期进行沟通和交流的人，他们的想法往往会很相似；同样，每个时代都会有自身的时代精神，并且它的影响无处不在。在股票市场中，如果数以百万计的投资者都彼此独立，那么任何错误想法所造成的后果就会相互抵消，也就不会对价格产生什么影响，但如果大多数人的想法是非理性的，而且这些想法又都相似的话，那么它们就足以成为股市兴衰的原因了。因此，想要研究人们的心理因素和思维方式如何在市场中形成合力，进而影响价格的走势，就必须清楚人们思考方式的相似性从何而来。

处于相同时期的人们会做出相似的判断，部分原因是他们是在对相同的信息（大家都能获知这一信息）做出反应。但是，我们将在这一章中看到，人们的思维方式存在着相似性，并不一定是由于他们对公共信息做出了理性的反应。公共信息也并不总是能得到适当的运用或合理解释。

8.1.1 社会影响与信息

备受推崇的社会心理学家所罗门·阿希（Solomon Asch）在1952年公布过一个实验（见实验7-10）。对于这个实验，他的解释（这个实验还被其他许多人解释过）是：它表明了社会压力对个人判断的影响十分强烈。当他的论文发表时，公众正对一些问题普遍感到迷惑不解，比如德国纳粹竟有能力让人服服帖帖地去执行对犹太人和"其他不受欢迎"的人种大规模的种族灭绝命令。各媒体广泛引用阿希的发现，把它作为人们不能做出完全独立判断的科学依据。直到今天，阿希的实验结果还被人引用。

在阿希著名的实验中，他让实验对象加入一组人中。除了实验对象，这个小组中还有

6个人与实验对象都素不相识,但却是阿希的"同党",并从阿希那里得到了如何协助实验的指示。整组人被要求按顺序回答12个关于线段长度的问题。这些线段是画在卡片上的。实验对象在当众给出自己的答案之前,会先听其他大部分人的答案。问题的正确答案是显而易见的,但那些协同实验的人故意把12个问题中的7个答错。看着大家无一例外地给出似乎是相当明显的错误答案,有1/3的实验对象会屈从并给出同样的错误答案,而且常常会表现出焦虑或苦恼情绪。这说明因为害怕被看成是另类或傻瓜,他们的判断受到了动摇。

阿希把实验结果解释为实验对象是受社会压力的影响才有如此举动。这种解释也许确有可信之处,可后来证明这些实验对象并不主要是因为压力才给出了错误答案。在阿希宣布了这一发现的第三年,心理学家莫顿·多伊奇(Morton Deutsch)和哈罗德·杰勒德(Harold Gerard)公布了另一个实验。这个实验是阿希实验的翻版,不同之处在于,实验对象被告知,他们是被"匿名"安排到一组人中的,他们以前从未见过那些组员,以后也不会见到。那些组员的回答也只能通过电子信号间接得知(实际上根本没有这么一组人)。实验对象不用在众目睽睽之下回答问题,只要按按钮就行了。这样他们就不必面对来自队员的压力。除了这一点,实验的其他部分还是按阿希曾做过的那样进行,结果实验对象给出的错误答案几乎和以前那个实验一样多。

多伊奇和杰勒德的结论是,之所以在阿希实验中,实验对象给出的答案部分是错的,是因为他们简单地认为,不可能其他所有人都是错的,与其说他们只是害怕在一群人之前表达一个相反的观点,倒不如说是在对一条信息做出反应,即他们做出了和大部分人不同的判断。他们在实验中的行为是出于一种很理性化的考虑:在日常生活中,我们知道,在涉及一些简单事实的问题上,当大部分人都做出相同判断时,那么几乎可以肯定他们是正确的。阿希的实验对象之所以产生了焦虑和苦恼情绪,部分原因可能是来自他们自己的结论,那就是自己的感觉多少有些不可靠了。

还有一系列与从众行为密切相关的实验也被广泛引用,这就是斯坦利·米尔格拉姆(Stanley Milgram, 1974)在权威的权力方面进行的研究。在米尔格拉姆的实验中,实验对象被要求对一个坐在旁边的人施行电击,这个受电击的人仍是一个协同实验者,与实验对象素不相识。事实上,根本没有什么真正的电击,但此人假装做出正在遭受电击而疼痛难忍、痛苦不堪的样子,并表示他非常痛苦,要求停止实验。但当主持实验的人让实验对象接着施行电击,并坚持说电击不会对人体组织造成永久性伤害时,许多人都会按他们的话去做。

从这些现象可知,权威会对人的想法造成巨大影响。大家都知道,当专家告诉他们某件事没有什么大不了的时候,尽管有时看起来不像他们说的那样,但很可能情况的确如此。(事实上值得注意的是,在上述实验中,主持实验的人的确是对的:尽管多数实验对象对所给的理由没起疑心,继续施行电击确实也不会造成什么伤害。)因此,米尔格拉姆的实验结果也可以这样解释,实验对象之所以那样反应,是因为他们过去知道的权威是可靠的。

从对信息的解释角度看,阿希和米尔格拉姆的实验表明,人们乐于信任多数人所持有的或者权威的观点,甚至权威们明显地与理所当然的判断相矛盾时也无所谓。其实,这种行为在很大程度上是明智且理性化的。大多数人先前都有过这种经历,当他们的判断和大多数人或某一权威人士的结论相悖时,犯错的总是他们,现在他们已经从中汲取教训了。因此,阿希和米尔格拉姆的实验让我们有了不同的视角去看待这种过度信任现象:人们很尊重权威人士提出的看法,然后会对这些看法产生近乎迷信的信任感,并把这种对权威的信心延续到自己的判断中去(这些判断也是在权威观点的基础上得出的)。

根据阿希和米尔格拉姆观察到的现象,就不难理解为什么许多人在评估股市时会接受他人的判断了。实验对象虽然亲眼看见了卡片上的线段,以及他们身边的人所遭受的痛苦,但还是不能完全相信自己的判断。其实在现实生活中,人们对自己判断的信任程度甚至还不如实验中实验对象们对于自己亲眼所见的那些现象的信任程度高。

美国作家詹姆斯·瑟伯有一段十分传神的文字,来描述人的从众心理:"突然,一个人跑了起来。也许是他猛然想起了与情人的约会,已经过时很久了。不管他想些什么吧,反正他在大街上跑了起来,向东跑去。另一个人也跑了起来,这可能是个兴致勃勃的报童。第三个人,一个有急事的胖胖的绅士,也小跑起来……十分钟之内,这条大街上所有的人都跑了起来。嘈杂的声音逐渐清晰了,可以听清'大堤'这个词。'决堤了!'这充满恐怖的声音,可能是电车上一位老妇人喊出的,也许是一个交通警或某个男孩子说的。没有人知道是谁说的,也没有人知道真正发生了什么事。但是两千多人都突然奔逃起来。'向东!'人群喊叫了起来。东边远离大河,东边安全。'向东去!向东去!'"

8.1.2 从众行为的经济理论和信息重叠

有时候,即使人们知道他人的做法是一种从众行为,他们仍然会考虑他人的判断,并且参与其中。虽然就个人而言,这种行为可能是合情合理的,但由此产生的从众行为却是非理性的。有学者研究认为,这种一窝蜂似的从众行为是由信息层叠产生的。

我们先用一个简单的案例来说明信息层叠是如何开始的。

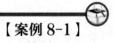

【案例 8-1】
选择哪家饭馆?

假设两家仅一墙之隔的饭馆开业了,每个潜在顾客都要从中选一家就餐。这些顾客可能会透过饭馆窗户向内张望一番,然后决定哪一家比较好,但这样判断并不会太准确。第一位顾客在选饭馆前,只是看了看这两家空荡荡的饭馆,然后根据他所看到的进行选择。但下一位顾客不仅能以他所看到的饭馆门脸(自己判断而得出的信息)为基础作决定,而且可以看看第一个顾客是在哪家吃饭来进行选择,这就是第一位顾客发出的有关如何选择的信息。如果第二位顾客选择和第一位顾客一样的饭馆,那么第三位顾客就会看到那家饭馆有两个人在吃饭。最终的结果很可能就是所有顾客最后都在同一家饭馆吃饭。但由于潜在顾客在对这两家饭馆进行观察后,没有真正仔细考虑过所得到的综合信息,所以最后选的很可能是那家比较差的饭馆。如果所有人都能把他们的第一印象集中汇总，然后一起讨论，也许就能推断出哪家饭馆比较好。但在我们假设的这种情形中，人们在跟随他人的判断时并没有把自己的信息透露给他们，因而无法对彼此获取的信息加以利用。

饭馆的例子以及其中蕴涵的经济理论本身并不是股市泡沫理论的组成部分。然而，它明显与股市行为有关，并且它为经济学家们研究那些理性的投资者如何做出错误决策提供了心理学的理论基础。一直以来都有一个普遍的看法，认为所有投资者都通过某种方式对市场真实价值进行表决，并由此确定了价格水平。现在根据上述理论，这一看法显然是错的。没有人真正地进行过什么表决，相反他们很理性地选择不在这些表决上浪费时间，没有自己花心思对市场做出判断，因而这些个人也就没有对市场施加任何独立的影响。归根结底，股市基本面价值的信息之所以在传播和评估过程中产生失真，可以用信息层叠理论来解释。

由于信息传播和潜在的投机性泡沫密切相关，所以为了更好地理解金融市场错误定价的有关问题，我们应该了解人类行为的特征，以及人们在处理信息的过程中受到的限制。

8.1.3 人类信息的处理与口头传播

在几乎完全没有印刷品、电子邮件、互联网或其他任何沟通方式的情况下，人的大脑逐步进化并发展。人类依靠与生俱来的对信息进行处理的能力，能够征服这个星球上几乎所有其他"居民"。这种能力最为重要的部分就是，"把重要事实有效地从一个人传递给另一个人"。

在过去的几百万年里，人的大脑不断进化，优化了沟通的渠道，进而产生了一种有效沟通的情感驱动力，并培育了这种传播知识的强大能力。正是因为这种情感驱动力，多数人最喜欢做的事就是谈话。看看你的周围，无论你走到哪儿，只要有两个或更多的人呆在一起，恰好他们又无所事事的话（有些时候，甚至是在做其他事情的同时），他们肯定会聊天。人类这一物种最根本的特征就是不间断地进行信息交流。数百年来，传播速度最快的信息一般都是能对社会日常生活有所帮助的，如关于食物来源、危险情况或社会其他成员的消息。

因此，在当今的社会中，热门股票的买进机会、个人财产面对的直接威胁或者某家公司经营者的经历等话题就可能很快成为人们议论的对象。这些话题和我们的祖先所谈论的如出一辙。但是关于一些抽象问题的话题传播得就不那么快了，如金融数学、资产收益统计或者退休储蓄的最佳水平等。自然而然，这种知识的传播是费劲的、不经常的和不完善的。

人际间的口头交流传递了信息，但这种信息的传递却具有非精确性和易变性。

许多人都会想起孩提时玩的传话游戏。在游戏中，第一个人选择一个简单的故事并在第二个人的耳边小声讲述，接着第二个人又讲给第三个人听，依次进行下去。当游戏链条上的最后一个人向大家讲述他所听到的故事时，最初的故事已面目全非，甚至令人捧腹大笑。人与人之间无论转述多么简单的事都不会完全可靠。由于观点的变更率较高，也就是说传播过程中出现错误的可能性远远高于疾病传染或其他生物学过程，因此事实上将传染病模型套用于信息传播的研究并不成功。

当然，信息的口头交流并非一定影响股市。确切地说，口头交流可能会加强公众对于新闻事件以及媒体对这些事件评价的反应。由于大多数人总是通过社会传播才能了解到新观点和新概念，那么为了了解这些观点对于人们的影响，我们有必要考虑社会传播中传染率与退出率的比值。如果某一事件可以变成一个活灵活现的好故事，那么它影响股票市场价格的可能性就会增加。

8.1.4 人们心中矛盾观点的汇集

为什么有时观点的传播会非常迅速？为什么公众的思想有时又会突然发生巨大的转变？其中一个原因是，受质疑的观点已预先存在于我们的头脑中。即使是相互矛盾的观点也可以同时共存于我们的头脑中，而当支撑这些观点的事实发生变化或公众注意力发生转移时，我们头脑中也许就会突然萌生一种明确的信念，并且与先前的信念恰恰是相矛盾的。

比如，人们普遍认为股市不可预期，因此对市场的任何预期都是无效的。但是人们也相信，如果股市出现崩盘，它也必定会复苏。很明显，这两种观点是矛盾的。

对于人们能在同一时间持有如此相互冲突观点的解释是，人们认为他所听过的这两种观点都曾被专家认同。现实生活中，往往有大量假定的事实在同时传播，这些事实又往往被归因于"他们"或"他们说的……"。当这些故事被想象成有一定的权威性而被接受时，矛盾就可能产生。

有时，即便没有权威参与，故事也能被传播。例如，一个人一次又一次地听到"据说大多数人的大脑只开发了10%"，这个说法可以回溯到19世纪，那时神经科学很明显对这样一个说法既无法证实也无法证伪。"据说1965年的那次电力中断使得纽约市民一时无事可做，其后9个月纽约市的出生率骤增"，而事实上并没有这回事。人们在聊天时经常谈论，而且有时媒体也会鼎力推荐的一些故事，往往都和事实相去甚远。

因为人们倾向于把各种观点归因于某些真正的或者是假想的专家，所以他们并不担心所持观点中存在的明显矛盾，人们乐于搭便车式地认为那些专家们已经审慎考虑过了那些存在矛盾的观点，并且知道事实上那些观点根本不矛盾。确实，有时表面上矛盾的理论事实上并不矛盾。正是从这里我们可以看到，专家要为极为明显的矛盾进行辩护是一件多么轻松的事。

一知半解的观点（它们也许是相互矛盾的）绝对会使人们对于神秘的投资领域的思考变得更加扑朔迷离，或至少使其不能纳入一致的分析框架内。推断这些观点在具体的投资决策中的意义是一个真正的挑战。

人们同时持有相互矛盾观点的重要意义在于，人们往往对许多观点没有自己明确的认识。因此，尽管投资者信誓旦旦地说，市场在崩盘后还会复苏，我们还是不能过分相信，因为市场崩盘的现实境况又会带出其他相互矛盾的观点，这些观点会为市场缺乏弹性辩护，从他们先前表示的信心中根本就无法预先得知投资者将会如何反应。

8.1.5 新闻媒体的宣传作用

投机性泡沫的历史几乎是与报纸的产生同时开始的。尽管今天我们已经很难找到早期的报纸，但是从现有的资料看，它们大都报道了第一个有重要意义的"泡沫"——17世纪30年代荷兰的郁金香热。虽然新闻媒体（报纸、杂志、广播以及近期出现在互联网上的各种新的媒体形式）总是以市场事件的旁观者身份出现，但其实媒体本身也是这些事件不可或缺的一部分。当市场中的一部分人拥有了相似的想法，这种想法就可能推动一些重大市场事件的发生，而新闻媒体则是传播这些想法的重要工具。

新闻媒体一直在为了生存而相互竞争，以求吸引公众的注意力。要生存就要发现并报道有趣的新闻，于是新闻媒体将注意力放在具有口头传播潜力的新闻上（为了扩大读者、听众或观众群），并且在可能的情况下报道一个正在发生的故事，从而使公众成为稳定的客户群体。

竞争是残酷的，为了使自己的报道富有创意，负责发布新闻的这些媒体形成了一套运行过程。新闻媒体总是会给新闻加上感情色彩，并在新闻中塑造知名人物，从而使新闻报道能迎合人们的兴趣。这些媒体还善于从他人的成败得失中学习和借鉴。总之，多年竞争的经验使得媒体在吸引公众注意力方面十分在行。

我们来看案例8-2。

【案例8-2】
杰西卡与卢旺达屠杀

这是发生在1987年一个名叫杰西卡的小女孩的传奇故事。杰西卡是得克萨斯州米德兰市的一名18个月大的小女孩，她在姨妈家的后院玩耍，不小心跌落到一口6.7米深的废井里。在漆黑一片的井底，杰西卡被卡在岩石缝里长达58.5个小时，但是无处不在、无孔不入的现场媒体报道使人们感觉这一段时间好像有数周之久。事件把人们的心都系到了一起，随即赶来的钻井工人、营救人员、邻居和米德兰市的记者们夜以继日地守候在废井周围，世界各地的人都在观看电视直播，关注着营救工作的每一步进展。营救人员发现小女孩的右腿死死地卡在岩石缝里，大家都跟着焦虑万分。听到工人们报告他们把小扩音器沿井壁吊到废井下面，给杰西卡播放《鹅妈妈童谣》这首儿歌，小女孩跟着扩音器播放的儿歌唱起来，世界各地的人都为之欣喜。最后，营救团队费尽九牛二虎之力在旁边打了一口平行的竖井，终于把小女孩从井里安全地救出，电视机旁与现场的人们无不热泪盈眶，如释重负地松了一口气。

营救事件以后，麦克鲁尔一家一共收到了人们捐给小杰西卡的70万美元，《综艺》和《人物杂志》刊登了扣人心弦的故事连载。《得克萨斯报》的斯科特·肖因为拍摄营救人员怀抱中的小杰西卡的照片而获得1988年度的普利策奖。这个故事后来被编写成电影《拯救落井幼儿》，由博·布里奇斯和帕蒂·杜克主演，博比·乔治·戴恩斯和杰夫·罗奇写作的主题歌更把杰西卡写入了传唱不朽的歌谣。

当然了，杰西卡和她的家人遭受了很大的痛苦。但是，为什么最终杰西卡得到美国有线新闻网的报道数量远远超过了1994年的卢旺达种族大屠杀（这一事件中有80万人，其中许多儿童在100天内惨遭杀戮）？为什么我们对一个得克萨斯州的小姑娘自然流露出的同情和牵挂远远超过了对达尔富尔、津巴布韦和刚果被杀害、被饿死的那些人？把这个问题的范围再扩展一点，见到某一个人受难，我们会马上从椅子上跳起来填写支票进行帮助，而面对其他更严重、牵涉到更多人的悲剧我们却往往不能闻声而起、立即采取行动呢？

回到我们讨论的主题上，与杰西卡的故事类似，金融市场自然也是新闻媒体的宠儿，因为至少股市能够以每日价格变化的形式持续提供新闻。当然其他市场如房地产市场也是新闻的来源，但是通常房地产并不能产生每日的价格变动。就单从能够提供有趣新闻的频率来讲，没有什么能与股市相比。

股市也有明星效应。公众认为股市就是大赌场，是大户们的市场，是反映国家经济状况的晴雨表，媒体可以造就这些印象并从中获利。人们对金融新闻极其关注，因为它关系人们财富的变化。股市每天都在变化，这使得金融媒体可以终年将股市的运行作为头条新闻，并以此吸引忠诚的客户。财金新闻在媒体中所占的篇幅是唯一可以与体育新闻相提并论的，今天两者的总和大约占了多数报纸内容的50%。

除此之外，住宅同样是公众心目中永远的迷恋。因为我们住在房子里，并且我们所住的房子也是个人社会地位的象征。报纸上经常用整版报道住宅或房地产的相关信息，在美国还有一个名叫"HGTV"的专业房地产电视频道。而在英国，2001年开播的直播节目"财富阶梯"获得了巨大成功。这个节目讲述了"房虫们"购房、装修，然后迅速以一个期望的价格出售的冒险经历。

为了吸引读者，新闻媒体尽力将关于某些问题的讨论展现给公众，这些问题是公众普遍关注的，然而其中也包括那些专家们认为不值得讨论的话题。最后，媒体会给出结论，说就这一问题支持哪方面观点的专家都有，这同时也表明在公众最迷惑的问题上，专家也没能达成共识。

"多年以来，媒体一直问我是否愿意发表意见支持一个极端的观点。当我拒绝后，下一个要求必然是让我推荐另外一位愿意发表支持意见的专家。"（罗伯特·希勒）

【案例8-3】
对股灾的预测

在1987年股市暴跌的前五天,"新闻一小时"节目请到了莱维·巴特拉(Ravi Batra),他是《90年代大萧条:为什么会发生,如何保护自己》一书的作者。该书将"历史倾向于完全重复"这一理论作为基本前提。因此,他认为1929年的暴跌和后来的萧条都会再度发生。尽管巴特拉有着极高的学术声望,但是市场上多数著名专家并没有认真对待这本书。到危机爆发时,这本书已经在《纽约时报》畅销书排行榜中上榜了15周之久。在"新闻一小时"节目中,巴特拉自信地预测到1989年将会出现一次"蔓延至全世界"的股灾,他还断言在股灾之后"会出现一次萧条"。由于巴特拉的观点是在一个十分受关注的节目中发布的,因此他的观点——尽管他预测股灾是在两年之后——可能在小范围内营造紧张气氛。尽管巴特拉在暴跌前出现在"新闻一小时"中被认为是一种巧合,但是应该记住的是,在全国性的新闻节目中进行股市暴跌的预测几乎是没有先例的,至少他的出现与股市暴跌如此之近是有一定意义的。

是否应该谴责媒体对无关紧要的话题进行讨论呢?有人认为,媒体应该将注意力放在普通观众都感兴趣的话题上,以便使观众能完善自己的观点。然而,如果这样做的话,媒体似乎就是在发布和反复强调一些没有事实根据的观点。如果发布新闻的人完全按照他们所知道的给出自己的观点,那么公众可能会真正做到开阔眼界。然而,媒体显然不是这样看待自己的使命的,而且竞争压力使得它们无法去重新考虑这些问题。

新闻媒体在股市中的作用与人们所想象的并不一样,通常人们只是简单地认为媒体是投资者的一种方便的工具,投资者会对重要的经济新闻做出反应。媒体能积极地影响公众的注意力和思考方式,同时也影响股市事件发生时的环境。

本章的例子表明,媒体在使大众对新闻更感兴趣的同时,也成了投机性价格变动的主要宣传者。它们通过报道公众早已熟知的股价变动来增加趣味性,以此提高公众对这些变动的关注程度,或者提醒公众注意过去市场上发生的事件和其他可能采取的交易战略。因此,媒体的参与能够导致更强烈的反馈,使过去的价格变化引起进一步的价格变化,从而也能引起其他一连串事情的发生(这里指的是注意力的连锁反应)。

当然,这并不意味着媒体能将各种思想灌输给观众或读者。应该说,媒体为传播和解释大众文化提供了一个渠道,大众文化有其固有逻辑,媒体参与了大众文化的转变过程。

8.1.6 自媒体时代的到来

自媒体又称"公民媒体"或"个人媒体",是指私人化、平民化、普泛化、自主化的传播者,以现代化、电子化的手段,向不特定的大多数或者特定的单个人传递规范性及非规范性信息的新媒体的总称，其平台包括：博客、微博、微信、百度官方贴吧、论坛/BBS 等网络社区。

"自媒体"即"We media"的概念最早源于 2001 年，是美国专栏作家丹·吉尔默（Dan Gillnor）在个人博客上所提出的，这是一种关于"新闻媒介 3.0"的全新概念。丹·吉尔默认为，媒介 1.0 与 2.0 分别指的是传统媒体和新媒体，而所谓的"新闻媒介 3.0"就是以自主发布的博客为未来媒介趋势的"自媒体"。次年 7 月，美国新闻学会媒体中心发布了一份研究报告，其内容包含由谢因·波曼（Shayne Bowman）与克里斯·威理斯（Chris Willis）两位美国学者联合对"We Media"（自媒体）下的定义："自媒体是普通大众经由数字科技强化、与全球知识体系相连之后，一种开始理解普通大众如何提供与分享他们自身的事实、新闻的途径。"换言之，自媒体其实就是一种平台和工具，通常用来为普通大众服务，供他们发表自己对某件事件的感受或亲眼所见的事实。

近年来，我国互联网技术的迅猛发展为自媒体的运用提供了更为良好的条件。据有关数据统计显示，截至 2017 年 12 月底，中国网民规模数量已达 7.72 亿，普及率达到 55.8%，超过全球平均水平（51.7%）4.1 个百分点。尤其是互联网新媒介技术与政务服务不断融合，政府服务网络化速度得到显著提高，公众通过网络办事的效率也得到了明显提升，微信城市服务、政务微信公众号、政务微博及政务头条号等政务新媒体及服务平台不断增加。这些都表明自媒体应用在参政议政方面的作用不断增大，群众不断对政府事务"发声"，自媒体环境为我国政府相关部门的工作提供了新的课题和方向。

以传播学的角度看来，自媒体时代是比新媒体时代更进一步的历史阶段。新媒体时代是相对于传统媒体时代而言的，是报刊、广播、电视等传统媒体广泛运用期后，因数字技术、网络技术的发展而形成的数字媒体广泛运用时期。自媒体时代托生于新媒体时代，是在新科技不断发展的客观基础之上，突出"自己"和"自由"的万众媒体时代。

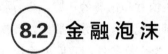

8.2 金融泡沫

8.2.1 金融泡沫概述

泡沫，即虚幻的、不真实的。金融市场由于有大量的投资者参与，其买卖行为直接对证券的价格产生影响，当一个市场的投资者共同形成一个非理性方向的预期时，市场的泡沫就这样诞生了。因此，金融泡沫就是指一种或一系列的金融资产在经历了一个连续的上涨之后，市场价格大于实际价格的经济现象。其产生的根源是过度的投资引起资产价格的过度膨胀，导致经济的虚假繁荣。

在近现代世界经济史上，金融泡沫曾经多次出现过，比较著名的有 17 世纪的荷兰郁金香狂热（Dutch Tulip Mania）、1720 年英国的南海泡沫、密西西比泡沫、美国 1929 年的股市泡沫、日本经济泡沫以及互联网泡沫和次贷危机等。

1. 南海泡沫事件

南海泡沫事件（South Sea Bubble）是英国在1720年春天到秋天之间发生的一次"经济泡沫"，它与"密西西比泡沫"事件及"郁金香狂热"并称欧洲早期的三大经济泡沫，"经济泡沫"一词即源于南海泡沫事件。

早在南海公司成立以前，英国作家丹尼尔·笛福就曾与爱德华·哈利（1664－1735年）讨论一个构想，让国家向某些企业授予权力垄断某地区的贸易，然后再从那些公司获取部分利润，以便让政府偿还因参与西班牙王位继承战争而欠下的大笔债务。这个构思很快就引起爱德华·哈利的兄长，时任财务大臣（Lord High Treasurer）罗伯特·哈利（后为牛津伯爵）的兴趣。在他的倡议下，南海公司遂于1711年通过国会法案成立。

南海公司成立之初，为了支持英国政府债信的恢复（当时英国为与法国争夺欧洲霸主发行了巨额国债），认购了总价值近1 000万英镑的政府债券。作为回报，英国政府对该公司经营的酒、醋、烟草等商品实行了永久性退税政策，并给予其对南海（即南美洲）的贸易垄断权。当时，人人都知道秘鲁和墨西哥的地下埋藏着巨大的金银矿藏，只要能把英格兰的加工商送上海岸，数以万计的"金砖银块"就会源源不断地运回英国。

在1713年，英、西签订《乌得勒支和约》，标志西班牙王位继承战争步向终结。在《乌得勒支和约》中，西班牙准许英国垄断对西班牙美洲地区的奴隶贸易，而专营权很自然落在南海公司手上。奴隶贸易在当时被视为很赚钱的行业，南海公司的前景亦被看好。有关合约的签订被当时托利党政府视为一大胜利，因为南海公司成功为政府有效融资，并与由辉格党控制的英格兰银行抗衡。1716年，南海公司进一步从奴隶贸易中取得优惠待遇，到1717年更向政府多买了额外200万英镑的公债。但好景不长，西班牙在1718年与英国等国交恶，并爆发四国同盟战争，南海公司的前景一度暗淡下来。可是，公司却仍然强调前景明朗，并在1718年邀请英皇乔治一世加入董事局成为总裁。

1719年，英国政府允许中奖债券与南海公司股票进行转换。同年年底，南美贸易障碍扫除，加上公众对股价上扬的预期，促进了债券向股票的转换，进而带动股价上升。1720年，南海公司承诺接收全部国债，作为交易条件，政府要逐年向公司偿还，公司允许客户以分期付款的方式（第一年仅仅只需支付10%的价款）来购买公司的新股票。同年2月2日，英国下议院接受了南海公司的交易，南海公司的股票立即从129英镑跳升到160英镑；当上议院也通过议案时，股票价格涨到了390英镑。

投资者趋之若鹜，其中包括半数以上的参众议员，就连国王也禁不住诱惑，认购了价值10万英镑的股票。由于购买踊跃，股票供不应求，公司股票价格狂飙，从当年1月的每股128英镑上升到7月份的每股1 000英镑以上，6个月涨幅高达700%。

在南海公司股票示范效应的带动下，全英所有股份公司的股票都成了投机对象。社会各界人士，包括军人和家庭妇女，甚至物理学家牛顿都卷入了漩涡。人们完全丧失了理智，他们不在乎这些公司的经营范围、经营状况和发展前景，只相信发起人说他们的公司如何能获取巨大利润，人们惟恐错过大捞一把的机会。一时间，股票价格暴涨，平均涨幅超过5倍。

大科学家牛顿在事后不得不感叹："我能计算出天体的运行轨迹，却难以预料到人们如此疯狂。"

1720年6月，为了制止各类"泡沫公司"的膨胀，英国国会通过了《泡沫法案》。自此，许多公司被解散，公众开始清醒过来。对一些公司的怀疑逐渐扩展到南海公司身上。从当年7月份开始，先是外国投资者抛售南海股票，国内投资者纷纷跟进，南海股价很快一落千丈，9月份直跌至每股175英镑，12月份跌到124英镑，"南海泡沫"由此破灭。

1720年年底，政府对南海公司的资产进行清理，发现其实际资本已所剩无几，那些高价买进南海股票的投资者遭受巨大损失。许多财主、富商损失惨重，有的竟一贫如洗。此后较长一段时间，民众对于新兴股份公司闻之色变，对股票交易也心存疑虑。历经一个世纪之后，英国股票市场才走出"南海泡沫"的阴影。

2. 1929年美国股市大崩盘

20世纪20年代的纽约，人们正在步入最鼎盛的时代。爵士乐、波士顿私酒和纽交所的股票，构成了那个时代的"美国梦"。

在享乐主义横行的时代，一个标准的美国中产阶级的内心往往受到清教徒身份及"禁酒令"的双重抑制。但在一个位于华尔街和百老汇街交叉口处的小房子内，内心渴望得不到满足的他们发现了一个能够时而让他们热血沸腾，时而让他们沮丧无比的新游戏——股票交易。

20世纪20年代，随着美国经济的繁荣，越来越多的普通美国人加入了证券交易的大军，他们买卖各种机构发行的证券，在花花绿绿的票券面前，美国人找到了新的时代追求。在几十年前，证券还只是少数资本大亨的游戏，他们凭借海量的资产和特殊的信息渠道，成为证券市场的庄家。在汹涌的资本狂潮中，翻云覆雨、纵横捭阖。汹涌的人流如过江之鲫般涌入那个小房子内，人群挥舞着钞票入场，乘兴而来。不大的房间内，此起彼伏的叫喊声和错综复杂的手势仿佛使人们回到了大航海时代。掌心向内表示"买进"，掌心向外表示"卖出"，大拇指向上翘起表示"成交"。在这里，每个人都是开拓新大陆的"水手"，信心满满地眺望着航道。在夕阳的余晖中，勾勒着金色的梦想。

事后回望，1928年是美国金融史中富有意义的一年，如果选择一个年度关键词，那么我们可以相信，绝大多数的经济学家都会选择：投机（speculation）。

1928年的股市投机风潮是无与伦比的，按照一个美国妇女的话来说"如果你找不到你的丈夫，要么就去华尔街，要么就去私酒坊（speakeasy），他一定会在那里"。

1928年，纽交所全年股票交易量大约到了9亿股，而1927年的5.2亿股已经是当年创纪录的新高。纽交所在当年11月的某天破天荒地成交了695.4万股的股票。而此前最高的记录来自于1926年某日的378.6万股。

当时，每一个居住在曼哈顿地区的绅士都会在喝下午茶时，大谈特谈自己的股票投资心得。但更多的普通市民，则更愿意聚集在纽交所门前的街道上，竖起耳朵留意一切风声。

1928年12月，美联储准备金率下降至1921年的最低值；钢铁、铜、纺织品的产品也达到了近年来的新高;汽车行业在3月份全面复苏,8月份更是创造了有史以来的单月最高产量。美联储选择了210家公司,通过计算出它们的利润发现,1928年前三季度环比1927年同时段,利润率增长了18%。

1929年胡佛总统演讲时表示"美国商业坚挺而繁荣"。当时,所有的美国人都相信,他们能够挥舞着钞票,走进花团锦簇的20世纪30年代。

"顶点"出现在1929年9月。工业股票平均价格指数触及452点,比1928年初的水平上涨200多点。随后,指数却开始了跳水似地下跌。

1929年10月,市场的信心开始动摇,市面上弥漫着不少流言蜚语:10月24日,市场上出现了一定规模的抛盘。不少金融专家频繁露面,意图维持市场信心。1929年10月29日,大限已至。前一周的抛盘迎来了大高潮,"黑色星期二"的股市大崩盘拉开了序幕。当天有1 600万股被抛售,到了11月底,工业股票平均价格指数跌到了224点。

大崩盘击碎了公众的信心,罗伯特·索博尔写道:"整整一代美国人得到了不要相信证券的教训。"

3. 1987年席卷全球股市的黑色星期一

黑色星期一,是指1987年10月19日那一场骇人听闻的股灾。当日,华尔街上的纽约股票市场刮起了股票暴跌的风潮,爆发了历史上最大的一次崩盘事件:道琼斯工业股票平均指数骤跌508点,下跌幅度22%,一天内跌去的股票价值总额令人目瞪口呆——是1929年华尔街大崩溃时跌去价值总额的两倍。5小时之内,纽约股指损失5 000亿美元,其价值相当于美国全年国民生产总值的1/8。《纽约时报》称其为"华尔街历史上最坏的日子"。

(1)金融风暴席卷全球。黑色星期一的威慑力远不止如此,这次股市暴跌震惊了整个金融世界,并在全世界股票市场产生"多米诺骨牌"效应。世界上主要金融城市伦敦、法兰克福、东京、中国香港、新加坡等地股市均受到强烈冲击,其中,英国伦敦《金融时报》指数下跌183.70点,跌幅为10.8%;日本东京日经指数1987年10月19日、20日累计跌幅为16.90%;中国香港恒生指数19日下跌420.81点,跌幅11.2%;法国、荷兰、比利时和新加坡股市分别下跌9.7%、11.8%、10.5%和12.5%,巴西、墨西哥股市更是暴跌20%以上。

危机发生后,恐慌情绪大肆蔓延,对国际市场一般初级产品的价格和贵金属的价格的影响也有所表现,黄金当天即上涨到500美元/盎司以上,创下当时近五年新高,而黄金的这一价格直到八年后才再次出现。与此同时,在伦敦金属交易所,铜、铝、锌等贱金属的价格无一不出现大幅下跌。股市下跌使投资者把债券看作更安全的投资场所,并迅速引起债券市场价格快速上升,其中1987年10月20日上午美国30年期的国债价格上升了12点。

除了能够直观看到涨跌的金融产品外,此次金融危机对于美国乃至全球经济更是造成了深远的影响。据相关人士分析,"87股灾"加剧了工人失业,极大地影响了投资和消费,进而影响并减少国民收入。这次股票下跌,削弱了美国人的购买力,使得消费有所下降并直接影响到了生产。短短一年之内,美国的私人消费开支减少约500亿美元,使五年多来以股市为推动力,以消费为主导的美国经济出现了转折点。美国企业界需要依靠外国资本扩大投资，政府也需要利用外资来弥补财政亏空。此外，此次金融风暴也产生了近10年来楼市最大跌幅、信用市场严重分裂、经济增长放缓，以及反复无常的股市等一系列的事件，贸易纠纷不断，汇率的下跌使得各国经济关系紧张，各国各行各业难以独善其身。

（2）"有形的手"迅速行动。面对席卷全球的股市狂潮，世界各地政府迅速采取一系列救市措施。中国香港股市当即停市4天，前联邦德国宣布降低证券回购率，七国集团会商如何向金融系统提供流动资金。不同于1929年，美国政府不再相信亚当·斯密"无形的手"，而是在危机爆发之后果断利用凯恩斯"有形之手"迅速行动：①政府发布公告，不认可市场暴跌。"黑色星期一"次日，里根总统和财长贝克均表示，"这次股市崩盘与美国健康的经济是不相称的，美国经济非常稳定"。②美联储主动购买政府债券并降息。美联储于10月20日大量购买政府债券，使得联邦基金利率当日内下行近60个基点，并于11月4日正式下调联邦基金目标利率，并宣布美联储立即向银行的注资已就绪。③立即向银行及股票交易商提供流动性，保证经纪商和与交易商贷款资金链不断裂。1987年10月20日开市前，美联储表示已准备就绪为支撑经济和金融体系提供流动性，支持商业银行为股票交易商继续发放贷款。并且，尽一切可能给市场提供流动性，防止"资金失血"导致的非理性下跌，包括公开市场操作以及放宽联储出借债券的规则。④暂停期指交易，引入熔断机制。针对此次危机，美国证券交易所推出了"80A规则"，防止套利交易者在股市上升或下跌达到一定幅度时，通过推高或打压成分股现货价格来影响期货指数而获利的行为。此外，在交易机制设计方面，美国正式采取了熔断机制。

除了政府的调控外，大崩盘发生的那一周内，约有650家公司公开宣布要在公开市场上回购本公司的股票。上市公司的这种大规模回购行为对股市产生了相当积极的作用，1987年10月20日，道·琼斯指数从1739点回升到1915点，这一天共上升了176点。金融风暴造成的伤害不是一朝一夕可以挽回的，直到1988年10月20日，标普500指数才回到了"黑色星期一"当天的开盘水平，此时距离"黑色星期一"已经过去了一年零一天。

4. 2008年的美国次贷危机

美国次贷危机也称次债危机，它是指一场发生在美国，因次级抵押贷款机构破产、投资基金被迫关闭、股市剧烈震荡引起的金融风暴。

次贷是金融危机爆发的根源，而复杂的次贷证券化产品使交易链条延长，衍生次数和交易者过多，放大了金融危机的系统性风险。次贷证券化的产品链条主要包括：次贷、次债、CDO和CDS。其中，次贷构成房贷资产证券化的原始资产池，MBS和ABS是以次贷为基础资产进行打包分级而成的债券资产（次债），而CDO又是以次债为基础资产进行进一步打包组合而成的衍生证券，CDS是对CDO的违约保险。次贷产品链条，如图8-1所示。

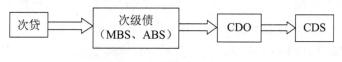

图8-1　次贷产品链条

(1) 次贷。次贷是对美国房地产市场次级抵押贷款（subprime mortgage loan）的简称。在美国，发放抵押贷款的主要依据是借款人的信用状况。个人信用评级分为五等：优（750～850分）、良（600～749分）、一般（620～659分）、差（350～619分）和不确定（350分以下）。信用评分在720分以上反映该借款人具有良好的信用记录、没有拖欠债务或违约不履行还款责任的情况，因而可以获得优先级抵押贷款，是传统的30年或15年固定利率抵押贷款的主要发放对象。而信用评分在620分以下的借款人多是一些信用记录较差、违约风险较高的低收入、少数族群、受教育水平低或金融知识匮乏的家庭和个人。他们不符合传统的抵押贷款发放标准，但又存在较高的贷款需求，只能获得次级贷款。还有一个介于二者之间的贷款市场，即"Alt-A"市场，这个市场既包括信用分数在620到660分的主流阶层，也包括少部分分数高于660分的高信用度客户。

美国次级抵押贷款市场产生于20世纪80年代早期，一直处于缓慢的发展状态，直到20世纪90年代中后期才得到了快速发展。尤其是在2000年互联网泡沫破裂和2001年"9·11"事件的双重打击下，美国经济呈现衰退危险时，美国政府为挽救经济采取低利率和减税等一系列措施。这些措施使大量资金涌入沉寂10年的房地产市场。随着资金的不断涌入，房产价格一路攀升。当时很多金融机构把房贷都借给了这些信用不好的次级贷款者，而这就形成了美国爆发经济危机的根源。

(2) 次债。发放次级住房抵押贷款的金融机构为了获得流动性，把发放的贷款打包出售给一个具有风险隔离功能的特定目的机构（special purpose vehicle，SPV），并由这一机构公开发行以此为基础资产支持的债券，其发行募集的资金用于购买抵押贷款，而债券投资者相应获得主要由住房抵押贷款带来的收益权，这就是次级住房抵押贷款债券，简称次债。次债主要包括两类：住房按揭支持证券（mortgage backed securities，MBS）和资产支持证券（asset backed securities，ABS），二者的主要区别是MBS资产池以住房按揭贷款为主，而ABS资产池除了住房按揭贷款外，还有商用房产按揭、信用卡应收款、汽车贷款、学生贷款、中小企业贷款等。2006年，从发行量看，优质类MBS占比为20%，次级类占比为45%，Alt-A类占比35%；从存量看，MBS规模有6.5万亿美元，而次级类只有7320亿美元，占比为11%，Alt-A类资产支持的债券占比有14%，非优质类抵押贷款支持的债券占比达到25%，规模达到1.6万亿美元。

(3) CDO。资产证券化领域最重要的两种创新产品是抵押化债务债券和信用违约掉期。抵押化债务债券（collateralized debt obligation，CDO）是把不同类别的债务信用（如住房抵押贷款、公司债券、ABS、MBS和项目融资等）打包组合在一起，以这些债务的现金流收入为支撑，通过内部信用增级，重新分割投资风险和回报以整体发行的债券。CDO的发行量自2001年以来快速增长，在2005年以后，CDO更是迅速向次贷集中。CDO是一种高度个性化的产品，大多被设计给"买入持有"型的投资者，如养老基金、保险公司等机构。据统计，2007年，CDO发行1.2万亿美元，有40%的抵押品来自住宅MBS，其中又有75%来自次级抵押贷款和房屋净值贷款，只有25%来自高质量的优先级抵押贷款。

(4) CDS。信用违约掉期（credit default swap，CDS）可以被看作对于存在违约风险的资产的一份保险，这些违约资产可以是贷款、债权或其他衍生品。购买信用违约保险的一方被称为买家，承担风险的一方被称为卖家。双方约定，如果金融资产没有出现违约情况，则买家向卖家定期支付"保险费"，而一旦发生违约，则卖方承担买方的资产损失。一般而言，买家主要是大量持有金融资产的银行或其他金融机构，而卖家是保险公司、对冲基金，也包括商业银行和投资银行。合约持有双方都可以自由转让这种保险合约。国际掉期和衍生品联合会从 2000 年起开始调查 CDS 市场的规模，当时为 6 300 亿美元，随着这种交易方式逐渐为券商、保险公司、社保基金、对冲基金所热衷，到 2007 年年底 CDS 市场一度达到 62.2 万亿美元的峰值，7 年时间增长了近 100 倍。

由于这些特殊金融产品的参与，房贷从简单的贷款，变成了影响金融结构和普通投资者的工具，正所谓一荣俱荣、一损俱损。证券化和结构化金融产品的泛滥最终导致了借贷标准的降低，从而进一步推高了房价。由于通过结构性产品可将大部分风险转嫁给其他的金融机构，银行仅仅在风险转移出去之前的几个月中面临短时期的风险。这就导致银行并没有充分的动机对贷款人进行严格的审查，而是只想着不断通过证券化、结构化将贷款转手卖出赚钱。随着，贷款审查的标准不断降低，一些抵押贷款经纪人开始提供优惠利率、无证明抵押贷款、叠罗汉式抵押贷款。甚至，一些非优先级借款人也能获得贷款。在住房价格一直上涨的前提下，银行并不担心这些人员违约。即便贷款人违约，银行只要将贷款的房子没收即可。

然而，这一切都是建立在房价上涨的前提下，如果房价暴跌，贷款人违约，银行就只能拿回资不抵债的房子，而不能进行追索。虽然看起来市场一片欣欣向荣，但是别忘了，这一切都是建立在美国的房地产市场一片向好的情况之下的。当房地产市场开始下跌时，次贷危机就出现了。

由于借款人的信用不过关，越来越多的借款人出现了违约。而房价在此时的下跌，导致银行无法通过卖出房子来收回所有的房款。作为证券化产品的源头：银行的房贷，不足以支付其他金融机构的贷款，银行开始违约。金融机构拿不到银行的钱，也就无法偿还普通投资者的钱，于是整个金融市场开始出现连锁违约，次贷危机就出现了。

由于美国经济霸主的地位，此次次贷危机很快开始波及全世界，演变成世界性的金融危机。

5. 2015 年的中国股灾

2015 年上半年我国开启了一轮由杠杆带动起来的牛市。本轮牛市的起点自 2014 年 7 月启动。央行于 2014 年 11 月 22 日下调了人民币存款（下调 0.25 个百分比）和人民币贷款（下调 0.4 个百分比）的基准利率，央行降息成为本轮牛市的关键因素。在宏观政策利好的情况下，A 股市场在权重股的带领下短短五个月就突破了 3 000 点关口，2014 年年底就已突破了 3200 点。

进入 2015 年，伴随着一个短暂的调整期，股市又迎来了一系列政策利好，2015 年 2

月 5 日央行宣布降低法定存款准备金率，紧接着 2 月 28 日，央行再度宣布降息，随后股市再次爆发，仅仅用了 4 个月的时间就从 3000 点上涨至 4000 点。伴随着 4 月 19 日央行的再度降准，大盘于 2015 年 6 月 5 日最终突破 5000 点，从 4000 点到 5000 点仅仅用了 2 个月的时间，如图 8-2 所示。

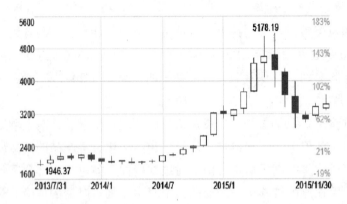

图 8-2　2014 年至 2015 年上证指数（月 K）走势图

资料来源：新浪财经。

由于创业板个股大多具备产业升级和互联创新的题材，且该板块吸纳了绝大部分的活跃资金，因此在这一轮牛市中创业板风头更劲，从 2015 年 1 月起，仅仅 5 个月的时间就从 1000 多点一路飙升到了 4000 点。创业板也成为这轮疯牛的典型代表，如图 8-3 所示。

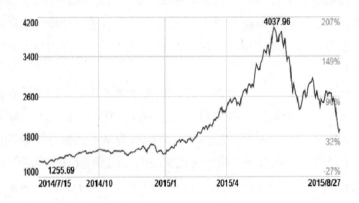

图 8-3　2014 年 7 月至 2015 年 8 月创业板指数走势图

资料来源：新浪财经。

但也正是因为杠杆资金的蜂拥入市和杠杆工具的不合理使用导致牛市开启仅半年就形成了一轮快速暴跌的股灾。从 2015 年 6 月 12 日起到 2015 年 7 月 3 日这半个月，沪指仅用了 14 个交易日就暴跌了 29.9%。同年 7 月 3 日，沪指当日即暴跌 7%，出现了本轮调整的新低 3629.56 点。2015 年 6 月中旬以来，仅仅三周的时间，A 股市场从 5000 点之上连续下跌了 30%，而这一轮涨幅惊人的创业板也达到了 40% 的跌幅，如图 8-4 和表 8-1 所示。

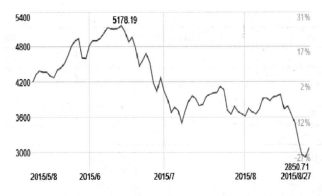

图 8-4 2015 年 5—8 月上证指数走势图

资料来源：新浪财经。

表 8-1 2015 年 6 月暴跌行情

	最 高	最 低	下 跌	跌幅（%）
上证指数	5178	3629	-1549	-29.92
深圳成指	18211	11953	-6258	-34.36
创业板	4037	2458	-1579	-39.11
沪深 300	5380	3785	-1595	-29.65
中小板	12084	7825	-4259	-35.24

数据来源：Wind 咨讯。

从表 8-2 中可以看到，2015 年 6 月以来短短三个月的时间里，就有 16 个交易日沪深两市跌停股票数超过 500 只，其中甚至有 9 个交易日跌停股票数超过千只，可谓惨烈的"千股跌停"。自 2015 年 5 月 28 日以来的 3 个月，有 7 个交易日上证指数跌幅超过了 6%，7 月 27 日和 8 月 24 日，上证指数跌幅甚至超过了 8%。这一轮股灾在我国股市近 20 年中可谓前所未有，极具新的特征，也有待研究。

表 8-2 2015 年 6—8 月跌停股票数

大 跌 日 期	上证指数跌幅（%）	跌停股票数
2015/5/28	-6.50	530
2015/6/19	-6.24	986
2015/6/26	-7.40	2025
2015/7/1	-5.23	872
2015/7/2	-3.48	1461
2015/7/3	-5.77	1428
2015/7/6	2.41	925
2015/7/7	-1.29	1750
2015/7/8	-5.90	915
2015/7/15	-3.03	1273
2015/7/27	-8.48	1811

续表

大跌日期	上证指数跌幅（%）	跌停股票数
2015/8/3	-1.11	457
2015/8/18	-6.15	1584
2015/8/24	-8.49	2185
2015/8/25	-7.23	1999
2015/8/26	-1.27	699

数据来源：Wind咨讯。

8.2.2 金融泡沫的特点

经济学家对历次金融泡沫有过详尽的探讨，并总结出了很多值得借鉴的经验。纵观历次金融泡沫的演变过程，难免让人们得出历史在不断地重复自我的结论。

（1）大多数人包括经济学家、中央银行官员均无法准确地预测股市暴跌。例如，作为20世纪美国最为著名的经济学家之一的欧文·费雪，在1929年股市暴跌之前14天还在预测股票会继续上涨。格林斯潘也被认为是20世纪最伟大的中央银行行长之一，当道琼斯指数在1996年达到6000点的时候，他曾经泼过冷水，认为投资者存在着"非理性的过分乐观"情绪，但在此后他改弦易辙，再也没有提出类似的警告，听任股票攀升到前所未有的高度。

（2）在暴跌之前往往弥漫着过于乐观的情绪，投机盛行。市盈率是衡量股市是否偏离均衡价值的基本指标之一。从美国历史上看，市盈率一般在8～20之间，平均为15，而到了2000年初，美国标准普尔500股票的市盈率超过了40，即便在股市下跌40%的现在，市盈率仍然超过了20。此外，有人认为一个国家股票市场的市值不应超过GDP的70%，而美国股市在最高潮的时期达到了140%。这些传统的经验指标已经失去了自身应有的警示运用。投资者变成了投机行家，尽管他们知道股票价格已经过高，但仍然决定买进，因为他们相信股价会继续上升，能够把股票卖给下手。经济学家把此时的投资者行为形象地比喻为"博傻游戏"。

（3）股市暴跌发生时的私人部门（个人与企业）债务比率往往很高。举债意味着信心，而不切实际的信心意味着过度消费与不明智的投资。据经济学家统计，美国私人部门净储蓄额占GDP的比重在1960—1995年平均为1.4%，而2000年却降到-6%左右。

（4）股市暴跌往往发生在宏观经济状况看起来很好的时候，这往往会让大多数投资者猝不及防。在2000年初股票开始下跌的时候，世界经济状况很好，而美国正在进行着其历史上最长的一次经济增长期，看不出任何走下坡路的迹象，谁也不会想到泡沫破灭就在眼前。统计表明，在被深度套牢的投资者之中，大多数是在1998年之后入市的。

8.2.3 金融泡沫的行为金融学解释

金融行为学家发现，以下几种心理问题在泡沫时期最容易发生。

1."锚定效应"

大多数泡沫具有的典型特征是,在最后一个阶段到来前,价格和增值效应通常都会延续相当长时间,这使得投资者改变了预期,认为高价格是合理的。

2."羊群效应"

即便很多精明的专业投资人,也总是试图"与泡沫一起膨胀",而不是努力避免泡沫。在价格上涨过程中,他们通常认为随大流比采取与众不同的方法更安全,循规蹈矩比特立独行犯错误的可能性更小。

3.认知失调

人们总是倾向选择那些"可以坚定我们选择"的观点,如市场在疯狂时期的特征之一是,人们对定价过高的预警总是不感兴趣,甚至很愤怒。

4.灾难忽略与灾难放大

对于发生概率较小的负面事件,投资者总是侥幸地认为"很难发生在我身上",而灾难一旦发生,他们又总是担心"祸不单行,更大的灾祸还在后面"。

麦道夫骗局

2008年12月11日,美国华尔街传奇人物、纳斯达克股票市场公司前董事会主席伯纳德·麦道夫(Bernard Madoff)因涉嫌证券欺诈遭警方逮捕。检察人员指控他通过操纵一只对冲基金给投资者造成至少500亿美元的损失。在"麦式骗局"中,诸多知名机构被击中,有西班牙金融业巨头桑坦德银行、法国巴黎银行、欧洲银行巨头汇丰银行、日本野村证券等。

1.事件的始末

2008年12月初,麦道夫向其中一名儿子透露,客户要求赎回70亿美元投资,令他出现资金周转问题。

2008年12月9日,麦道夫突然表示提早发放红利。对此,麦道夫的儿子感到可疑,第二天便向父亲询问,当时麦道夫拒绝解释,指示两人到其寓所再谈。同日,麦道夫于寓所向儿子承认,自己炮制的是一个巨型金字塔层压式"庞氏骗局",前后共诈骗客户500亿美元。麦道夫的儿子们当晚便告发了老爸,一场可能是美国历史上金额最大的欺诈案这才暴露在世人眼前。

2009年3月,麦道夫表示对包括证券欺诈、洗钱等在内的11项刑事指控认罪,欺诈金额累加起来达到650亿美元。

2009年6月29日,纽约联邦法院判处麦道夫150年有期徒刑,这意味着麦道夫将在监狱中度过余生;法院同时判决没收麦道夫约1 700万美元的财产,麦道夫的妻子也将上交名下8 000多万美元资产,但获准保留250万美元财产。

2010年12月,由于对近期法律形势的日益恶化和受到的指控暗讽越来越失望,麦道夫之子马克·麦道夫结束了自己的生命。

2. 庞氏骗局

"庞氏骗局"是一种最古老和最常见的投资诈骗，这种骗术是一个名叫查尔斯·庞齐的投机商人"发明"的。

庞齐是一位意大利裔投机商，1903 年他移民到美国，1919 年他欺骗投资者向一个事实上子虚乌有的企业投资，许诺投资者将在 3 个月内得到 40% 的利润回报，然后，庞齐把新投资者的钱作为快速盈利付给最初投资的人，以诱使更多的人上当，后人把这种诈骗方式称为"庞氏骗局"。

3. 麦道夫行骗四大绝招

（1）利用奢华场所建立人脉网。2008 年，70 岁的麦道夫已有多年资本管理经验。他 1960 年成立伯纳德·L·麦道夫投资证券公司。多年来，麦氏通过这家公司下属的秘密资本管理分支机构，利用广泛人脉，骗取投资。麦道夫在美国达拉斯、芝加哥、波士顿和明尼阿波利斯等城市编织关系网，利用高尔夫球会所、鸡尾酒会等奢华场所接触投资者。

（2）树立"投资必赚"口碑。在建立人脉网之后，麦道夫便开始树立投资"口碑"。《华尔街日报》报道，麦氏仅在明尼苏达州霍普金斯市山顶高尔夫球俱乐部和橡树岭俱乐部就"融资"超过 1 亿美元。"当你在高尔夫球俱乐部打球或吃午饭时，所有人都在讲麦道夫如何帮他们赚钱"，一位不愿透露姓名的投资者告诉《华尔街日报》记者，"所有人都想加入（麦道夫的项目）"。

（3）发展"金字塔型下线"。麦道夫利用朋友、家人和生意伙伴发展"下线"，有的人因成功"引资"而获取佣金。一些"下线"又发展新"下线"。证券分析师斯普林向麦氏基金投资 1 100 万美元，占个人净资产的 95%，他还为麦氏吸引数十位"下线"，其中既有投资 5 万美元的普通教师，也有一掷百万美元的企业家。

（4）合理回报率骗倒所有人。据悉，麦道夫每月向客户提交的投资报告显示他非常进取，客户也能随时在数日内赎回投资。而且与一般骗案的不合理高回报相比，麦道夫每年向客户保证回报只有约 10%，这样便令许多存有疑心的客户也不虞有诈。

问题：

（1）从麦道夫骗局中可以获得哪些启示？

（2）试探讨金融自由化与金融监管的边界。

【在线测试题】扫码书背面的二维码，获取答题权限。

第 9 章
行为公司金融

> 如果买价非常高,一笔良好的投资就可能退化为鲁莽的投机。
>
> ——沃伦·巴菲特

作为金融学的一个重要分支,公司金融理论是伴随着现代金融理论的发展而逐渐建立和发展起来的。传统金融理论都是建立在有效市场假说上的,而这与实际情况有很大差距。对于现实中的一些异常现象,如本书前面章节叙述过的股票溢价之谜、股票收益的长期反转效应、短期动量效应、规模效应、日历效应等,以及本章即将提到的投资者对于股利政策的偏爱、损害公司价值的并购活动等,传统的公司金融理论都难以做出有力的解释。20世纪80年代以后,行为金融学的兴起对传统金融理论的基本假设提出了挑战,它的兴起也为解释这些异常现象提供了新的理论依据,并为公司金融理论带来了一些新的启示。行为金融向公司金融延伸,并与传统公司金融理论相融合,逐渐形成了行为公司金融理论。

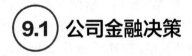

9.1 公司金融决策

9.1.1 公司金融决策的传统方法

1. 传统公司融资

公司的融资方式决定了公司的资本结构和资本成本。一般来说,公司的融资方式包括内源融资和外源融资。内源融资是指利用企业的自有资金和生产经营过程中的资金积累部分进行融资,如留存收益和固定资产折旧。外源融资是指利用企业外部的资金来源进行筹资,主要分为权益融资和债务融资两种方式,其中权益融资是指企业通过发行股票向公众募集资金;而债务融资是指企业通过向银行或非银行机构以贷款等方式来筹集资金。

各种融资方式之间的关系就是资本结构,能使得资金成本和资金风险都达到最低的融资方式的组合就是企业最优的资本结构。

根据传统公司金融的优序融资理论，结合传统公司金融有效市场的假设前提，当公司需要筹资时，会根据资金成本的高低顺序，首先选择内源融资，其次选择债务融资，最后才选择权益融资。

传统的优序融资理论在一些西方发达国家得到了一定验证。根据传统公司金融理论的假设，市场是有效的，投资者是理性的，他们能够对公司前景及公司股票的内在价值进行预测和评估，因此公司在发行股票时能够获得一个公平且合理的价格，这一价格不会因为发行量的多少而受到影响，而且不管公司选择在何时发行股票，也都不会使股票的内在价值产生变化。由此，传统公司金融理论为我们提供了两条结论：一是公司没有必要选择上市时机，公司的财富不会因为上市时机的变化而遭到破坏；二是公司不可能以高于股票内在价值的价格发行股票，以向投资者套利。

然而，在国内证券市场中我们却发现，上市公司的融资行为与优序融资理论相反，我国上市公司明显更偏好于股权融资。

2. 传统公司投资

我们刚才已经讨论了融资问题，而公司筹资的目的就是为了投资，筹资的规模和时间都是为投资活动服务的。

公司金融中的投资管理主要是指直接投资管理，管理者通过对几个备选方案进行比较分析，最终选出一个最优的方案，这是对公司长期资本的投放进行规划和决策的过程，又被称为资本预算。可以说，投资管理对企业的生存和发展起着至关重要的作用。对投资项目效益的评估及对项目风险的控制则是投资管理过程中的重要环节。常见的效益评估方法有净现值法、内部收益率法、回收期法、盈利能力指数法等；常见的风险分析与控制方法有临界分析法、或然分析法等。在这里，我们只考虑最广泛的投资效益评估方法——净现值法。

净现值（net present value，NPV）是指一项投资未来全部净现金流入量的现值与投资成本现值之间的差额，它是测度一项投资的价值增值部分的指标。运用净现值法的基本法则是：如果一项投资方案的净现值为正，则可以接受；如果净现值为负或为零，则予以否决；如果有多项净现值为正的方案可供选择，则取净现值最大的那个方案。

采用净现值法也即对企业的投资收益与投资成本的比较。如果企业的投资收益超过投资成本，必然会吸引新的投资者购买该公司的股票，这将引起股价的上升；相反，则会引起股东对公司的不满，从而出售所持有的股票，使得股价下跌。股价不仅代表了股东的财富，也代表了市场对公司价值的估计。

传统公司金融理论中，对于市场做出的是完全有效的假设，因此其认为，管理者是理性的，投资者、市场分析师们都是理性的。在面对一项投资决策时，各方的预期、目标都是一致的，都会选择NPV>0的那个方案进行投资，最终公司管理者就资本预算和资本结构做出理性的最优决策，而这一选择是会令各方都满意的，市场必定也是有效的。然而，摆在我们眼前的事实有时却与之相去甚远。

现代公司理论认为，股份制公司所有权和经营权的分离引起了股东和管理者之间的目标不一致和利益冲突。股东们的目的就在于利润最大化、股东财富最大化，而管理者的目标是多样的：根据经理主义的观点，管理者们旨在实现经理效用最大化，即以销售最大化或以企业最优增长率为目标；行为主义的观点则认为，管理者们追求的是利润满意化目标，只要寻求让社会和股东基本认可的利润即可，无需最优决策，次优决策即可。在现代公司治理结构下便产生了代理问题。

行为公司金融理论认为，公司管理者认知上的偏差也可以通过代理机制来影响公司的投资决策，代理问题的存在对公司投资决策又增加了来自内部的行为障碍。而此时，管理者们并未意识到自己行为的错误，所以也导致为降低代理成本而设置的激励和约束机制无法发挥作用。

非理性管理者过度自信对公司投资决策的影响在现实中是如何体现的呢？2001年，Malmendier 和 Tate 通过研究后得出一个假说："过度自信的公司管理人员会高估投资项目的收益，并对外部融资的高成本耿耿于怀。于是，当公司内部资金充裕时，他们将倾向于过度投资；而当内部资金不足必须依靠外部资金时，他们又会减少投资。"两位学者使用福布斯500强公司的数据对这一假说进行了检验，研究发现：公司的投资决策对现金流的敏感程度与管理人员的过度自信有着极高的正向相关性，而且在主要依靠权益融资的公司，过度自信的影响更为显著。2002年，Heaton 也表达了相同的观点。他认为，当公司的现金流很低时，经理层不愿意从外部市场获得资金，就不得不放弃许多投资项目，于是出现公司的投资水平随现金流的减少而下降的情况。这也为用管理者过度自信的非理性行为来解释公司的投资和现金流之间的高度相关提供了更多的证据。

【案例 9-1】
过度乐观管理者的代价：米尔斯公司

2006年4月的《华尔街时报》头版，以"市场的陨落：米尔斯购物中心是如何变得麻烦重重的？"为题，报道了米尔斯公司的案例。米尔斯公司是一家开发并拥有大型购物中心的房地产信托投资公司。它于1994年上市，其经营的购物中心被认为是行业中最有创意的部分之一，成功地开拓了融购物与娱乐为一体的营运模式。在购物中心里，消费者能很容易地找到美食街、电影院、滑板公园、按摩院、模拟赛车和立体电影院等。

拉里·西格尔担任公司的CEO已将近12年了，他的愿景是能整合以折扣价销售名牌产品为特征的名牌折扣店和提供广泛的服务，建成融饮食和娱乐于一体的全功能服务型购物中心。有趣的是，米尔斯的投资者将西格尔描述为推销员，认为他的话要适当地大打折扣。因为西格尔常常表现出不切实际的乐观主义和过度自信。不切实际的乐观主义会使管理者形成过于夸张的预测，而过度自信会使管理者低估这些现金流的风险，从而高估公司所投资项目的净现值。同时，过度乐观和过度自信还使得管理者愿意承担过多的项目，直到这些项目产生负的净现值。另外，管理者决定接受项目和进行收购的倾向性也越大。1995年，米尔斯的净资产收益率（ROE）是11%。在此后的1996—2001年，ROE处于22%～78%之间，年均ROE为39%。但是在2002年，米尔斯的ROE跌至10%。这与公司的投资决策密切相关。1995—2006年，米尔斯新建了13家购物中心，同时为了适应新的营运模式，还重新组建了两家购物中心。到2006年，米尔斯进行国际化投资，在新加坡、马德里和苏格兰等地都有项目，公司在美国及海外一共拥有42家大型购物中心。

过度乐观使米尔斯以巨大的规模进行投资。当他的竞争对手在100万平方英尺的土地上建造购物中心时，米尔斯的购物中心往往占据着150万平方英尺以上的用地。而为了产生正的净现值，米尔斯必须确保将半径10—20英里之外的其他大多数购物中心的消费者拉拢过来。西格尔的价值主张是，只要提供了娱乐设施，就会吸引到顾客，因为这些娱乐设施可以为这些顾客所花费的额外时间和燃油提供补偿。但弊端是，这些娱乐设施所占的空间挤占了一些零售商本来应该占用的空间。结果，消费者发现西格尔的价值主张并没有吸引力，因此不愿意花费额外的时间和燃油，开车去米尔斯购物中心。最终，因为许多原因，导致到2004年，米尔斯购物中心的每平方英尺销售额实际低于该地区房地产信托投资的平均值。2006年，米尔斯公司决定在圣·路易斯和匹兹堡开设购物中心，尽管这两个地区当时的竞争非常激烈，而又没有新的顾客群，但是为了给这些项目融资，米尔斯大量借债。当时地区性小房地产信托投资的平均债务比率是53%，也就是说，公司整体市场价值的53%是通过债务来融资的。而米尔斯的债务比率高达72%。米尔斯还通过建立合资企业的方式为资金提供安全保障，为合伙人提供优先的收益权。

此外，在新泽西牧场的一个名叫"世外桃源"的项目中，米尔斯也遭到了沉重的打击。米尔斯在赢得这一商业用地的开发权之前就花掉了1.2亿美元。最后，在这个项目上，米尔斯损失了6.55亿美元，最后该项目被迫卖给洛杉矶的一家投资公司。最终，2007年2月由于现金短缺，米尔斯将自己的企业卖给了它的竞争对手——购物中心经营者西蒙物业集团。该集团与他的对冲基金合作伙伴法拉隆资本管理公司共出资16.4亿美元购买了米尔斯公司。这就是管理者不切实际的乐观主义和过度自信的昂贵代价。

资料来源：崔巍.行为金融学案例[M].北京：中国发展出版社，2013：187-189.

非理性管理者在处理沉没成本上的非理性行为对公司投资决策也会有影响。一些研究表明，公司管理者可能出于过度自信而盲目投资了一些并未经过充分论证的项目，而后这些项目出现亏损，而管理者出于维护自身威望的目的，仍让这些项目继续，以期能扭亏为盈。由于管理者过分关注与自身利益相关的其他目标，其行为偏离了实现公司价值最大化的所有者目标，因此对股东的利益构成了威胁。Edward Conlon在研究中发现，管理者们投资在自己负有重大责任的失败项目上的资金,超过那些相对成功的项目,这被称为"升级因素"(escalation factor)。Conlon 还认为,管理人员不愿放弃失败项目,目的在于希望能够扭转困境,以证明自己决策的英明和正确,这就是心理学中所学的"证实偏差"。而且在这一研究中,Conlon 还发现管理者对失败项目增加投资的数目是与其责任的重要程度相关的,而与沉没成本本身的大小无关。

9.1.2 从行为学角度看公司金融决策方法

公司金融课程中所教授的传统知识,在理论上为管理者做出使公司价值最大化的决策提供了有力工具。但在实践中,心理学陷阱经常妨碍管理者正确使用这些理论。心理因素导致的错误往往会让公司付出昂贵的代价,所以研究公司行为金融意义重大。表 9-1 是本章要点的简要归纳,主要阐述 10 种基础心理现象是如何影响管理者做出错误决策并降低公司价值的。

表 9-1 心理因素如何影响金融决策

心 理 现 象	金融决策错误的例子	决策对企业的影响
1. 偏差		
过度乐观	在经济低谷期延迟成本削减	利润降低
过度自信	现金充足时期进行次优收购	低估风险,企业价值降低
证实偏差	忽视与个人当前观点相冲突的信息	对环境变化迟钝所致的公司价值降低
控制幻觉	高估自身控制力	增加企业不必要的成本
2. 经验推断		
代表性偏差	基于有偏差的预期而选择了错误的项目	净现值非最大化导致的公司价值降低
可得性偏差	基于有偏差的预期选择了错误的项目	对项目优势及风险判断错误导致的公司价值降低
锚定	过分关注数字而对环境变化的调整应对不够	对增长的预期偏差导致的企业价值降低
情绪	依据直觉而非常规的价值分析方法进行决策	因采用负净现值项目而导致的公司价值降低
3. 框架效应		
损失规避	同样规模的风险带来的烦恼比同样规模的收益带来的喜悦大	由于厌恶债务而放弃了税盾利益
恶性增资	在不断亏损的项目上不断注入资金	负净现值决策而导致的公司价值降低

与代理冲突类似,行为现象的影响也会导致管理者选择损害股东利益的行为。然而行为成本是管理者的决策失误造成的,并非他们为了自身利益而有意为之。这个区别十分重要,因为造成损失的原因不同,需要对症下药采取不同的措施来补正和修正以降低成本。应对代理冲突强调使用激励措施而弥补行为陷阱则重在针对性的培训和方法改进。

出于组织的目的,在行为环境中,管理者追求最大化的绩效目标,就像他们在传统的环境中所做的那样。但是因为行为环境与传统环境的差异,心理陷阱可能会对管理者实现这一目标产生障碍,如表 9-1 中所描述的那些因素。

此外，由于心理学陷阱也会影响到投资者的判断，即使在所有的信息都差不多的情况下，管理者也可能会对市场价值做出大相径庭的判断。当心理陷阱扭曲了市场价格时，我们就说价格反映了市场情绪（sentiment）。管理者接收到这种信号，会认为自己有机会利用迎合理论（catering）及市场择时理论（market timing）来谋求利益。迎合理论是指利用做出迎合投资者情绪决策的方式来提高公司股价。市场择时理论是指利用股票被错误定价的行为，如在股票价值被高估时发行新股。

下面是美国《商业周刊》中的一篇文章，讲的是太阳微系统公司由于行为陷阱因素而导致的失误决策的案例。

【案例 9-2】
斯科特·麦克尼利与太阳微系统公司

美国《商业周刊》2004 年 7 月 26 日的封面文章是关于高科技企业太阳微系统公司首席执行官斯科特·麦克尼利（Scott McNealy）的故事。太阳微系统公司以服务器制造业的领头地位和发明互联网软件编程语言 Java 而闻名。《商业周刊》的文章使用了下列形容词来描述斯科特·麦克尼利：乐观、聪明、尖刻、骄傲自大和好斗。这些都是影响麦克尼利商业决策的心理特征。

麦克尼利是太阳微系统公司的创始人之一，1984 年他成为公司的首席执行官，曾为避免灾难而自愿从事风险较大的活动。在 20 世纪 80 年代期间，他不顾公司其他管理者的反对，决定用摩托罗拉公司生产的微处理器来代替太阳微系统公司自己生产的微处理器，这一决策后来被证明对太阳微系统公司带来了好处。

在 20 世纪 90 年代期间，太阳微系统公司的竞争对手生产的服务器使用的是微软公司的 Windows 操作系统，而麦克尼利选择投资于使用太阳微系统公司自己开发的网络操作系统 Solaris 的服务器。这对于太阳微系统公司来说也是一个有利的决策，因为 Solaris 运行速度快，也更加可靠安全。太阳微系统公司的销售、利润和现金持有量因此剧增，研发项目支出也显著增加。在 20 世纪 90 年代末期的科技股泡沫中，太阳微系统公司的市盈率急剧上涨，在 2000 年 3 月，其最高值达到 119。

但是太阳微系统公司的好运随着 2001 年的经济萧条开始发生改变。华尔街分析师们建议太阳微系统公司削减成本。然而，麦克尼利很乐观地认为这次萧条会在短期内结束。2001 年，在与分析师们的一次会议上，他谈到经济周期时这样说："这并非波浪形的起伏，而只是些极端的变化点，衰退会很快结束。"太阳微系统公司不但没有在萧条期间削减成本，反而加大了对新项目的投资。麦克尼利为这项决策辩解道："互联网的发展尚未达到顶峰，还没有被充分开发利用。我认为我们正在关注的是史上最大的设备商务，它的增长前景极为乐观。"

思科系统公司是互联网路由器的主要生产商。在 2001 年 3 月 8 日，思科系统公司宣布，由于经济衰退看起来好像比预期的持续时间长，公司将裁员18%。太阳微系统公司的一些管理人员也想效仿。一位管理人员说道："当处在困难时期的时候，你必须停止那些不赚钱的活动。"首席运营官埃德·赞德（Ed Zander）也提出要大幅削减成本，但麦克尼利拒绝了，赞德随后辞职。

为了削减成本，太阳微系统公司的客户转而诉诸低端服务器，麦克尼利一开始并没有重视客户的想法。之后，太阳微系统公司用20亿美元收购了生产低端服务器的剩造商Cobalt公司。但是，在收购活动后，太阳微系统公司选择了限制Cobalt公司的预算，麦克尼利事后承认这次收购是个错误。

经济不景气的状况比麦克尼利预期的要长得多。在接下来的3年里，太阳微系统公司损失了1/3的市场份额，公司的销售额下跌了48个百分点，股价从2000年的64美元跌至2004年的4美元。公司净收入在2002年转为负值，亏损5.87亿美元，2003年和2004年两年亏损额分别为34亿美元和3.88亿美元，主要原因是客户对电脑需求的下降，以及受到IBM、惠普公司和戴尔这些公司的竞争冲击。

资料来源：赫什·舍夫林.行为公司金融[M]，孔东民，译.北京：机械工业出版社，2019：37-38.

问题：
（1）案例中的商业决策过程中体现了麦克尼利怎样的心理特征？
（2）这些心理属性是如何影响管理者的投融资决策？

9.2 IPO 异象

股票首次公开发行（initial public offering，IPO）价格行为是指首次公开发行股票价格的变化过程。以上市首日为界，这一过程可以划分为两个阶段：第一个阶段是从发行价格到上市首日价格的变化，即初始收益，发行价格通常明显低于上市价格，这一现象被称为IPO短期折价；第二个阶段是IPO上市之后的价格变化，即后市表现。有研究表明，IPO上市后的长期收益低于市场或可比的非新股收益，这一现象被称为IPO长期弱势。

9.2.1 IPO短期折价

1. IPO 短期折价状况

IPO短期折价，即IPO的定价常常低于交易第一天市场的收盘价，简称IPO折价。

大量的文献证明新股首次公开发行中的折价是各国证券市场的普遍现象。从各国间的比较来看，发达国家的股票首次公开发行折价程度一般在15%左右，一些新兴工业国家或地区（如巴西、墨西哥、韩国、中国台湾等）其股票首次公开发行折价程度在60%左右，而发展中国家的股票首次公开发行折价程度更为显著。

表 9-2 给出了部分国家和地区的学者所进行的有关这一现象的统计分析结果。

表 9-2　IPO 折价状况

国家和地区	研 究 者	样本数	样本期间（年）	超额收益率（%）
美国	Ibbotson，Sindelar，Ritter	10 626	1960～1992	+15.3
德国	Ljungqvist	180	1970～1993	+9.2
英国	Levis	712	1980～1988	+14.3
日本	Dawson，Hiraki	106	1979～1984	+1.9
法国	Husson，Jacquillat	131	1983～1986	+4.2
加拿大	Jog，Srivastava	258	1971～1992	+5.4
意大利	Loughran，Ritter，Rydqvst	75	1985～1991	+27.1
芬兰	Keloharju	80	1984～1989	+8.7
荷兰	Wessels	46	1982～1987	+5.1
奥地利	Aussenegg	67	1964～1996	+6.5
西班牙	Loughran，Ritter，Rydqvst	71	1985～1990	+35.0
比利时	Loughran，Ritter，Rydqvst	28	1984～1990	+10.2
瑞典	Rydqvst	213	1970～1991	+39
瑞士	Kunz，Aggarwal	42	1983～1989	+35.8
澳大利亚	Lee，Taylor，Walter	266	1976～1989	+11.9
新西兰	Vos，Cheung	149	1979～1987	+28.8
葡萄牙	Loughran，Ritter，Rydqvst	62	1986～1987	+54.4
希腊	Kazantzis，Levis	19	1987～1991	+48.5
以色列	Kandel，Sarig，Wohl	27	1993～1996	+4.5
中国香港	Mc Guinness	92	1980～1990	+16.6
新加坡	Hameed，Lim	53	1993～1995	+17.1
韩国	Kim，Kirinsky，Lee	177	1988～1990	+57.5
中国台湾	Kang，Chen，Loo	195	1987～1995	+7.0

2. IPO 短期折价的传统解释

金融经济学家提出了很多理论来解释 IPO 发行价过低现象。由于 IPO 过程涉及上市公司、投资者以及投资银行等三个主要方面，这些解释 IPO 价格过低的不同理论常常侧重于三个方面中的一个。基于理性模型解释 IPO 定价过低的理论主要有以下几种。

（1）赢者的诅咒假说。"赢者的诅咒"是指在竞标过程中，中标的赢家常常是最终的输家，这是因为赢家的报价常常远远高于他所中标的标的资产的实际价值，或者标的资产的实际价值远远低于他所估计的价值。赢者的诅咒现象主要是由信息不对称导致的。

在 IPO 中，问题不在于投资者是否意识到了"赢者的诅咒"现象的存在，而是投资者是否意识到"赢者的诅咒"的现象的存在这一事实能否解释 IPO 的定价过低现象。

由于上市公司以一定的价格公开发行的股票数量是有限的，而认购的投资者很多，因此 IPO 常常是以定额分配方式在认购者之间分配的。大多数个人投资者都没有关于上市公司的内线信息。假如投资者 A 没有关于上市公司的信息，他认购了 1 000 股某上市公司的股票,在认购时并不知道投资银行是否会分配股票给自己,假如 A 最终获得了他认购的 1 000 股该上市公司的股票。那么,对于 A 来说,这是否就一定是好消息呢?

答案是:不一定。原因在于,投资者 A 之所以获得他认购的数量有可能是因为其他了解上市公司内情的投资者知道该公司没有前途,因此放弃了认购。如果事实确实如此,那么获得了 1 000 份配额的 A 就成了"被诅咒的赢家"。

在认购 IPO 股票时,没有内线信息的聪明投资者会将上述信息的不对称考虑进去,因此对认购 IPO 会持谨慎态度。凯文·洛克(Kevin Rock,1986)认为,上市公司与投资银行解决信息不对称这一问题的途径就是降低 IPO 上市价格,以减少赢者的诅咒现象,增强上市股票对投资者的吸引力。

赢者的诅咒假说确实可以在一定程度上解释 IPO 低价上市现象。而且,投资银行常常将被广泛看好的 IPO 股票分配给同自己关系最密切的客户。这一现象表明,投资者确实可能担心自己成为 IPO 中被诅咒的赢者。但是,仅仅是配额分配 IPO 不足以解释 IPO 系统性的定价过低现象。

(2)投资银行的独家主顾优势假说。一些研究者认为,投资银行以低价发行 IPO 可能是投资银行拥有独家主顾优势的结果。根据这一理论,投资银行对市场状况很了解,拥有对上市公司的优势。因此,投资银行以低价发行 IPO,并常常将低价 IPO 股票分配给同自己关系密切的客户。这一解释可能有一定的合理性,特别是对于那些规模小而且没有经验的上市公司,投资银行可能具有很大的优势。但问题是,投资银行自己在进行 IPO 时,也常常低价上市。

(3)信号假说。根据这一理论,上市公司以低价发行 IPO,从而给投资者留下好的印象,这样公司可以在日后以高价再次发行股票。如果这一解释成立的话,那么 IPO 首日回报同公司股权再融资(seasoned equity offering,SEO)之间应该存在强烈的相关性,但是研究表明,IPO 的首日回报同 SEO 之间并没有明显的相关性。

3. IPO 短期折价的行为解释

以上的解释都是基于理性模型。有些解释具有一定说服力,有些则没有得到实证研究结果的支持。基于投资者的非理性行为,行为金融学提出了下述一些理论。

(1)剧院经理假说(impresari hypothesis)。不论采用包销还是代销的方式发行新股,成功与否和新股销量都会直接影响投资银行的声誉或佣金收入。为了使新股的发行承销得以顺利进行,在进行 IPO 时,投资银行的行为就如同剧院经理组织摇滚音乐演出一样。为音乐家或者其他娱乐界人士组织演出的经理都知道,如果演出场地中的空座位很多,公众常常将这一现象解释为演出者及其演出质量低下而没有吸引力;如果演出场地观众很多,公众则将它解释为演出者及其演出质量高而受到欢迎。因此,在组织一次演出时,经理们知道不能为了寻求最大限度的收入而将演出的票价定得尽可能地高,否则公众可能会觉得票价太高而不去观看,从而导致演出场地留下大量空位,在公众中留下不良印象,并给日后的演出造成不利影响。在给演出确定票价时,演出经理因此常常故意将票价定低,造成公众排长队、等候很长时间或者票在公众之间高价转让的结果。这些现象会让演出者在公众心中留下良好印象，并制造出公众对日后演出的强烈需求。

罗伯特·希勒（Robert Shiller，1990）认为，IPO 中，投资银行以低价上市是出于同样的逻辑。通过低价上市，投资银行为首日交易的 IPO 市场中的投资者带来高额回报，从而为自己或者经纪公司在这些投资者中留下了良好印象：投资银行与经纪公司提供了良好的投资顾问。罗伯特·希勒进行的调查表明，如果某一 IPO 股票在第一天交易中价格上涨了 15%，47% 的个人投资者与 28% 的机构投资者会认为股票价格上涨的 15% 是"强烈证据"或者"积极证据"，证明给自己推荐这一 IPO 股票的经纪公司具有准确选择 IPO 股票的能力。

（2）羊群行为假说（bandwagon hypothesis）。IPO 市场也可能受到投资者羊群行为心理的影响。当某一公司进行 IPO 时，当潜在的投资者不仅根据自己的私有信息决定是否认购股票，而且在决策中考虑市场上别的投资者的认购决策时，羊群行为就可能产生。虽然投资者本人可能拥有关于上市公司的有利信息，但如果他发现别的投资者对该公司的 IPO 股票缺乏兴趣，他也可能放弃认购的决定。在前面的章节中，我们已经提及，这种连锁反应很容易导致其他投资者也放弃认购，从而形成羊群行为现象。为了防止上述羊群行为的产生，投资银行可能决定将 IPO 价格降低，以吸引最初的潜在投资者认购从而导致其他投资者放弃自己的私有信息而跟着认购的羊群行为。

9.2.2　IPO长期弱势

1. IPO 长期弱势状况

IPO 长期弱势，即 IPO 上市后的长期收益低于市场或可比的非新股收益。股票首次公开发行后的长期收益问题与其短期折价一样，也一直是 IPO 研究领域的热点。表 9-3 给出了部分国家和地区学者所进行的有关这一现象的统计分析结果。

表 9-3　新股长期收益情况

国家和地区	研究者	样本数	样本期间（年）	时间窗口	收益率（%）
巴西	Aggarwal 等	62	1980～1990	3	-47.0
日本	Cai 和 Wei	172	1971～1990	3	-27.0
日本	Hwang 等	182	1975～1989	3	+9.0
加拿大	Shaw	105	1956～1963	5	-32.3
芬兰	Keloharju	79	1984～1989	3	-21.1
英国	Levis	712	1980～1988	3	-30.6
美国	Stigler	70	1923～1928	5	-37.7
美国	Simon	35	1926～1933	5	-39.0
美国	Cusatis 等	146	1965～1988	3	+33.6
美国	Loughran	3 656	1967～1987	6	-33.3
美国	Loughran 和 Ritter	4 753	1970～1990	5	-30.0

续表

国家和地区	研究者	样本数	样本期间（年）	时间窗口	收益率（%）
美国	Ritter	1 526	1975～1984	3	−29.1
美国	Aggarwal 和 Rivoli	1 598	1977～1987	1	−13.7
美国	Reilly	486	1972～1975	1	−11.6
中国香港	Mcuiness	72	1980～1990	2	−18.3
奥地利	Finn 和 Higham	93	1966～1978	1	−6.5
智利	Aggarwal 等	28	1982～1990	3	−23.7
韩国	Kim 等	99	1985～1988	3	+91.6
新加坡	Hin 和 Mahmood	45	1976～1984	3	−9.2
瑞士	Kunz 和 Aggarwal	34	1983～1989	3	−6.1
瑞典	Loughran 等	162	1980～1990	3	+1.2
瑞典	Kunz 和 Aggarwal	42	1983～1989	3	−6.1
德国	Ljungqvist	145	1970～1990	3	−12.1
澳大利亚	Lee 等	266	1976～1989	3	−51.0

2. IPO 长期弱势的传统解释

一些金融经济学家试图利用上述的首次公开发行定价过低理论来解释 IPO 长期弱势（简称长期弱势）现象的存在，但效果并不理想，因此一些研究人员转而从其他角度进行解释说明。

（1）价格支持。价格支持假说认为长期弱势这种现象之所以会存在，很可能是因为市场中普遍存在着的首次公开发行时由承销商进行的所谓"价格支持"作用的结果，这种价格支持起到了一种人为的维持较高股票价格的作用，而在股票上市一段时间取消价格支持之后，股票的价格将逐步回落到合理的范围内。

（2）过度包装假说。过度包装假说认为大多数公司都在有意通过"过度包装"以使投资者对上市公司产生一种过度乐观的估计。一般来讲，公司在进行首次公开发行前其成长性都较好，公司的每股收益也较高，在公开发行后公司业绩一般都会出现相对下滑的趋势。许多研究表明，上市前公司往往采取各种手段进行"包装"，从而向监管部门及投资者展现其最好的一面，即尽可能地在短期内减少支出和增加收益，以提高短期内公司的盈利水平。从支出方面来看，公司在上市前的一段时间里通常会延迟各项支出，如研发投入、员工培训等，因为这些支出的短期回报几乎没有；从增加收益方面来看，公司在上市前的一段时间内可能会采用降低商品价格等手段以使销售收入迅速增加。这些行为实际上都是在向公司的未来"借钱"，一旦公司上市，则这种在短期内呈现的迅猛发展势头就不复存在，公司的业绩也就会大不如前，而这些最终都将反映在未来股票价格的变动上。

3. IPO 长期弱势的行为金融学解释

对于新股长期弱势的研究，行为金融学理论提出了三种较为系统的理论解释。

（1）意见分歧假说（divergence of opinions hypothesis）。该假说认为投资者对于预期股利贴现率会做出非一致性的预期，证券市场中有乐观投资者和悲观投资者，他们对新股价值预期以自己掌握的私有信息为基础。投资者往往对私有信息过度自信。如果新股价值不确定性较大，那么乐观投资者的估价会远远高于悲观投资者，他们会成为新股的购买者，而且乐观投资者最初愿意支付的价格要高于新股的真实价值，使得股价在发行初期攀升较高。随着信息逐渐披露，乐观投资者和悲观投资者对于新股价值预期的分歧会逐渐缩小，股票价格会向下调整。也就是说，长期表现与意见分歧的程度负相关：意见分歧越大，新股的短期价格越高，新股在以后一段时间内回报率也就越低。这种假说认为，新股表现欠佳现象是长期的方向。

（2）剧院经理假说（impresario hypothesis）。剧院经理假说也可以用以解释 IPO 股票长远回报欠佳现象。按照这一理论，低价进行 IPO 刺激了投资者对 IPO 股票的需求，并导致投资者高估 IPO 股票的价格。但是，随着时间的推移，股市最终将纠正这种估值过高的错误，股票价格将下跌，从而导致回报降低。

（3）机会窗口假说（windows of opportunity hypothesis）。Ritter（1991）的研究发现，新股长期表现欠佳现象常出现在高发行量年份发行新股的公司身上，因此认为这些公司利用了机会窗口假说。如果在某个时期内，投资者对上市公司的成长潜力特别乐观，愿意支付较高的价格购买新股，于是许多发行公司会利用投资者的情绪波动，将发行期定在这个时期内，从而形成火爆的发行市场。虽然新股的发行量会随着正常的经济周期发生变化，但有时这种大幅波动很难用公司正常的经营周期来解释，因而机会窗口假说有其合理性。机会窗口假设意味着，在高发行量时期发行新股公司的 IPO 定价过高的情况比其他时期的新股发行公司更为严重，即在市场高峰期发行的新股，其长期回报最低。

9.3 公司股利政策

股利政策是公司融资政策和投资政策的延续，是利润用于再投资与回报投资者之间的权衡。1956 年，哈佛大学教授 John Linther 开创股利研究的先河，提出了公司股利分配的理论模型；1961 年，美国经济学家米勒（M.Miller）和莫迪格利安尼（F.Modigliani）提出著名的"股利无关假说"，成为现代股利政策理论的基石；20 世纪 80 年代，行为金融学的兴起又为股利政策理论提供了新的发展方向。

9.3.1 股利无关论——MM定理

1961 年，米勒和莫迪格利安尼在《股利政策、增长和股票价值》一文中提出了股利无关理论，它又被称为"MM 定理"（Miller-Modigliani dividend theorem）。在给定了一系列严格的假设条件后，他们得出结论，当存在完善的资本市场和完全理性的投资者时，公司的价值仅与其资产的获利能力相关，而与公司收益分配的形式无关，无论选择何种股利政策，都不会对股东的财富产生影响，各种股利政策的效果是等价的。"MM 定理"给定的假定条件包括：

（1）自由的资本市场，市场交易成本为零，对融资活动无限制。
（2）股票价格在资本市场上是充分合理的，其价格波动也是迅速合理的。
（3）股利政策不影响公司的资本成本，公司能随时从资本市场筹集到所需资金。
（4）信息充分自由。
（5）公司或个人所得税为零。
（6）无破产风险。
（7）资产任意分割。

"MM 定理"所给出的苛刻条件，是实际情况中不可能达到的完美境界。因此，"MM 定理"的隐含意义就在于，只要市场有不完善因素的存在，股利政策就会对公司价值产生影响，即股利政策与公司价值是相关的。

9.3.2 红利之谜

继米勒和莫迪格利安尼之后，有研究者将税收政策的影响纳入考虑范围，对"MM 定理"进行了修正。一般来讲，支付股利和股票回购是公司向股东分配现金的两种基本途径。其中股利的支付方式又分为现金股利、财产股利、送股和配股的股票股利等，在此就不再冗述。根据美国税收体系的规定，对股利所得的所得税率要高于对资本利得的税率，所以负有纳税义务的股东应当更倾向于公司的股票回购而不是股利支付。对于那些享受税收减免的股东来说，这两种方式之间就没有什么差别了。因此，综合以上两种股东的情况，股票回购应该是最优的选择。

但是现实是否真的如此呢？大量实际证据表明，投资者们喜欢分红高的公司。投资者总是为能够接受股利支付形式的回报而欢欣鼓舞，他们常要求公司进行分红，并相信分红可以使股票价格得到提高，公司也常常选择将收益的一部分以股利的形式支付给投资者。大多数情况下，当公司派发股利或提高股利时，公司的股票价格也会上涨。而每当公司宣布削减分红时，公司的股票价格通常会大幅下跌，似乎削减分红在向市场传递公司前景堪忧的信号。

这种在现实中许多公司更愿意选择股利支付而不是股票回购的现象，被 Black 在 1976 年称为"红利之谜"（dividend puzzle）。所谓"红利之谜"，就是指股份公司不理性地发放红利，或股东不理性地要求公司发放红利。1973—1974 年能源危机时期，美国纽约城市电力公司（Consolidated Edison Company，CEC）准备取消股利发放。在 1974 年的股东大会上，许多中小股东为此闹事，公司董事会也受到暴力威胁。

我们再来看案例 9-3。

【案例 9-3】
FPL 公司股利事件

　　1994 年 5 月 9 日，美国佛罗里达电力电气公司（Florida Power 和 Light Company）的母公司 FPL 宣布公司的季度分红将削减 32%，将从原来的每股分红 62 美分降至 42 美分，并就削减分红原因进行了详细说明。FPL 称，在对公司情况进行了全面研究后，公司认为此前连续 4 年的 90% 的分红率不再符合股东的最大利益，因此决定将分红率降到 60%。同时宣布，公司将在未来 3 年中回购 1 000 万美元的公司普通股票，而结合美国的税收法的有关规定，以回购股票的方式比直接支付股利对股东更有利，而回购股票也是为了使公司的财务具有更大的灵活性。所有这些都表明，FPL 的决定是出于长远战略考虑，对股东进行的说明也降低了信息不对称的影响。此外，FPL 仍以回购股票的方式为股东谋求了最大利益。按理说，公司的股票价格是不会大幅下跌的。但事实上，在 FPL 宣布削减分红的当天，该公司的股票价格还是下跌了将近 14%。

9.3.3　股利政策的行为解释

　　以舍夫林（Shefrin）（1984）等为代表的行为金融学家们从心理学和行为学的角度出发，对于"红利之谜"的股利政策异象进行了多种解释。

　　1. 心理账户理论的解释

　　心理账户是指投资者在潜意识中倾向于把不同的投资放在不同的心理账户中，而且不同心理账户中的风险偏好是不同的。在这里我们介绍一个由舍夫林（1984）给出的具体例子，从心理账户理论的视角来解释"红利之谜"。舍夫林认为，公司通过支付股利，可以帮助投资者在心理上将收益和损失隔离开来，以增加效用。

　　假如一家公司的股票在 1 年中上涨了 10 美元/股。在进行收益分配时，公司会面临以下两种方案：

　　（1）将 10 美元完全作为资本利得发放给投资者而不发放股利。

　　（2）每股向投资者分配红利 2 美元，而将其余的 8 美元作为资本利得留在公司里。

　　根据前景理论，投资者在面临收益和损失时，对待风险的态度是不同的。换句话说，投资者在面对收益时，往往表现出风险回避的心理特征，对应的效用函数是凹函数；而投资者在面对损失时，往往表现出风险偏好的心理特征，对应的效用函数则是凸函数。

　　因此，在公司股票上涨后进行收益分配时，若选择第一种方案，投资者的效用可以表示为 $V(10)$；若选择第二种方案，公司为投资者将股利所得与资本利得分开了，投资者获得的效用是 $V(2)+V(8)$。根据前景理论，面对收益时效用呈凹函数，即风险规避，

就可知此时有 $V(2)+V(8)>V(10)$。显然，投资者更倾向于第二种方案，也就是偏好有红利可分的方案。

再来看相反的情况。如果这家公司发生亏损，其股票在 1 年中下跌了 10 美元 / 股，那么公司也会面临两种方案：

(1) 让投资者接受 10 美元 / 股的资本损失。

(2) 让投资者接受 12 美元 / 股的资本损失，同时向投资者发放 2 美元 / 股的股利。

可以看出，第一种方案中投资者的效用为 $V(-10)$，第二种方案下投资者的效用则为 $V(-12)+V(2)$。根据前景理论，面对损失时效用呈凸函数，即风险偏好，也就有 $V(-12)+V(2)>V(-10)$。显然，投资者倾向于第二种方案，还是偏好有股利分配的方案。

对比以上两种情况，可以看出，不管公司的股票价格是上涨还是下跌，分红都可以为投资者带来效用的增加。股利政策之所以增加了投资者的效用，是因为投资者在心理上将收益或损失分成了不同的组成部分。在上例中，投资者就在心理上设立了两个独立的账户——红利意识账户和资本意识账户。公司支付股利的做法也在无形中引导和助长了投资者的这种心理账户的分立。

2. 自我控制理论的解释

舍夫林认为，现实生活中受非理性行为影响的投资者存在自制力薄弱的问题。一方面，他们想要极力克服一些不良习惯；另一方面，他们又往往难以抵制诱惑。为了克服这些缺点，人们通常会为自己制定一些规则，以达到自我控制的目的。比如，沉迷烟酒的人会在开始戒除烟瘾、酒瘾时，为自己制定一个强制性目标，每天只接触少量的烟酒，再慢慢减少直至完全戒除。

从投资的角度来看，大多数人会对未来设定长期的投资计划，同时又要满足当前的消费需求。在某种程度上，过度消费也可以看作是一种不良习惯，如果过度消费的习惯得不到控制，就会影响长期投资计划的实现。为了克服过度消费，人们会为自己制定相应的规则来对自身行为加以约束。比如说，投资者可能只消费投资所得的股利，而将投资本金看作是放在股市的储蓄，不去动用。也就是说，投资者偏好分红可能是因为分红可以帮助他们抵制过度消费。结合前面提到的心理账户，投资者自我控制的过程也是将资产划入不同的心理账户（消费账户和储蓄账户）的过程。

Lease 等人（1976）对随机抽样的部分投资者所做的一项问卷调查中为自我控制理论提供了经验支持。调查结果显示，年龄越大的投资者越重视股利收入，能够产生股利收入的股票在其投资组合中所占的比例也就越大，支付股利的股票投资在其投资组合中所占的比例超过了 50%。这是因为，退休的投资者需要定期的现金收益来维持生活，所以他们更偏好有高额红利的公司；而年轻的投资者为了控制消费，强制自己进行储蓄，则会选择股利收益较低的投资组合。

【案例 9-4】
思科公司的股利议案

2002 年 11 月，思科公司的股东针对一项现金分红议案进行投票，该议案最终以 10：1 的投票比例被否决。当时，思科公司持有 210 亿美元的现金，并以每年 40 亿美元的速度产生经营活动净现金流。思科公司的董事会被授权进行价值高达 80 亿美元的股票回购活动，并且公司在之前的 14 个月里已经回购了大约 30 亿美元的股票。

思科的董事会和管理层反对发起现金股利的议案。机构投资者们同样反对，称他们更偏好于股票回购。与此同时，个人投资者在思科公司的年度股东大会上受到了排挤。

思考一下莱昂纳尔·史蒂文斯（Lionel Stevens）进行的评论，他是一个 71 岁的退休飞机维修工，拥有大约 1 000 股思科公司的股票。史蒂文斯先生对于现金股利的看法被《华尔街日报》所引用，他说："你知道这对你的股票是件好事。公司增长当然很好，但就现在而言，增长没有给我带来太多好处。"

问题：这段史蒂文斯先生的表述所涉及的心理现象是什么？这些事项是否涉及了委托代理冲突和行为学现象？

3. 后悔回避理论的解释

舍夫林对"红利之谜"的第三种解释是，公司支付股利与人们偏好股利都有助于投资者避免后悔。后悔是人们错过采取本该带来更好结果的行动时所感受到的挫败感。人们既可能因为自己做错了某事而后悔，也可能因为没有做某事而后悔。心理学的研究表明，当人们因为自己做错了某事而感到后悔时，其后悔程度往往要比因为没有做某事而感到的后悔程度更深。将这一原理用于公司金融领域，也能很好地解释"红利之谜"现象。

如果投资者购买了一家公司的股票，而这家公司是不支付股利的，那么投资者要进行消费时，就要将手中的股票出售。若在此之后，公司股票价格上涨，那么将会因为自己所采取的这一错误行为而后悔不已。而假如这家公司是支付股利的，那么投资者可以将所分配到的股利用于消费，这样一来，即使随后股价上涨会使消费者感到后悔——因为他没有将股利所得用于购买更多的股票，但这种后悔程度相对来说就要轻得多了。

4. "在手之鸟"和"红利迎合理论"的解释

Baker 和 Wurgler 认为，对于一些投资者来说，支付股利的公司和不支付股利的公司代表着不同的风险水平，而出于某种认知偏差，投资者往往认为支付股利的公司风险会更小一些，其股票相对来说是安全的。一般来说，投资者对于风险都是有抵触情绪的，正如谚语所说"双鸟在林不如一鸟在手"。在投资者看来现实的股利是"在手之鸟"，而留在公司的资本利得则是"在林之鸟"，即使在将来能带来更大的收益，但总归不是实际掌握在手中的，总是不安全的。相比之下，投资者情愿现在分享较少的股利，也好过承担"在林之鸟"随时飞走的风险。

投资者对风险的厌恶程度也是经常变化的，当投资者比较乐观时，他们倾向投资于不分红或者分红低的股票；而当他们比较悲观时，更倾向投资于分红较高的股票。而且，投资者对于支付股利的股票的追捧，会不理性地不断买入，从而使得股票价格有较大的上升。

于是，公司管理者为了获得股票溢价，就可以根据以上所提到的投资者的偏好，利用股利政策来实现公司短期价值的最大化，而公司短期业绩也是与管理者自身的报酬相关的。这也就是 Baker 和 Wurgler 于 2003 年提出的红利迎合理论（catering theory of dividends）。

Baker 和 Wurgler 为他们的这一理论进行了实证研究，并找到了证据。他们在实证检验中对支付股利的公司和不支付股利公司的市场价值与账面价值之比分别取对数，然后用两者之差来度量投资者对支付股利的公司的偏好程度。结果发现，在时间序列中，当某一年这一差额数值较高时，则在接下来的一年中，那些原本不支付股利的公司转为开始支付股利的比例明显提高，并且新上市公司中选择股利支付政策的公司比例也显著提高。

另外，行为财务学还认为，在选择了支付股利的政策后，公司的管理者在确定股利支付的规模时，也会受到心理因素和行为因素的影响。早在 1956 年，Lintner 对美国 28 家上市公司的首席财务官（chief finance officer，CFO）就如何制定红利政策进行了调查，总结了这些公司在制定股利政策时所遵循的行为模型，并提出了红利行为模型。他发现，公司根据公平的观点，或者说把盈利中的多少返还给投资者是公平的，已设定了一个股利支付的目标比率。随着公司收益的增加，若股利数额保持不变，则股利在收益分配中所占的比率就会下降，从而低于所设定的目标比率。此时，除非公司管理者有足够的信心保证将来的股利不会减少，否则管理者们一般是不会增加股利支付数额的。Lintner 认为，由于公司管理者认为稳定支付现金红利的公司将受投资者欢迎，公司的股票价格存在现金红利溢价，投资者也偏好红利分配政策，因此，大多数公司应该经过深思熟虑后再采取红利分配政策，而且股利分配办法的调整也要谨慎，尤其是分红减少时要特别小心，应尽可能地稳定现金红利支付水平。

从 Lintner 的红利行为模型中，可以看出股利支付至少受以下两点行为因素的影响：首先，在制定目标股利分配率时，管理者需要在主观上对分配比例是否"公平"做出判断；其次，公司管理者对于增加或削减股利的考虑是不对称的。一般来说，他们更希望只出现股利增长，而避免削减股利的行为。许多学者通过研究发现，对于那些支付股利的公司来说，Lintner 的行为模型直至今天仍然是有效的。

5. 红利信号理论的解释

我们在讲到"MM 定理"时，提到关于公司的价值与股利政策无关的关键假设之一：信息充分自由。当信息完全对称时，所有的市场参与者都拥有相同的信息。然而，在现实中，信息不对称却是常见的现象。于是，在信息不对称的情况下，公司管理者拥有关于公司前景的信息，那么很有可能将这一信息体现在公司的股利政策上，投资者也就可能对这一股利政策做出反应，从而使这些信号反映在公司股票价格上。1961 年，Miller 已经注意到，红利可能是向投资者传递公司发展前景的信号。

1997 年，Bhattacharya 应用博弈论方法建立了一个红利信号模型，随后 Miller 等人对模型进行了修正。Bhattacharya 认为，公司的管理者对公司投资项目的前景拥有的信息是普通投资者无法比拟的，管理者通过较高的红利水平向投资者传递信息。也就是说，如果公司红利水平高则意味着公司投资项目的前景乐观，投资者通过红利水平的提高对公司前景看好的话，就会大量购买股票，从而使得公司股价上涨。

一般来说，高质量的公司往往愿意通过支付相对较高的股利把自己同低质量的公司区分开来，以吸引更多的投资者。而对于投资者来说，股利政策的差异或许是反映公司质量差异的极有价值的信号。

不过，公司以红利信号向市场传递信息，往往也要付出较高的代价。首先，要承受较高的所得税负担；其次，若公司因增加现金股利派发而造成现金流量短缺，就有可能不得不发行新股，而发行新股是需要交易成本的，而且发行新股会造成股本的扩大，从而将每股的税后盈利摊薄，对公司的市场价值产生不利影响；最后，若公司因增加现金股利派发而造成投资不足，并错过有利的投资机会，还会产生一定的机会成本。

9.4 公司并购

19 世纪与 20 世纪之交以来，公司并购在世界各地风起云涌，并购的金额不断扩大，并且公司并购从一国内部走向跨国并购。到 20 世纪末，美国已经发生了五次公司并购浪潮，西欧发生了四次，日本发生了三次。进入 21 世纪最初几年，世界并购市场似乎多了些许沉寂，但在 2004 年年底至 2005 年年初，并购市场又开始活跃了起来。

根据 "MM 定理"，如果两个公司合并后，现金流并没有改变，那么通过并购方式将两个公司重新组合既不会创造财富，也不会损失利益。学者们在对公司并购进行了大量的实证研究后得出的基本结论是：被收购的公司的股东常常能够获得超额回报，而收购一方的公司却很少获利；此外，合并后的公司的长远业绩平淡无奇。对于总体上来说并购能否创造财富这一问题，学者们一直争论不休，至今仍无定论。但是，公司管理者们对于这一问题的答案历来都是明确的，那就是并购是能创造财富的，最好的证明就是不断涌现的并购潮。而 R. Brealey 和 S. Myers（2003）将如何解释并购潮列为尚未解决的十大公司财务问题之一。

9.4.1 公司并购概述

1. 并购的概念

并购通常分为狭义的并购和广义的并购。狭义的并购是指公司的合并、兼并或收购，西方国家普遍使用 "Merger & Acquisition" 来表示，也就是人们所熟知的 "M&A"。其中，合并是指由两个或两个以上企业合并形成一个新的企业，其特点是伴有产权关系的转移，由多个法人变成一个法人。兼并相当于我国《公司法》中所说的"吸收合并",如甲公司兼并乙公司,兼并完成后以甲公司的名义继续经营,而乙公司解散并丧失法人地位。甲公司通过出资或出股的方式,达到对乙公司的控制。从经济意义上而非法律意义上讲,合并、兼并、收购这三者通常并无多大差别。我们通常提到的并购(M&A)是指这一个概念的全部或部分含义。公司并购的实质是在公司控制权运动过程中,各权利主体依据公司产权规定的制度安排而进行的一种权利让渡行为。公司并购的过程实质上是公司权利主体不断变换的过程。

广义的并购是指通过公司资源的重新配置或组合,以实现某种经营或财务目标,其中包括改善公司的经营效率、实现存量资产的优化配置和增量资产的现代化。广义的并购(或称重组)包含的活动范围非常广泛,其中既包括公司的扩张、收缩,又包括公司中的资产重组以及所有权结构的变动等。从本质上讲,并购与重组是一种金融交易,旨在通过公司产权、控制权的转移和重新组合,来达到整合资源、增加或转移财富的目的。

2. 并购的分类

按照不同的标准,可以对并购进行不同的分类,下面介绍几种主要的分类方法。

通常,并购分为以下四种形式:出资购买资产式并购、出资购买股票式并购、以股票换资产式并购、以股票换取股票式并购。

按照行业相互关系,可以将公司并购分为横向并购、纵向并购及混合并购。

(1)横向并购是指并购方与被并购方处于同一行业,生产或经营相同、相似产品,并购使资本在同一市场领域或部门集中。要采用横向并购,要求收购公司有需要并且有能力扩大自己产品的生产和销售,兼并双方公司的产品及产品的生产和销售有相同或相似之处。横向并购是早期兼并的主要形式,也是公司并购中的常见方式,但这种并购方式易导致高度垄断的出现,在许多国家都受到了密切关注及严格限制。

(2)纵向并购是指处在生产同一产品的不同生产阶段的企业之间进行的,是生产经营过程中互为上下游关系的公司之间的并购,以形成纵向生产一体化。纵向并购可以分为为获取原材料供应来源的向后兼并和为扩大消费者市场的向前兼并。纵向并购在20世纪上半期逐渐成为公司并购的主要形式,较少受到各国有关反垄断法律或政策的限制。

(3)混合并购是指处于不同产业领域、产品属于不同市场,且与产业部门之间不存在特别的生产技术联系的公司所进行的并购。它有三种形态:产品扩展型并购,是一个公司与另一个生产相关产品的公司的并购;市场扩展型并购,是一个公司为扩大其竞争地盘而对它未渗透的地区生产同类产品的公司所进行的并购;混合型并购,是一个公司与另一个在生产和经营方面毫无联系的公司的并购。

按照并购双方是否直接进行并购活动,可以分为直接收购和间接收购。

(1)直接收购,也被称为协议收购(acquisition based on an agreement),指收购公司直接向目标公司提出并购要求,双方通过一定程序进行磋商,共同商定完成收购的各项条件,进而在协议的条件下达到并购目的。

(2) 间接收购，也被称为要约收购或标购（tender offer），指收购公司并不直接向目标公司提出兼并要求，而在证券市场上以高于目标公司股票市场的价格大量收购其股票，从而达到控制该公司的目的。

按照是否取得目标公司的同意与合作，可以划分为善意并购和敌意并购。

(1) 善意并购，又被称为"白衣骑士"，指并购公司事先与目标公司协商，征得其同意并通过谈判达成一致意见而完成收购活动的并购方式。

(2) 敌意并购，又被称为"黑衣骑士"，指并购公司在收购目标公司股权时虽遭到目标公司的抗拒，但仍然强行收购，或者并购公司事先并不与目标公司协商而直接向目标公司股东开出价格或收购要约的并购行为。

按照是否利用目标公司本身资产来支付并购资金，可以将公司并购划分为杠杆收购和非杠杆收购。

(1) 杠杆收购（leveraged buyout，LBO）是指收购方按照财务杠杆原理，以少量自有资金通过负债融资购买目标公司的全部或部分股权，获得经营控制权，以达到重组该目标公司并从中获得较高预期收益的一种财务型收购方式。杠杆收购的实质在于举债，即以债务资本为主要融资工具，而这些债务资本大多以被并购公司的资产为担保而获得。收购方以较少的股本投入（约占10%～20%）融得数倍的资金，对公司进行收购、重组，使其产生较高盈利能力后，再择机出售或重新上市，以便牟利。这种方法自20世纪80年代开始在美国迅速流行。

当杠杆收购的实施主体是目标公司内部的管理层时，一般意义上的杠杆收购就成了管理层收购（management buyout，MBO），又被称为"经理层融资收购"，是杠杆收购的一种特殊形式。当收购主体是目标公司的员工时，称为员工收购（employee buyout，EBO），其核心内容为员工持股计划（employee stock ownership plans，ESOP）。现实中往往是管理层与员工共同进行收购（management and employee buy-out，MEBO）。管理层和核心员工可通过银行、债券市场、保险公司甚至基金公司获得融资支持，借助杠杆收购的手段取得目标公司的所有权和经营控制权，从而完成从单纯的管理人员或工作人员到股东的转变，以所有者和经营者的双重身份提升公司价值，使公司变为管理层和核心员工控股的公司。

(2) 非杠杆收购是指不用目标公司自有资金及营运所得来支付或担保支付并购资金的收购。

3. 五次并购浪潮

目前，公认的说法是，美国等经济大国从19世纪末至今，已在世界范围内先后掀起了五次大规模的并购浪潮。

(1) 第一次并购浪潮发生在19世纪的最后10年到20世纪的头10年之间。这一时期，美国工农业处于南北战争后的迅速增长时期，竞争激烈。这一并购浪潮的主要特征是横向并购，目的是扩大企业规模，提高市场占有率，实现规模效益和追求垄断势力，抵御经济危机的风险。在此期间,通过并购导致的企业形式主要是托拉斯,其最直接的结果是企业数量的急剧减少和单个企业规模的迅速膨胀,同时产生了一大批垄断性的企业集团。例如,美国第一家价值超过 10 亿美元、创建于 1901 年的美国钢铁公司,就是合并了 785 家小公司的产物。另外一些著名的巨头公司如杜邦、美国烟草、通用电气、美孚石油、柯达等也都是诞生于这次并购浪潮。

(2) 第二次并购浪潮发生在 20 世纪 20 年代,这一时期美国处于第一次世界大战后的经济繁荣期。在这一次并购浪潮中,虽然横向并购仍占较大比重,但同时出现了相当规模的纵向并购,追求寡头垄断及规模经济效益,通过与上游或下游企业的纵向合并来垄断与行业相关的各种资源是此次并购浪潮的重要动机。此次并购浪潮的一个相关副产品是,并购后的公司虽然在形式上仍以公司控股为主,但并购所导致的产权结构却发生了微妙的变化,即并购并未导致企业产权的绝对集中,而是单个股东的持股率越来越低,由此导致了美国企业制度中所有权与经营权的最后分离。之后,这次浪潮随着 1929 年经济危机的来临及新的反垄断法——《克莱登法》(*Clayton Act*)的通过而停止。

(3) 第三次并购浪潮发生在第二次世界大战后的 20 世纪 50—60 年代。此次浪潮呈现出两个明显特点:一是以混合并购为主要形式,涉及范围非常广泛,这一时期,美国出现了大量的混合型集团公司;二是随着全球经济一体化的萌芽,跨国并购异军突起,并购的动机主要在于以多元化经营来分散风险,以提高企业经营及收益的稳定性。大企业经营的空间分布开始出现多样化发展的趋势,同时也给专业化的中小企业发展留下了一定的空间。至 20 世纪 70 年代初,美国企业的总数较之 50 年代初增长了 80% 以上。石油危机的出现,为本次并购浪潮画上了句号。

(4) 第四次并购浪潮发生在 20 世纪 80 年代。这次并购浪潮的特点是恶意收购、混合型集团公司被拆散、杠杆收购策略的运用和垃圾债券融资手段的出现,发生了"小鱼吃大鱼"的案例。这一时期,首次出现美国公司被外国公司收购的数量与价值超过外国公司被美国公司收购的数量与价值的情况。到 1990 年,经济的再次衰退,证券市场大幅下挫,这次并购浪潮也宣告结束。

(5) 第五次并购浪潮,也是美国历史上最大规模的并购浪潮,发生在 20 世纪 90 年代中期至 21 世纪初。这一时期,美国经济出现了持续性的繁荣。这次并购浪潮在广度和深度上都有新的特征:一是在总规模上刷新了历史纪录,且呈现连续 8 年递增态势;二是相当一部分并购发生在巨型的跨国公司之间,强强联合的势头显而易见;三是金融业的并购明显加剧;四是大多数企业放弃了杠杆收购式的风险投机行为,以加强核心业务能力的横向并购为主要形式,旨在扩大企业规模和国际竞争力。但从 2000 年下半年开始,因为股市动荡、互联网行业缩水,尤其是 2001 年"9·11"恐怖事件的发生,严重影响了美国经济的进程,第五次浪潮开始趋缓。

然而,在 2004 年年底至 2005 年年初,并购市场又开始活跃了起来。2004 年年中,美国股市的并购量为 8 330 亿美元。2005 年 1 月,美国市场宣布的并购交易总价值超过 1 000

亿美元,其中规模最大的宝洁公司以 570 亿美元收购吉列公司,这一并购交易是美国历史上第十三大并购交易。

9.4.2 传统金融学对并购的解释

传统金融学领域的学者们从各个角度对并购进行了理论分析,提出了林林总总的理论假说。

传统金融理论认为:首先,并购是工业界对各种各样冲击的反应,这些冲击包括反垄断政策的改变以及政府对行业管制的解除等;其次,并购可以使效率得到改善。发生在 20 世纪 80 年代的第四次并购浪潮,被认为是当时里根政府对并购持宽容态度的结果,加之当时美国企业遭受来自国外特别是日本对本国工业的竞争冲击,以及美国政府对交通、通信以及金融服务业管制的放松。20 世纪 90 年代初美国政府对电信业以及银行业管制的放松导致这两个行业内部出现大规模的并购潮,同时美国政府在国防开支方面的削减,促成了美国军事工业内部的并购。

传统金融学主要从协同效应、信息传递、市场势力及代理问题方面考虑,认为并购可以使效率得到改善,由此来解释并购及并购浪潮。

1. 协同效应

协同效应可以简化表示为"1+1>2",它是指并购后的公司,其总效益要大于两个分开的公司效益的算术和,包括经营协同效应、管理协同效应、财务协同效应。经营协同效应主要指的是并购给公司的生产经营活动在效率方面带来的变化及效率的提高所产生的效益,两家公司存在经营能力上的互补。获得经营协同效应的一个重要前提是产业中存在规模经济,且在并购前尚未达到规模经济。管理协同效应主要是指两家公司管理能力上的互补,更大程度上是指由管理效率较高的团队通过并购那些管理效率低下的公司,以达到其管理能力的充分发挥而从中获利。例如,第四次并购浪潮中的并购常常被看作对没有效率的管理者进行的"市场惩罚"。K. Martin 和 J. McConnell(1991)对公司业绩、收购以及公司管理人员变动等进行了研究。结果表示,在并购 1 年后,被收购公司的管理者被解雇的概率是该公司被收购之前的 4 倍,而在被收购前,这些公司的业绩都不佳。财务协同效应体现在可以节约筹资成本、核算成本和交易成本,可以提高合并后企业的偿债能力;此外,公司可以利用税法的有关规定进行合理避税。一般来说,按照税法的规定,如果某公司在 1 年中出现了亏损,可以免交当年所得税,其亏损可以向后递延以抵消以后的年度盈余,公司根据抵消后的盈余缴纳所得税。这样一来,那些出现严重亏损的公司很容易被列为并购对象,或者该公司可以利用自身在纳税方面的优势去并购一家盈利的公司。

2. 信息传递理论

在信息不对称的背景下,信息传递理论认为:第一,股票收购传递了目标公司被低估的信息,这样一来目标公司无需采取任何行动就会有市值重估的产生;第二,收购要约的公布或关于收购的谈判将传达某种信息,让目标公司的管理者认识到应更有效率地管理公司。

3. 市场势力理论

一般来说，人们普遍认为通过并购，增大公司规模，可以增强公司实力，提高公司的市场占有率。市场份额体现公司对市场的控制力，随着市场份额的扩大，可以使公司实现某种形式的垄断，以此带来垄断利润和竞争优势。因此，无论是横向并购、纵向并购还是混合并购，都能提高公司的市场势力，于是并购活动也就广受追捧。但也有学者认为，市场份额的提高并不代表规模经济或协同效应的实现，只有在市场份额上升的同时又实现了规模经济或协同效应，并购才会带来正效应。

4. 代理理论和管理者主义

当公司的经营权与所有权分离时，决策的拟订和执行与决策的评估和控制应加以分离。前者是经营者即代理人的职权，后者归委托人即所有者管理。代理出现故障时，并购即代理权的竞争，并购也就提供了一种控制代理问题的外部机制，从而可以通过并购降低代理成本。

9.4.3 行为金融学对并购的解释

行为金融学在解释并购时，主要提出了两种理论：管理者过度自信理论和市场驱动理论。其中，过度自信理论设定管理者是非理性的，而市场是理性的效率市场；市场驱动理论的背景是管理者理性，而市场却是非理性的非效率市场，投资者是非理性的。

1. 非理性管理者的过度自信

Roll（1986）提出了管理者过度自信假说，或称"傲慢假说"（hubris hypothesis），以此来解释并购现象。按照"傲慢假说"，公司管理者在酝酿并购时，第一步是选定一个收购目标，接下来对收购目标进行估价。在进行估价时，管理者会将协同效应、目标公司的管理低效率以及自己的私有信息都考虑进来。如果公司管理者自己的估价高于目标公司的市值时，他就会发起收购。由于并购的协同效应并不能创造财富，所以当管理者对目标公司的估价高于其市值时，就可以知道管理者在估价时犯了错误，然而收购还在继续。这是因为公司管理者认为自己对目标公司的估价比市场的评估更准确，目标公司的真实价值没有被充分反映在其市值上，而且公司管理者将协同效应考虑进去后，认为公司合并后的真正经济价值也没有被反映在市值上。Roll还认为，由于公司管理者的过度自信而产生了并购，而且管理者不会因为自己过去在并购中的错误而在并购方面更加小心，毕竟大部分公司管理者在一生中碰上并购的机会是很少的。

傲慢假说对并购做出了三方面的预测：第一，市场将出现大量的并购交易，但是收购公司与目标公司的总收益为零，因为并购仅仅引起了财富的转移，而并购的交易成本是净损失；第二，当公司宣布收购时，目标公司的股票价格会上涨，如果收购失败，那么它的价格会跌至原来水平甚至更低；第三，如果并购是人们预期以外的，而且收购本身并不包括收购公司的信息，那么收购公司的股票在宣布并购交易时价格会下跌，在收购失败时价格会上涨，在收购成功时价格会下跌。

U. Malmendier 和 G. Tate（2002）研究了 CEO 的过度自信对并购交易的影响。他们认为，CEO 的过度自信表现在两个方面：一是 CEO 们对自己通过并购创造财富的能力过度自信；二是 CEO 们对为自己公司创造财富的能力过度自信，因此 CEO 们普遍认为自己公司的价值被低估了。于是，过度自信的 CEO 们更容易发起并购，而这些并购通常会损害股东的财富。研究结果显示，过度自信的 CEO 发起并购的概率是理性 CEO 发起并购交易的概率的 1.65 倍，而在公司内部资金充足时，这一可能性更甚。然而从总体研究结果来看，在过度自信的 CEO 宣布并购前后 3 天中，收购公司的股票价格平均下跌了大约 0.08%。

过度自信普遍存在于企业家身上，他们中的大多数常常认为自己能干成那些别人无法干成的事。

2. 市场驱动理论

与我们在前面提到的公司 IPO、股利分配等问题一样，市场驱动理论认为并购也是理性管理者利用非理性投资和非理性、非效率市场进行套利的活动。

2004 年，施莱弗（Shleifer）和维斯尼（Vishny）提出市场驱动理论（market driven theory）来解释并购及并购浪潮。这一理论的核心是，是否进行并购活动是由收购公司与目标公司的股票市值驱动的，即当一个公司的股票市值被市场高估而超过其真实价值时，它就可能会收购其他公司，并以股票互换的方式对被收购公司进行支付。而在这一过程中，理性的公司管理者清楚地了解股票的定价是失当的，他们正是利用这一点，进行并购活动，从而以较低的价格买入被收购公司的资产，以此套利。

市场驱动理论为我们解答了并购中谁为收购方、谁为被收购方、支付手段、并购后的公司市值及并购浪潮等问题。在并购中，收购公司是公司市值被高估的公司，而那些价值被市场低估或高估程度不高的公司则成为目标公司；在市场驱动的并购中，当市值被高估时，支付手段是股票，从而降低了收购成本；而当市值被低估时，则常常用现金支付。并购浪潮通常发生在市场上股票价格被高估，特别是产生股市泡沫的时期。

市场驱动理论还对并购进行了预测。首先，从长远来说，并购不会创造财富，不存在并购的协同效应。其次，在以股票互换方式进行的并购中，收购公司的股票价格被高估会以收购公司操作收益或内线出售股票的方式表现出来。而且，股票市值被高估的公司也可以在并购浪潮中避免被收购，这也就解释了为什么公司管理者具有诱使市场高估自己公司股票的强烈动机；被收购公司的股东短期内获得显著的正回报，但在长远上获得负回报；被收购公司的管理层往往在并购完成不久后将合并后的公司的股票卖出；为了取得目标公司管理层的同意，收购公司通常会保留被收购公司管理人员在合并后的公司中的管理职位。

在对以往关于并购的实证研究的结果进行回顾后，A. Shleifer 和 R. Vishny 得出结论：市场驱动理论与实证研究结果一致。

9.4.4 赢者的诅咒

竞拍中的中标者常常在拍卖中支付了过高的价格，这被称为"赢者的诅咒"。由于过度自信的管理者常常自负，那么由过度自信而导致公司并购中出现"赢家诅咒"的现象又称为自负假说。

有关"赢家诅咒"现象的研究可追溯到20世纪70年代早期。早在1971年的一篇报道中，3名石油工程师便开始担心"赢家诅咒"现象，他们指出曾经参与政府外大陆架石油勘探拍卖的石油公司在20世纪60年代收益较低。从此，学者们开始探讨石油公司是否为成功竞标而未能合理调整竞标价格。

同样，"赢家诅咒"现象延伸到了公司并购领域。通过研究1996—1998年间规模最大的700项公司并购活动，毕马威会计事务所发现超过半数的公司并购有损公司价值。2000年，公司并购达到顶峰，并购规模高达1.8万亿美元，超过20世纪90年代中期的3倍。1995—2000年，美国平均收购价格上涨了70%，直逼4.70亿美元。

1991—2001年，收购公司股东共损失了2 160亿美元，这主要源于1998—2001年间少数收购公司所遭受的巨额损失。在出现巨额亏损的并购决策之前，这些收购公司往往在并购市场上非常活跃，它们的市场价值也呈上升趋势。

2011年，《哈佛商业评论》的一篇报道提及公司并购的失败率高达70%～90%。值得注意的是，这篇报道指出了公司并购失败的一系列原因，其中包括收购公司的过度支付。

下面这个案例就是一个典型的遭受"赢家诅咒"的公司并购案例。

【案例9-5】
赢家诅咒案例

1991年，美国电话电报公司（AT&T）以76亿美元并购了NCR电脑公司。1988—1995年，罗伯特·艾伦（Robert Allen）曾是美国电话电报公司的首席执行官，在他的带领下完成了对NCR公司的收购。当对外宣告公司拟收购NCR公司时，艾伦就曾表示："美国电话电报公司与NCR公司合并，将带领我们达到目前无法企及的成长和成功，我们的未来即将兑现承诺，我对此充满信心。"

尽管罗伯特·艾伦的发言满怀信心，但市场对此次并购案并不看好，宣告日的市场反应为负。当此次并购完成后，美国电话电报公司的电脑业务3年内亏损高达30亿美元。

1994年，传媒公司维亚康姆（Viacom）同意以92亿美元收购派拉蒙影业公司（Paramount）。据说，维亚康姆公司不顾市场看法，坚持向派拉蒙影业多支付了20亿美元。

更使此次收购妙趣横生的地方在于，维亚康姆的首席执行官萨姆纳·雷德斯通（Sumner Redstone）与股东的利益高度一致。具体而言，雷德斯通拥有维亚康姆75%的现金流量权和投票权。

1999年，思科公司进行了该公司史上最大的一次收购，以69亿美元股票的支付方式收购了Cerent公司。这是一家尚未盈利的小型互联网公司，员工不足300人，并计划上市融资1亿美元。当时，思科的市值约为2 250亿美元，是纳斯达克的第二大公司。也就是说思科股东以世上最有价值的公司 3% 的股票换了一个还未盈利的初创公司。

美国世界通信公司曾以背负 300 亿美元债务的代价,进行了 17 项收购活动,最终于 2002 年成为美国历史上最大的宣告破产的公司。

2002 年,英特尔公司的首席执行官克瑞格·贝瑞特(Craig Barrett)在个人电脑业务上投资 100 亿美元,而市场认为其成效甚微。《华尔街日报》曾引用过英特尔公司的首席财务官安迪·布莱恩特的一句话:"我不知道我们购买的东西是否物有所值。"

资料来源:赫什舍·夫林. 行为公司金融[M]. 孔东民译. 北京:机械工业出版社,2019:256。

阿里巴巴并购"饿了么"

1. 并购的背景

在 2016 年的云栖大会上,马云首次提出"新零售"概念,自此之后阿里在战略布局上不断开拓新的方向。马云提出:"纯电商的时代很快将结束,纯零售的形势也将被打破,新零售将引领未来全新的商业模式。"这使相关从业人员对于零售业的新发展有了更加深刻的认识。阿里巴巴的新零售=线上+线下+现代物流,对应阿里巴巴的现有架构,实现方式就是用大数据技术,使天猫、淘宝、菜鸟驿站、蚂蚁金服、阿里巴巴大文娱和阿里巴巴云等形成一个网状联动纵队。如何能够使自己的商业帝国在本地生活服务方面取得全新拓展,成为阿里的又一布局。

2. 并购双方基本情况

并购方阿里巴巴集团创始于 1999 年的浙江杭州,由马云领导的团队一手创办,现今是全球企业界著名的网络品牌,中国最大的电子商务公司。公司先后投资或收购了多家公司,目前已有多个旗下品牌,包括淘宝、阿里云、口碑网、支付宝等。

被并购方"饿了么"于 2009 年 4 月由上海交通大学的张旭豪等人联合创立,是国内比较早的本地生活餐饮 O2O 平台。作为国内餐饮 O2O 平台带头人,"饿了么"在外卖领域打造了健全合理的商业圈,构造了强大的外卖物流配送体系,使得体验者足不出户就能够便捷地通过手机、电脑搜索周边服务,在线订餐、享受美食。经过几年的发展,截至 2017 年年末,"饿了么"线下业务已经遍布全国约 2 000 个城市,"饿了么"已经吸引了近 2.6 亿用户,超过 200 万家企业和超过 300 万名配送员。"饿了么"加百度外卖的市场份额总共为 55.3%,超过美团外卖的 41.3%,位居行业第一。

3. 并购过程

阿里巴巴对并购"饿了么"早有准备,前期通过投资不断持股"饿了么"。2016 年 8 月阿里巴巴和蚂蚁金服向"饿了么"投资 12.5 亿美元,其中,阿里巴巴投资 9 亿美元。2017 年 4 月,阿里巴巴又投资 4 亿美元,进一步增持"饿了么"的股份。截至并购前,阿里系对"饿了么"持股总占比达 32.94%,成为最大的股东。2017 年 8 月,"饿了么"

并购了百度外卖，其估值在 60 亿美元到 65 亿美元之间。经历了短暂的迅速发展，"饿了么"+百度外卖的估值就上升到了 95 亿美元，估值上涨了近 50%。2018 年 4 月，阿里巴巴与"饿了么"正式签订收购协议，全资 95 亿美元完成对"饿了么"的收购。股权的变更，使其进一步融入阿里新零售的战略体系中。

4. 并购效果

业内人士分析，新零售是阿里巴巴的头号战略，而即时配送是新零售战略推进的关键。95 亿美元给阿里换来的不仅是一半的外卖市场份额，而且是可以与原有的菜鸟物流互补的最后三公里配送网络，这正好能补齐阿里新零售的一大短板。如今，新零售从"买买买"开始扩展到吃喝玩乐。"口碑+饿了么+百度外卖+飞猪+淘票票"也组成了"对抗美团点评联盟"。

但也有一些分析人士指出，阿里联合蚂蚁金服以 95 亿美元收购"饿了么"，95 亿美元的定价存在着价值高估风险。同时，95 亿美元的现金支付，也会给阿里造成了一定的现金流压力。截至 2017 年年底，阿里年度报告披露的现金及现金等价物总额为 2 121.96 亿元，相当于 335.55 亿美元，95 亿美元约占 28.35%。虽然本次对价对于阿里来说只是一小部分，但也需要把并入"饿了么"之后其未来的发展状况及前景考虑在内，如"饿了么"后续还需要在平台上发补贴以吸引用户下单，包括额度优惠券、红包等，这也将相应增加阿里收购后的财务风险。另外，还要关注并购整合风险。并购以后"饿了么"继续保持独立品牌、独立运营。要实现"饿了么"与口碑融合，抢占餐饮领域的市场份额，在保持相互独立的业务中，又能很好地发挥各自的价值，产生更多的效应，就不只是业务进行整合，而应该在企业的公司战略中达成高度的一致，协同发展。

资料来源：金小康.阿里巴巴并购饿了么案例分析[J].江苏商论.2018.9：112-113.

案例思考

1. 查阅相关资料分析阿里巴巴并购"饿了么"的动因。
2. 互联网企业的价值评估和传统企业有哪些异同？
3. 查阅最新资料分析此次并购的效果，从中我们能得到哪些启示？

【在线测试题】扫码书背面的二维码，获取答题权限。

第10章
行为资产组合理论

不要把所有的鸡蛋放在同一个篮子里。

——詹姆斯·托宾

现代资产组合理论

资产组合是指将资产按一定比例组合在一起作为投资对象,除常见的股票、债券和其他金融证券外,房地产、收藏品(邮票、古币等)亦可作为投资对象构成资产组合的一部分,但通常所讨论的资产组合,主要指证券资产组合或证券组合。资产组合理论论述了每项资产的风险与收益和其他资产的风险与收益间的相互关系,以及投资者应如何合理选择自己的最佳投资组合等问题。

1952年,美国经济学家马科维茨(Harry M.Markowitz)在他的学术论文《资产选择:有效的多样化》中,首次应用资产组合报酬的均值和方差这两个数学概念,从数学上明确地定义了投资者偏好,并以数学化的方式解释投资分散化原理,系统地阐述了资产组合和选择问题,标志着现代资产组合理论(modern portfolio theory,MPT)的开端。该理论认为,投资组合能降低非系统性风险,一个投资组合是由组成的各证券及其权重所确定,选择不相关的证券应是构建投资组合的目标。它在传统投资回报的基础上第一次提出了风险的概念,认为风险而不是回报,是整个投资过程的重心,并提出了投资组合的优化方法,马科维茨因此获得了1990年诺贝尔经济学奖。

【专栏10-1】　　　　　　　哈里·马科维茨

哈里·马科维茨(Harry M. Markowitz),1927年8月24日生于美国伊利诺伊州,他于1950年、1952年在芝加哥大学连续获得了经济学硕士、博士学位。马科维茨一生著作颇丰，研究范围涉及金融微观分析及数学、计算机在金融经济学方面的应用。他的理论也曾影响了他同时代的学者。马科维茨是享誉美国和国际金融经济学界的大师，曾任美国金融学会主席、管理科学协会理事、计量学会委员和美国文理科学院院士。

1990年马科维茨凭借其论文《投资组合选择》和1959年出版的《投资组合选择：有效分散化》一书，被授予诺贝尔经济学奖。马科维茨的主要贡献是，发展了一个概念明确的可操作的在不确定条件下选择投资组合的理论——这个理论进一步演变成为现代金融投资理论的基础。马科维茨指出，在一定的条件下，一个投资者的投资组合选择可以简化为两个因素，即投资组合的期望回报及其方差。风险可以用方差来衡量，通过分散化可以降低风险。投资组合风险不仅依赖于不同资产各自的方差，而且也依赖于资产的协方差。这样，关于大量的不同资产的投资组合选择的复杂的多维问题，就被约束成为一个概念清晰的简单的二次规划问题，即均值—方差分析，并且马科维茨给出了最优投资组合问题的实际计算方法。马科维茨的理论被誉为"华尔街的第一次革命"！

10.1.1 投资组合理论的主要内容

马科维茨投资组合理论的基本假设为

（1）投资者是风险厌恶的，追求期望效用最大化；

（2）投资者根据收益率的期望值与方差来选择投资组合；

（3）所有投资者处于同一单期投资期。

马科维茨提出以期望收益及其方差（E, δ^2）来确定有效投资组合。

以期望收益 E 来衡量证券收益，以收益的方差 δ^2 表示投资风险。资产组合的总收益用各个资产预期收益的加权平均值表示，组合资产的风险用收益的方差或标准差表示，则马科维茨优化模型如下：

$$\min \delta^2(r_p) = \sum\sum w_i w_j \operatorname{cov}(r_i, r_j)$$
$$E(r_p) = \sum w_i r_i$$

式中：

r_p——组合收益；

r_i, r_j——第 i 种、第 j 种资产的收益；

w_i, w_j——资产 i 和资产 j 在组合中的权重；

$\delta^2(r_p)$——组合收益的方差即组合的总体风险；

$\operatorname{cov}(r_i, r_j)$——两种资产之间的协方差。

马科维茨模型是以资产权重为变量的二次规划问题，采用微分中的拉格朗日方法求解，在限制条件下，使得组合风险 $\delta^2(r_p)$ 最小时的最优的投资比例为 w_i。从经济学的角度分析，就是说投资者预先确定一个期望收益率，然后通过$E(r_p)=\sum w_i r_i$确定投资组合中每种资产的权重，使其总体投资风险最小，所以在不同的期望收益水平下，得到相应的使方差最小的资产组合解，这些解构成了最小方差组合，也就是我们通常所说的有效组合。有效组合的收益率期望和相应的最小方差之间所形成的曲线，就是有效组合投资的前沿。投资者根据自身的收益目标和风险偏好，在有效组合前沿上选择最优的投资组合方案。

根据马科维茨模型，构建投资组合的合理目标是在给定的风险水平下，形成具有最高收益率的投资组合，即有效投资组合。此外，马科维茨模型为实现最有效目标投资组合的构建提供了最优化的过程，这种最优化的过程被广泛地应用于保险投资组合管理中。

马科维茨投资组合理论的基本思路是

（1）投资者确定投资组合中合适的资产；

（2）分析这些资产在持有期间的预期收益和风险；

（3）建立可供选择的证券有效集；

（4）结合具体的投资目标，最终确定最优证券组合。

10.1.2 投资组合理论的应用

投资组合理论为有效投资组合的构建和投资组合的分析提供了重要的思想基础和一整套分析体系，其对现代投资管理实践的影响主要表现在以下四个方面：

（1）马科维茨首次对风险和收益这两个投资管理中的基础性概念进行了准确的定义，从此，同时考虑风险和收益就作为描述合理投资目标缺一不可的两个要件（参数）。

在马科维茨之前，投资顾问和基金经理尽管也会顾及风险因素，但由于不能对风险加以有效的衡量，也就只能将注意力放在投资的收益方面。马科维茨用投资回报的期望值（均值）表示投资收益（率），用方差（或标准差）表示收益的风险，解决了对资产的风险衡量问题，并认为典型的投资者是风险回避者，他们在追求高预期收益的同时会尽量回避风险。据此马科维茨提供了以均值—方差分析为基础的最大化效用的一整套组合投资理论。

（2）投资组合理论关于分散投资合理性的阐述为基金管理业提供了重要的理论依据。在马科维茨之前，尽管人们很早就对分散投资能够降低风险有一定的认识，但从未在理论上形成系统化的认识。

投资组合的方差公式说明投资组合的方差并不是组合中各个证券方差的简单线性组合，而是在很大程度上取决于证券之间的相关关系。单个证券本身的收益和标准差指标对投资者可能并不具有吸引力，但如果它与投资组合中的证券相关性小甚至是负相关，它就会被纳入组合。当组合中的证券数量较多时，投资组合的方差的大小在很大程度上更多地取决于证券之间的协方差，单个证券的方差则会居于次要地位。因此，投资组合的方差公式对分散投资的合理性不仅提供了理论上的解释，而且提供了有效分散投资的实际指引。

（3）马科维茨提出的"有效投资组合"的概念，使基金经理从过去一直关注对单个证券的分析转向了对构建有效投资组合的重视。

自20世纪50年代初，马科维茨发表其著名的论文以来，投资管理已从过去专注于选股转到对投资组合的分析上来。事实上，投资组合理论已将投资管理的概念扩展为组合管理，从而也就使投资管理的实践发生了革命性的变化。

（4）马科维茨的投资组合理论已被广泛应用到了投资组合中各主要资产类型的最优配置的活动中，并被实践证明是行之有效的。

10.1.3 资产组合理论的局限

资产组合理论在现代投资学中有着重要的影响和广泛的应用，但它的应用存在着一些明显的局限。以均值方差模型为核心的资产组合理论至少存在以下四方面的局限：

第一，理性人假设的局限。大量证据表明投资者并不总是理性的。投资者的各种认知偏差在投资决策中发挥着重要作用，投资者的情绪与收益之间存在必然联系。

第二，投资者对待风险态度同质性假设的局限。均值方差模型假定投资者是风险厌恶的，其对待风险的态度始终一致，即保守型的投资者不会同时是冒险型的投资者，它无法解释"弗里德曼—萨维奇困惑"：为什么购买保险的人常常同时购买彩票。

第三，忽略了一些因素对组合投资决策的影响。大量证据表明，交易成本、资本结构、市场情绪以及代理证券等因素对投资组合决策存在不可忽视的影响。

第四，风险度量的局限。资产组合理论以方差或标准差度量风险，平等处理正离差与负离差，这与投资者对风险的真实心理感受相违背。

资产组合理论的风险观无法解释现实中为什么投资者忽略协方差性，不将与本国股票相关性极低的外国股票纳入股票组合之中，也无法解释为何公司会支付大量现金红利。而基于行为的投资组合理论则运用心理账户对此进行了合理的解释。

【案例 10-1】
风险管理的一则小故事

贝丝·切斯特和拉里·斯蒂芬在纽约一家大投资银行工作。拉里是在交易专柜运作另类策略基金的高级证券投资经理。贝丝是为拉里团队提供分析与支持的风险管理者。

贝丝收到了一封来自拉里的电子邮件，这封邮件让她大吃一惊。拉里说公司在最近的收购中面临两种头寸，他必须做出抉择。一种头寸是"峰值"（Peaked，以下简称 PK），另一种头寸则是"风险底线"（Risk Floor，以下简称 RF）。虽然 PK 与 RF 的目前交易量都极少，都没有可靠的市场价格，但是公司预期应该能在 12 个月内关闭所有的两类头寸。

拉里已经同意接受其中的一种头寸，准备持有一年。公司表明会在恰当时对拉里拒绝接受的头寸进行清算。需要注意的是，拉里在其中承担了大量风险：在边际情况下，他未来的薪酬大概会受到该头寸价值 1 个基点的影响。

在咨询贝丝之后，拉里预期两类风险敞口有共同的重要特点：第一，它们的期望值相等，均为 11 亿美元，这意味着公司判断这两种敞口在 12 个月内均能以 11 亿美元的价格出售；第二，两类头寸均在看涨期权中包含空头头寸，将价格上限设定为 22 亿美元。

在分析两类头寸的过程中，贝丝发现 PK 比 RF 有更高的标准差，PK 标准差为 4.42 亿美元，而 RF 的标准差为 3.54 亿美元。更重要的是，两种头寸在下行风险方面存在差异。PK 在 12 个月后会变得毫无价值，但是 RF 包含了一个看跌期权，能将损失后的价值控制在 7.7 亿美元之上。从技术角度分析，RF 存在一种结构上的约束，更准确的叫法是"可转换价差套利"。虽然 PK 与 RF 能获得同等数量的最大收益，但是 PK 缺乏看跌期权对价格下行的保护机制。

贝丝知道拉里的薪酬与业绩表现挂钩，所以她尝试换位思考。她曾经接受过方差—协方差风险模型的培训，她认为拉里无须为选择而伤脑筋，应该选择 RF。但是这次贝丝错了。在拉里的电子邮件中，拉里告诉她，自己认为 PK 要优于 RF。贝丝对此倍感困惑，在她看来选择 RF 更加符合逻辑，RF 提供了与 PK 一样的期望收益，而且标准差较小，在价格下行时面临的风险敞口也较小。

考虑到拉里可能尚未全面了解两种头寸的不同风险特征，贝丝绘制出了一幅简图（见图 10-1），分别描绘出两种头寸的概率密度函数（probability density function，PDF）。如图 10-1 所示，从左侧看，该图表明 PK 从现在起一年内价值为 0 美元的概率是 1%，而 RF 从现在起一年内价值为 0 美元的概率是 0。类似地，该图还显示 PK 从现在起一年内价值为 7.26 亿美元的概率是 9%，而 RF 从现在起一年内价值为 7.7 亿美元的概率是 31%。

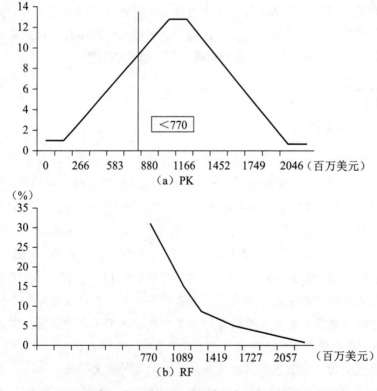

图 10-1　RF、PK 两种头寸未来价值的概率密度函数

从图 10-1 可以看出，7.7 亿美元是 RF 可实现的"最低价值"，其价格不会下降到 7.7 亿美元以下。相较之下，PK 的"最低价值"为 0 美元。在图 10-1 的右边，RF 与 PK 最高价值相等，均为 22 亿美元，从现在起一年内两类头寸能超过 22 亿美元的概率均为 0。

贝丝将图表发给拉里，并发短信说："在你最终对 PK 与 RF 做决策前，我希望你看到了我发给你的相关概率密度函数图表，其中详细列举了两种头寸的下行风险差异。你对此有什么看法？"

过了一会儿，贝丝收到拉里的回复："谢谢。你的图表对我有一定启发，但是我还是更中意 PK。"贝丝这下更加困惑不解了，她猜测一定是拉里需要更多的证据。她询问拉里是否需要碰头讨论下两类头寸的风险与评估，拉里表示赞同。

贝丝做了相关准备。根据标准差的差异，贝丝保守判断在当前的市场环境下，RF 的最低要求收益率是 6%，而风险较高的 PK 的最低要求收益率为 7%，两者有 100 个基点的差异。因此，贝丝得出结论：RF 的价值是 10.4 亿美元，比 PK10.3 亿美元的价值略高一些。她猜想是否价值评估的相对微小差异让拉里低估了两者尾部风险的巨大差别。

在会议中，贝丝问拉里如何评估两类头寸今天的内在价值。拉里回答说："RF 是 22.5 亿美元，PK 是 22.3 亿美元。"这个答复让贝丝在三个方面感到吃惊：第一，尽管他偏好 PK，但却对 RF 评估出了更高的价值；第二，他的评估结果比自己的要高；第三，他的评估高于期望值，这意味着他是风险偏好型而非风险厌恶型。

于是，贝丝带有一丝质疑地问拉里："拉里，你是说你今天愿意为其中的任何一笔交易支付超过 20 亿美元？"当听到拉里的答复后，贝丝更加觉得吃惊："并不是。这是我的卖价。我给 RF 的买价不超过 10 亿美元，给 PK 的买价不超过 9 亿美元。"

"好吧，"贝丝说，"虽然我们在评估数值上可能有一些差异，但是后来你说的买价可能是更合理的评估值。但是坦率地说，我很迷惑。你告诉我，你也同意 RF 的下行风险更小，比 PK 更具价值，对吧？在我看来，这似乎说明选择 RF 应该是确定无疑的。那么你究竟为什么更看好 PK 呢？"

"哦，"拉里说，"解释这个很容易。我正在寻找从现在起 12 个月内能以 10 亿美元出售的新头寸。从理论上，我考虑的是风险价值，我把 10 亿美元的目标看作风险价值。用 PK 达到 10 亿美元目标的概率大约为 63%，但是 RF 能达到该目标价值的概率较低，只有 46%。两者之间差异巨大。相较而言，RF 无法触及 10 亿美元的风险更大。"

贝丝灵光一闪，问道："OK，我想咱俩对风险一词的用法不同。但抛开这点差异，假定除了 PK，我们还有第三种头寸，该头寸的收益服从 [0，22] 亿美元上的均匀分布，即概率相同。我们假定的第三种头寸有超过 50% 的概率能达到 10 亿美元，而且与另外两种头寸期望收益相同。我相信，你不会说你把该头寸也排在 RF 之前。"

"实际上，我正要说，"拉里回答道，"除关注对下行风险的保护外，你还必须关注上涨潜力。风险并不仅仅是关注下行风险。"

资料来源：赫什·舍夫林.金融的冒险：危机背后的心理陷阱与行为管控[M]，张田，等译.北京：中信出版集团.2018：18-21.

"贝丝和拉里都是金融部门的从业人员,需要对风险做出判断与决策。根据前面的小故事,我们有充分的理由相信,贝丝与拉里在心理学上分属不同的类型。我并不是说这些差异不好。相反,我想说如果他们能理解彼此间的差异,那么在判断与决策中应该能更加顺畅地合作。"(赫什·舍夫林)

心理学家建立了框架用于分析贝丝与拉里在处理风险时的想法。他们的选择动机一部分来自外部,即所处岗位的直接反应,另一部分则来自内部,受心理特征驱动。

拉里认为,自己的薪酬与交易利润所带来的奖励直接挂钩,他的下行风险以工作损失为限。因此,他的薪酬结构自然决定了他更多关注不受约束的上涨潜力。而贝丝的薪酬结构则明显与拉里不同,她的薪酬与有效识别并告知风险挂钩。

10.2 "安全第一"组合理论及其扩展

10.2.1 Roy的"安全第一"资产组合理论

Roy(1952)认为,一般的经济理论只考虑了收益最大化行为,而常常忽略了行为决策者对于保全自己安全底线的要求,而这是正常人在决策时必然会关心的一个方面。因此,他将"安全第一"的认识放入了不确定条件下的决策模型中。在 Roy 的"安全第一"理论中,组合的原则是安全第一,即投资者的目标是使其破产的概率 $P\{W<s\}$ 最小化,这里的"破产"指一个投资者的期终财富 W 低于其生存水平 s。

在 Roy 的模型中,投资者害怕其资产 W 跌穿某一给定水平 s,该水平称为"破产(ruin)水平"。因此,投资者试图最小化破产概率 $P(W<s)$。

考虑一种由一组收益呈正态分布的资产组成的资产组合 P,其收益期望为 μ_P,标准差为 σ_P。假设不存在无风险的资产组合,且所有 μ_P 均大于 s,此时,最小化破产概率问题等价于最大化 μ_P 与 s 之间的距离(用标准差个数衡量)。换句话说,投资者的目标函数是 $\max(\mu_P - s)/\sigma_P$。显然,满足这样的资产组合将落在均值—方差有效边界上。

Roy 认为,当收益的分布不是正态分布时,由 Chebyshev 不等式可以得出相同的目标函数,于是"安全第一"的资产组合同时也是均值—方差有效的。

之后有一系列学者都在 Roy 理论的基础上进行了进一步的讨论。Kataoka 认为,破产水平,即投资者希望保住的资产水平,不应当是外生的。"安全第一"模型中给定的变量应该是目标破产概率 z,然后投资者试图最大化破产水平 s(Elton&Gruber,1995),这种观点可以直观理解为人们希望能保住尽可能多的财产。

Arzac 和 Bawa(1977)通过允许 α 变动扩展了 Telser 的模型。在这一模型下,投资者试图最大化一个以 $E(W)$ 和 α 为自变量的目标函数 V。这一目标可以理解为破产概率的减少和期望收益的增加之间具有一定的替代关系。具体来说,期望效用函数

$EU = E(W) - c[P(W<s)]$,其中 c 为 $P(W<s) > \alpha$ 时投资者的效用损失。马科维茨认为,这事实上是他的惯常财富理论(Markowitz,1952)中的一个特例(Shefrin,Statman,2000)。

10.2.2 安全、潜力和期望理论(SP/A)

"安全第一"效用理论仍然基于(至少不违背)数学上关于期望效用的种种假设。但是,卡尼曼和特沃斯基(1979)指出,现实中的人在面对随机事件进行决策时系统性地违背着这些假设。因此,后来的学者开始将心理因素引入"安全第一"理论之中。其中,较有代表性的方法是使用心理学家洛佩斯(Lopes)的 SP/A 理论(1987)解释资产组合问题。

【案例 10-2】
粮食作物和经济作物的种植选择

洛佩斯曾经对发展中国家自给自足的农民展开了一项重要的观察研究。这些农民通常种植两类农作物,一种是作为自己食品来源的粮食作物,另一种是用于销售以便换得其他商品与服务的经济作物。洛佩斯告诉我们,粮食作物相对更加可靠但是市场价值较低,而经济作物则可能具有很高的市场价格,但同时也更具风险。

基于对农业经济学相关文献的理解,洛佩斯的研究结果是:自给自足的农民会遵循安全第一的原则来管理风险,他们首先会种植粮食作物,并在确定供给充足的前提下才会种植经济作物。

资料来源:赫什·舍夫林.金融的冒险:危机背后的心理陷阱与行为管控[M].张田,等译.北京:中信出版集团.2018:25.

洛佩斯在加利福尼亚大学圣地亚哥分校完成了研究生阶段学业,当时她对一项研究很感兴趣,即扑克玩家如何将分散化的信息进行整合从而决定自己的赌注金额。这个研究兴趣激发她深入学习了人类大脑思考过程中的种种知识,包括注意力、观念目标追寻、编码、信息整合、比较、反应时间与选择等。

洛佩斯的研究在很大程度上能帮助我们理解贝丝与拉里的思维差异,如为何贝丝与拉里两人对风险的看法截然不同,为何两人对价值的观念不同。更重要的是她的研究成果能帮助我们理解为何贝丝的判断符合其厌恶风险的特征,而拉里的选择与价值评估则与其喜好风险的特征更为吻合。

洛佩斯研究的主要结论是,恐惧、希望与抱负是影响人们风险选择的三种重要情绪。她的研究基于一系列实验,实验对象需要对各类风险方案进行排序,如我们刚才讲述的贝丝与拉里对 RF、PK 的抉择。

洛佩斯通过让实验对象将不同的风险方案两两排序，收集了他们对于风险的态度。在实验中，她不仅记录实验对象的反应，而且还记录他们对自己在决策时相关观点的"解释"。这些解释有助于揭示人类大脑思考过程的心理学因素。

通过分析排序与观点解释，洛佩斯构建了一种框架，她认为人们对风险方案的决策是平衡三种竞争性心理需求的结果。

（1）通过提供安全性以减少恐惧感。

（2）通过提供上行潜力以获得希望。

（3）通过达到预设水平或目标以取得成功。

洛佩斯称之为"SP/A 理论"，即安全、潜力和期望理论，其中"S"表示安全（security），"P"表示潜力（potential），"A"表示期望（aspiration）。

在洛佩斯的框架中，人们通过对比，权衡不同方案的安全性、上行潜力以及成功机会，从而对方案进行分级。她让我们了解到人们的心理需求存在相对强度上的差异，而且反映其抱负的期望水平也各有不同。

对那些恐惧占据上风的人而言，洛佩斯告诉我们，这类人群对安全性的关注超过了对上行潜力或者成功机会的关注。将 RF 与 PK 相比较，胆怯的人可能会明显偏好 RF，因为其安全性高于 PK。RF 获得最低收益的可能性接近 0，明显低于 PK。

对那些希望占据上风的人而言，情况则有所变化。按照洛佩斯的观点，这类人群对上行潜力的关注超过了对安全性或者成功机会的关注。将 RF 与 PK 相比较，对未来充满希望的人可能会明显偏好 PK，因为其平均收益可能高于 RF，而且与 RF 有相等的右偏态分布收益。

洛佩斯指出，恐惧或者希望并非总是主导情绪，有些人持有"谨慎乐观的态度"。尽管这类人群关注下行风险，但一旦他们认可下行风险的保护机制，那么期望才是促使他们做出最终抉择的主要因素。

关于抱负，则涉及两个重要的问题。第一个问题是关于期望水平：实现目标的难度有多大？第二个问题是关于实现成功的可能性。有些人设定了相对高的期望水平，而且对于成功有着强烈的渴望，那么他们更倾向于将 PK 排在 RF 之前，因为 PK 成功的可能性明显高于 RF。

对上述因素有了大致了解后，让我们再来考虑一下洛佩斯的类似实验，让金融专业的本科生如同小故事中的贝丝与拉里一样对两种方案做出选择与价值判断。你可以把这些学生看作贝丝与拉里的"模仿者"，读完以下材料后，请思考一下洛佩斯提出的三种情绪在多大程度上能发挥作用？

以下是所有实验对象即金融专业的本科生对选择结果的解释说明。在实验中，所有金额按比例缩小，RF 与 PK 的期望收益均为 1 100 美元。该实验所使用的相关命名是为了与图 10-1 的收益曲线保持一致。

将 RF 排在 PK 之前的实验对象对选择做出如下解释：

（1）我希望能确保获得固定部分的收益，我认为大概为 700 美元。我之所以选择最低风险方案 RF 是因为它的最低收益可能较高。

（2）我乐意接受一切结果，但我还是希望对此有把握。这就是我将最低风险方案 RF 作为首选的原因，RF 的价值不可能为 0。

（3）在均值相同的情况下，我按照标准差对两种方案进行排序。这样才能确保获得最高的风险调整收益。

让我们一起来仔细剖析这些实验对象将 RF 排在 PK 之前的理由。第一个实验对象告诉我们她设定了 700 美元的期望水平，而 RF 相比 PK 更能确保获得这部分收益，所以她选择了 RF。第二个实验对象对于获得 0 美元收益持厌恶态度，在这点上 RF 获得 0 美元的可能性为 0，但 PK 获得 0 美元的可能性为正值。我们应该能想到，"害怕没有任何收益"的心理因素驱动该实验对象将 RF 排在 PK 之前。第三个实验对象运用了他在金融学课本上学到的均值—方差理论。他的反应与我们之前讲述的小故事中贝丝对拉里的说服证据一致。这三点理由是将 RF 排序在前的金融本科生的主要代表性观点。

下面我们再来看看将 PK 排在 RF 之前的金融本科生的解释：

（1）PK 的峰值似乎对我最具有吸引力，因为该方案最有可能让我获得大约 1000 美元，而我的胜算就是要尽量接近这一数值。

（2）我选择 PK 方案，因为其风险较低……但是仍有获得超出均值收益的机会。

（3）我个人偏好确定性……但是如果有慷慨的回报，我也会选择拼搏一次。

我们发现第一个实验对象中意 PK 的理由与拉里对贝丝的解释非常接近。值得注意的是，他清楚设定了 1 000 美元的期望水平，并关注每种方案能实现该目标的可能性。其他实验对象虽然没有确定具体的期望水平，但是却格外重视是否能实现高于均值的收益。由于第二个与第三个实验对象关注高于均值的收益，这说明他们将 PK 排在 RF 之前是因为受到了期望的驱动。

【专栏10-2】 SP/A 模型

洛佩斯考虑的是一个两时期的资产组合模型。在 0 时期，人们持有某种资产组合，这种资产组合在 1 时期时给投资者回报。可以放入资产组合的资产共有 n 种，每种在 1 期给出回报的概率为 p_i，回报为 $W_i(i=1,2,3\cdots,n)$，并已从小到大排序，即有 $W_1<W_2<\cdots W_n$。用 D_i 表示累积概率 $P(W\geq W_i)$，则由概率论知识可知 $E(W)=\sum p_iW_i=\sum(W_{i+1}-W_i)P(W\geq W_i)=\sum \Delta W_iD_i$。

洛佩斯指出，人们对随机事件的认识受到两种心理倾向的影响：恐惧和希望。恐惧心理与安全 S 相关，当人们受恐惧影响时会悲观地判断随机事件，此时对不确定事件发生的可能性认识偏低，尤其是受高概率事件的主观认识影响更大。希望心理与潜力 P 相关，当人们受希望影响时，对不确定事件的认识恰好与受恐惧影响时相反。洛佩斯使用了以下两个式子表达这两种心理倾向对投资者认识的影响，其中 h_s 表示恐惧时的影响，h_p 表示希望时的影响：

$$h_s(D) = D^{1+q_s}$$

$$h_p(D) = 1-(1-D)^{1+q_p}$$

此时总影响是 h_s 和 h_p 的一个加权平均，其表达式为 $h(D) = \delta h_s(D)+(1-\delta)h_p(D)$，其中 δ 是恐惧相对于希望的权重。于是，人们在计算期望回报时就会发生心理修正：用经过心理倾向修改的 h 代替先验的累积概率 D，计算出 $E_h(W)$，并用于期望效用的计算。整体而言，在 SP/A 框架下，人们的效用受到两个因素的影响：$E_h(W)$ 和 $P(W \leq S)$，前者反映投资者（经心理修正）的期望回报，后者反映投资者希望有的安全保障。而资产组合行为也因此受到影响，具体的影响需要看恐惧和希望心理影响的大小。

显然，当 $q_s = q_p = 0$ 时，SP/A 资产组合理论即退化为 Arzac-Bawa 理论。

10.3 舍夫林的行为资产组合理论 [①]

舍夫林（Shefrin）和斯塔特曼（Statman）（2000）将 SP/A 理论与卡尼曼和特沃斯基（1979）的心理账户理论结合在一起，创建了一套资产组合理论，舍夫林和斯塔特曼直接把这套理论称为行为资产组合理论（behavioral portfolio theory，BPT）。行为组合理论包括单一账户行为资产组合理论（behavioral portfolio theory-single account，BPT-SA）和多重账户资产组合理论（behavioral portfolio theory-multiple account，BPT-MA）。其中，单一心理账户投资者关心投资组合中各资产的相关系数，所以他们会将投资组合整个放在一个心理账户中，而多个心理账户投资者会将投资组合分成不同的账户，忽视各个账户之间的相关关系。与现代资产组合理论认为投资者最优的投资组合应该在均值方差的有效前沿上不同的是，行为组合理论实际构建的资产组合是基于对不同资产的风险程度的认识以及投资目的所形成的一种金字塔式的资产组合。金字塔的每一层都对应着投资者特定的投资目的和风险特征。投资者通过综合考察现有财富、投资的安全性、期望财富水平、达到期望水平的概率等几个因素来选择符合个人愿望的最优投资组合。

10.3.1 单心理账户条件下的资产选择

基本假设与求解

舍夫林和斯塔特曼认为，当投资者将所有资产都放在一个心理账户时，他们会像均值—方差理论中的投资者一样考虑各资产的期望回报和回报之间的相关性。但是，他们的决策并不是在马科维茨式的均值—方差空间中做出的，而是在 SP/A 理论中的

---

① 此节内容可作为非金融专业读者选读。

$\{E_h(W), P(W \leq S)\}$ 空间中寻找最优点。换句话说，在该理论中，投资者的选择将处在有效 $\{E_h(W), P(W \leq S)\}$ 前沿上，而这条前沿是由在每个给定的 $P(W \leq S)$ 下最大化 $E_h(W)$ 得到的。

单账户资产组合理论的基本假设如下：

考虑一个两期权证交易的市场。投资者在 0 期确定投资组合，这个投资组合受到其初始总财富 W_0 的限制，其目标是在保证 $P(W \leq S) \leq \alpha$ 的情况下，寻求期望财富 $E_h(W)$ 的最大化。

权证的性质如下：1 期共有 n 种状况。如果 1 期状况 i 发生，则权证 i 收到 1 单位财富的回报，否则回报为 0。1 期状况 i 发生的概率为 p_i。权证 i 在 0 期的价格为 v_i，并且假设权证的下标 i 已按照 v_i/p_i 从大到小的顺序排好（即有 $v_1/p_1 > v_2/p_2 > \cdots > v_n/p_n$）。

舍夫林和斯塔特曼证明了，满足投资者最大化目标的资产组合必然满足以下条件：

$$W_i = 0, \quad 当 i \notin T$$

$$W_i = A, \quad 当 i \in T \setminus \{s_n\}$$

$$W_n = \left(W_0 - \sum_{i=1}^{n-1} v_i W_i\right)$$

其中，T 是状态集 $\{1,2,3,\cdots,n\}$ 的一个子集，包括第几种状态 S_n，且 $P(T) \geq \alpha$，但 T 的任意子集 T' 均满足 $P(T') < \alpha$。

从模型解的形式可以看出单一账户行为组合理论有效证券组合收益的分布形式。收益有三种可能的结果：0，A，高于 A 的值 W_n。这种收益分布类似于由收益为 A 或 0 的无风险债券和收益为 W_n 的彩票所构成组合的收益分布。这与弗里德曼和萨维奇所观察到的人们同时购买保险和彩票的现象是一致的。

10.3.2 多心理账户条件下的资产选择

1. BPT-MA 基本理论

舍夫林和斯塔特曼注意到，许多投资者希望自己的投资既能保证某一最低收益，又可以碰运气获得巨大回报。他们尝试在卡尼曼和特沃斯基（1979）的心理账户理论基础上，在 BPT 的分析框架中引入多个心理账户解决这一矛盾。以下将使用了多心理账户假设的行为资产组合理论简称为 BPT-MA（behavioral portfolio theory-multiple account）。

直观上，符合 BPT-MA 的投资者的资产组合可以这样描述：这些投资者一层层地构建自己的投资组合——部分财富花在保护层中，用于保证免于遭受贫困；另一部分则用在高回报（同时也是高风险）层中，希望能一夜暴富（Statman，1999）。

以下开始讨论一个正式的 BPT-MA 模型。假设一个投资者具有两个心理账户：一个有较高的"愿望"水平，即 $P(W \geq S)$）中的 S 较高，另一个则有较低的"愿望"水平，即 S 较低。投资者将初始财富 W_0 分配给两个心理账户，并通过心理账户的"愿望"水平和期望收益进行投资，最终最大化投资者效用。

设低愿望水平的心理账户效用函数为 $U_s = P_s^{1-\gamma} E_h(W_s)^{\gamma}$，其中 W_s 为低愿望账户分配到的资产，$P_s = P(W_s \leq S)$，γ 是取值在（0，1）区间上的权重。相似地，高愿望水平的心理账户效用函数为 $U_r = P_r^{1-\beta} E_h(W_r)^{\beta}$，其中 W_r 为高愿望账户分配到的资产，$P_r = P(W_r \leq S)$，β 是取值在（0，1）区间上的权重。

投资者的整体效用函数是两个心理账户效用水平的整合：

$$U = \left[1 + K_r(P_r^{1-\beta} E_h(W_r)^{\beta})\right]\left[K_s(P_s^{1-\gamma} E_h(W_s)^{\gamma})\right]$$

其中 K_r、K_s 分别是赋予高愿望心理账户和低愿望平心理账户的权重，并有 $K_r \ll K_s$。注意在这个效用函数中，若高愿望账户效用为 0，总效用不一定为 0；但若低愿望账户效用为 0，总效用则必然为 0。投资者效用函数的设置再一次反映了 BPT 理论受 Roy "安全第一"理论的影响。

舍夫林和斯塔特曼指出，由于高愿望心理账户所需要的 S 过高，在这个账户内的资产更倾向于购买高回报、高风险的资产；而低愿望账户的 S 较低，更倾向于购买风险较低的资产。结果，低愿望账户中的资产组合将会由大量低风险（甚至无风险）债券和少量高风险证券组成，而高愿望账户中则以"彩票"证券为主。特别的，若市场允许买空卖空，则可能出现高愿望账户卖空而低愿望账户买空的情况。

BPT-MA 模型另一个重要的特征是：由于投资者将资产分配到了独立的心理账户之中，他们将不再考虑跨心理账户的资产的相关性。因此，BPT-MA 有效的投资组合便不是 BPT-SA 有效的，更不是均值—方差有效的。

2. 现实中的 BPT-MA

从 BPT 的支持者的视角来看，在现实的投资行为中，BPT-MA 型投资是十分常见的。在讨论为什么 20 世纪末美国投资者手中的外国资产组合回报不佳时，Statman 指出，同时投资外国股票和本国国库券的美国投资者的资产组合一般来说是符合 BPT-MA 的，因此他们往往忽略了资产之间的相关性，其资产组合不是均值—方差有效的，因此难以获得较好的收益。不仅一般投资者如此，一些基金公司的资产组合也更像是根据 BPT-MA 建立起来的（Fisher&Statman，1997）。

另外一个现实金融谜题是风险分散之谜：按照马科维茨资产组合理论，人们应当持有风险资产的市场组合，为什么当前的投资者在市场上有超过 300 种风险资产的时候手中仅持有 3 至 5 种风险资产呢？这个谜题可以用 BPT-MA 进行一定的解释：投资者的行为并不是基于分散风险的，而是基于 BPT-MA 式的：保证一定收益后进行赌博的心理（Statman，2004）。

10.4 损失厌恶资产组合理论

损失厌恶是卡尼曼和特沃斯基提出的另一个行为经济学核心概念。以损失厌恶为基础的各种资产组合相关理论的主要目标大都是解决资产溢价之谜。这一异象基于如下观察事实：从 1926 年起，美国市场上的股票年平均回报率为 7%（经通货膨胀修正，下同），而国库券的年平均回报率则低于 1%。Mehra 和 Prescott（1985）指出，这种情况只有假设投资者的风险规避系数超过 30 才能解释，而在之前的理论估计中，风险规避系数约为 1。问题由此而来：为什么人们在投资时会有如此巨大的风险规避倾向？

贝纳茨（Benartzi）和塞勒（Thaler）（1995）使用损失厌恶理论对资产溢价之谜做出了基本解释，然后给出 Berkelaar 和 Kouwenberg（2000）以及 Gomes（2003）等人基于这个解释建立起来的资产组合理论。

10.4.1 贝纳茨和塞勒对资产溢价之谜的解释

贝纳茨和塞勒对于资产溢价之谜的解释基于两个行为经济学概念：损失厌恶和心理账户。损失厌恶已经在上文中叙述过，而他们所关注的心理账户问题与舍夫林和斯塔特曼所讲的有所不同。舍夫林和斯塔特曼认为，人们会将高愿望投资和低愿望投资放在不同的心理账户内，而贝纳茨和塞勒则认为人们将短期投资和长期投资放在不同的心理账户内，其中长短期的区分根据评价周期的长短确定。这种区分结果是：由于人们普遍认为长期投资的收益较稳定而短期投资的波动较大，所以相对于均值—方差有效的资产组合，在短期投资中人们将更愿意持有低风险的国库券等资产。他们将这两个心理因素统称为"近视风险厌恶"。

贝纳茨和塞勒使用 1926—1990 年间股票、债券和国库券的月收益数据进行了一次模拟，他们计算了一个具有前景理论形式的效用函数（即损失厌恶的效用函数）的投资者在使用不同的评价周期时总体效用的变化情况。结果发现，当评价周期大约为 1 年时（与损失厌恶系数 $\lambda=2.77$ 相对应），纯股票资产组合与纯债券资产组合所提供的效用相似。这样一来，人们购买相对低收益的国库券这种"异象"便可以得到一定的解释。1 年可以认为是一个较短的评价周期，因此人们在投资中表现出了对低风险资产的偏好。

通过相似的模拟计算，他们得出了这样一个结论：对于一个损失厌恶的投资者而言，其资产组合中股票的比例在 30% 至 55% 之间时均能获得接近的效用。在现实的美国市场中，机构投资者的资产组合中股票的比例平均为 53%，而个人投资者的股票比例常常为 50%，这都与模拟的结果基本一致。另外，贝纳茨和塞勒（1999）对三种人群进行了一次关于投资组合的实验，结果发现：如果将较长评价周期的收益/波动表交给被试者，他们会更多地投资股票，即表现出对于股票的"厌恶"降低。这也从另一个侧面验证了他们对于资产溢价之谜的解释。

10.4.2 两个结论相反的资产组合理论

贝纳茨和塞勒的这个观点也得到了其他实验性证据的支持。塞勒、特沃斯基、卡尼曼和 Schwartz（1997）通过实验指出，对于损失厌恶的投资者来说以下两个结论是成立的：①如果投资者的评价周期变长，那么他们会更愿意接受风险；②当所有资产的回报都上升到不可能有任何损失的程度时，投资者也愿意接受更多风险。

为了从理论上研究这个观点，一些学者建立了资产组合模型。以下叙述的两个模型对这个观点的评价恰好相反：Gomes 认为损失厌恶足以解释资产溢价之谜，而 Berkelaar 和 Kouwenberg 认为损失厌恶本身对资产溢价之谜并不具有多大的解释力。

1.Gomes 的损失厌恶资产组合理论

Gomes（2003）在贝纳茨和塞勒的定性理论基础上建立了损失厌恶资产组合理论，并与普通资产组合的结果进行了对比。他认为，损失厌恶的投资者的行为强烈地取决于两点：（1）当前财富与基准财富的差值；（2）当股票价格变化时基准财富水平的变化。直观来看，当财富上升到某一临界值时，投资者很可能以放弃进一步的收益为代价抛售资产，进行某种程度上的自保险行为。

2.Berkelaar 和 Kouwenberg 的资产组合理论

Berkelaar 和 Kouwenberg（2000）尝试在一般的鞅定价理论的基础上研究损失厌恶投资者的行为。在投资者的目标上，他们的观点与舍夫林和斯塔特曼相似，认为投资者希望最大化满足"愿望"水平的概率，同时希望保有财富增长的可能。当面对收益时，投资者希望能保住当前获益水平；当面对损失时，投资者希望最终财富仍在"愿望"水平之上。但是，他们的结论与贝纳茨和塞勒以及 Gomes 的都不同：损失厌恶的资产组合并不能解释资产溢价之谜和资产处置之谜。

2018 中国城市家庭财富健康报告

近日，广发银行联合西南财经大学发表了一份长达 76 页的《2018 中国城市家庭财富健康报告》（以下简称《报告》），不仅揭示了中国城市家庭财富管理的现状、特征及问题，而且对公众对银行产品服务的态度与需求也做了全面统计。

其中，有几个比较有趣的数据先提供给大家看看：

（1）我国城市家庭的户均总资产规模 161.7 万元，户均可投资资产规模 55.7 万元；

（2）中国前 1/5 有钱的家庭，平均资产总规模为 454.5 万元；

（3）家庭总资产配置中，房产占比高达 77.7%，金融资产配置仅占 11.8%；

（4）家庭总资产配置中，股票占比不到 1%；

（5）31—40 岁的家庭总资产超 300 万元，年轻和年老家庭房产配置过多；

（6）学历与房产配置负相关，学历为初中及以下的家庭，房产占比高达 80.9%；高于本科及以上的学历家庭，房产占比 76.2%。

下面对这些数据逐一进行说明。

1. 城市家庭户均资产情况

我国城市家庭资产规模快速增长——家庭户均资产规模从 2011 年的 97.0 万元增加到 2017 年的 150.3 万元，年均复合增长率为 7.6%。

2018年，我国城市家庭的户均总资产规模为161.7万元，户均净资产规模为154.2万元，户均可投资产规模为55.7万元。中国家庭财富逐年增加，财富总值已位列世界第二位。

其中，中国排名前20%的家庭资产规模和美国相当。中国排名前20%的家庭，其平均资产总规模为454.5万元，接近美国的530万元（见图10-2）。

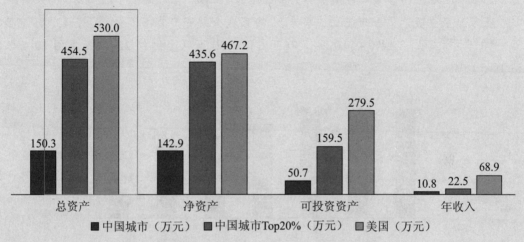

图10-2 中美家庭平均资产规模对比

2. 家庭总资产配置情况

家庭总资产中，房产的占比最高。2017年，中国家庭总资产中，房产占比高达77.7%，远高于美国的34.6%；金融占比仅11.8%，和日本、英国、法国等其他国家相比，配置比例较低（见图10-3）。

同时，中国家庭的投资品类缺乏多样性。数据显示，67.7%的中国家庭仅仅拥有一种投资品，22.7%的中国家庭拥有两种投资品，拥有三种或者三种以上投资品的家庭仅仅占到10.6%。对比我国和美国家庭投资品种的多样性，拥有三种或者三种以上投资品的美国家庭占比高达61%。

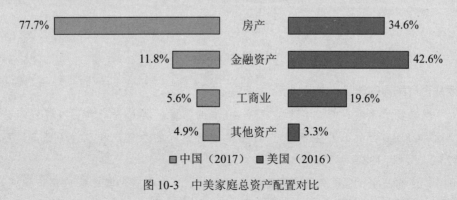

图10-3 中美家庭总资产配置对比

3. 金融资产配置情况

金融资产配置中，42.9%为银行存款，股票仅占8.1%，基金则仅有3.2%，通过计算可知在家庭总资产中，仅有0.96%的资产配置了股票，不足1%；仅有0.38%配置了基金。

中国家庭的商业保险参保率偏低，仅有不到15%的家庭成员拥有商业保险，且家庭更愿意为未成年子女投保，忽视对家庭顶梁柱的保障，10—18岁家庭成员参保率最高，为21.3%，其次为10岁以下家庭成员，参保率为19.5%。

在家庭金融资产的分布方面，有41%的家庭金融资产在5万元以下，13.1%在5万—10万元之间，23.4%在10万—30万之间，30万以上的仅22.5%（见图10-4与图10-5）。

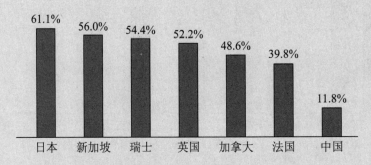

图10-4 各国家庭金融资产配置占比（2017）

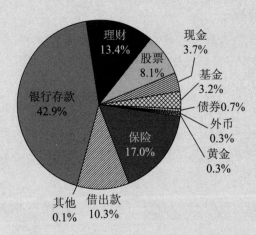

图10-5 城市家庭的金融资产配置结构

4. 家庭资产配置的年龄、学历特征

从可投资资产来看，户主年龄在31—40岁的家庭，其总资产和可投资资产分别为303.4万元和118.0万元。户主年龄在41—50岁时家庭的总资产和可投资资产最高，分别为325.2万元和138.9万元。

不同年龄的户主，对于房地产的配置也不一样，其中年轻和年老家庭房产配置过多。

家庭的房产占比基本随着户主受教育水平的提高而降低，学历为初中及以下的家庭，房产占比高达80.9%；高于本科及以上的学历家庭房产占比为76.2%。低学历水平的家庭，货币类产品配置明显高于其他学历水平的家庭，而债券和股票的占比则明显低于其他学历水平的家庭。

资料来源：新浪财经综合，2019年1月20日。

问题：

（1）为什么中国家庭的资产配置中房产的占比最高？

（2）为什么中国家庭的金融资产配置中银行存款占有较高的比重？

（3）结合实际谈一谈哪些因素导致了中美家庭的金融资产配置呈现较大差异？

【在线测试题】扫码书背面的二维码，获取答题权限。

第11章
行为资产定价理论

> 经验显示，市场自己会说话，市场永远是对的，凡是轻视市场能力的人，终究会吃亏的！
> ——威廉·欧奈尔
>
> 我可以保证，市场永远是错的。必须独立思考，必须抛开羊群心理。
> ——吉姆·罗杰斯

资产定价理论（asset pricing theory）是金融经济学最重要的主题之一，它试图解释不确定条件下未来支付的资产价格或价值问题。这里资产通常是指金融工具或某种证券，而价格是其市场均衡时的价格，即由市场需求与供给决定的价格。

在确定性的市场里，资产定价问题很简单，通俗地讲，用无风险的收益率或回报率去折现资产的未来收益可以直接得出此种资产的现时价格。但是，实际上金融市场中充满相当多的不确定性，从而形成了风险性，所谓风险是指资产价格的未来变动趋势与人们预期的差异。在不确定性条件下，资产定价必须考虑投资者对风险的态度，还要考虑投资者在收益与风险之间的权衡，或者为了补偿投资者承受的风险而对其给予额外的报酬，这正是风险溢价问题。

11.1 资产定价理论

11.1.1 资本资产定价模型

1. 资本资产定价模型的提出

威廉·夏普（William F. Sharpe）于1964年9月在《金融杂志》（Journal of Finance）上发表了题为《资本资产价格：风险条件下的市场均衡理论》的文章。这篇文章与Lintner和Mossin分别发表于1965年和1966年的文章共同建立了资本资产定价模型，对投资理论的发展起到了巨大的推动作用。

> **【专栏 11-1】 威廉·夏普：资本资产定价模型（CAPM）的奠基者**

　　威廉·夏普（William F. Sharpe），资本资产定价模型的奠基者。由于其在金融经济学方面的贡献，与默顿·米勒和哈里·马科维茨三人共同获得1990年诺贝尔经济学奖。

　　1934年6月16日，威廉·夏普出生于美国马萨诸塞州的坎布里奇市。在1955年和1956年夏普在加州大学洛杉矶分校分别获得经济学学士学位和经济学硕士学位。1956年夏普作为一名经济学家加入兰德公司。在兰德公司工作的同时夏普继续在加州大学洛杉矶分校攻读博士学位。1960年，完成了全部专业课的考试之后，夏普开始考虑他的博士论文题目。在弗雷德·威斯顿的建议之下，他向同在兰德公司的哈里·马科维茨求教。他们从此开始密切合作，研究"基于证券间关系的简化模型的证券组合分析"课题。1961年，夏普的博士论文通过答辩，同时获得了博士学位。

　　夏普对经济学的主要贡献是在有价证券理论方面对不确定条件下金融决策的规范分析，以及资本市场理论方面关于以不确定性为特征的金融市场的实证性均衡理论。

　　他在二十世纪六十年代将马科维茨的分析方法进一步发展为著名的"资本资产定价模型"，用来说明在金融市场上如何确立反映风险和潜在收益证券价格。在模型中，夏普把马科维茨的选择理论中的资产风险进一步分为资产的"系统"（市场）风险和"非系统"风险两部分。前者是由总体股价变动引起的某种资产的价格变化，后者则是由影响股价的某些特殊要素引起的资产价格变动。夏普提出一个重要理论是，投资的多样化只能消除非系统风险，而不能消除系统风险，亦即投资于任何一种证券，都必须承担系统风险。

　　夏普的资本资产定价模型，是现代金融市场价格理论的主要部分。现在投资公司广泛应用该模型来预测某一种股票在股票市场上的运作情况。该模型有助于计算与投资和兼并有关的资本消耗，并能够对有关没收公司财产的法律案件产生影响，它还被广泛用于经济分析，从而系统、有效地编排统计数据。总之，这一模型对金融经济学的贡献是有口皆碑的。

　　由于夏普在金融领域的成就和影响，他担任了许多名誉职务。从1975年至1983年，夏普担任大学退休股票基金的理事、注册金融分析家学会的研究基金会的理事、金融定量研究会的委员、注册金融分析家协会的教育和研究委员会委员，还担任日光证券投资技术研究所和瑞士联邦银行的单位证券管理部的策略顾问。

　　夏普指出，对于想要预测资本市场行为的投资者而言，存在着一个难点，这就是缺少处理风险的明确的微观经济理论。尽管从传统的无风险条件下的投资理论中可以得到许多有益的启发，但在金融交易中的风险实在是太大了，因此投资者必须考虑风险。但由于缺少合适的理论支撑，这些投资者只能被迫接受那些关于证券价格的一些充满争议的理论模型。

关于资本资产价格的一种传统的理论，通常首先阐述均衡的无风险利率的形成过程，该过程一般由投资者的主观偏好与客观条件两个因素共同决定。其次，传统理论断言，风险的市场溢价及资产价格都随着资产风险的大小而变化。在夏普的文章发表之前，没有理论能够说明风险价格受投资者偏好以及资本资产客观特征等因素影响的方式。由于缺少这样的理论，很难描述单个资产的价格与风险的关系。通过投资组合，一种资产中的某些风险可以消除，因此，并不是单个资产的总风险影响其价格，但人们还是不能明白，到底是资产风险的哪个部分可以影响甚至决定该资产的价格。

在夏普之前，已经诞生了马科维茨模型以及托宾模型等，但这些理论或模型并没有向前发展一步，形成在风险条件下的资产价格的市场均衡理论。而夏普的理论实现了这一步跨越，其基本结论与传统的金融理论关于风险的市场溢价及资产价格都随着资产风险的大小而变化的断言是一致的。但是夏普的理论特别说明了单个资产的价格与其总风险的各个组成部分之间的关系，这一关系被人们称为资本资产定价模型。

资本资产定价模型包含一系列基本假定。

CAPM 是建立在马科维茨模型基础上的，马科维茨模型的假设自然包含在其中：

（1）投资者希望财富越多越好，效用是财富的函数，财富又是投资收益率的函数，因此可以认为效用为收益率的函数。

（2）投资者能事先知道投资收益率的概率分布为正态分布。

（3）投资风险用投资收益率的方差或标准差标识。

（4）影响投资决策的主要因素为期望收益率和风险两项。

（5）投资者都遵守主宰原则（dominance rule），即同一风险水平下，选择收益率较高的证券；同一收益率水平下，选择风险较低的证券。

CAPM 的附加假设条件：

（6）可以在无风险利率的水平下无限制地借入或贷出资金。

（7）所有投资者对证券收益率概率分布的看法一致，因此市场上的效率边界只有一条。

（8）所有投资者具有相同的投资期限，而且只有一期。

（9）所有的证券投资可以无限制的细分，在任何一个投资组合里可以含有非整数股份。

（10）买卖证券时没有税负及交易成本。

（11）所有投资者可以及时免费获得充分的市场信息。

（12）不存在通货膨胀，且折现率不变。

（13）投资者具有相同预期，即他们对预期收益率、标准差和证券之间的协方差具有相同的预期值。

上述假设表明：第一，投资者是理性的，而且严格按照马科维茨模型的规则进行多样化的投资，并将从有效边界的某处选择投资组合；第二，资本市场是完全有效的市场，没有任何摩擦阻碍投资。

2. 资本资产定价模型（CAPM）的形式

资本资产定价模型的一般形式为

$$r_i = r_f + (r_m - r_f)\beta_i$$

这里 r_i 为资产 i 的预期收益率；r_f 为无风险利率；r_m 为市场组合收益率；$r_m - r_f$ 是股票市场溢价。

CAPM 公式中的右边第一个是无风险收益率，比较典型的无风险利率是 10 年期的美国政府债券。如果股票投资者需要承受额外的风险，那么他将需要在无风险回报率的基础上多获得相应的溢价。那么，股票市场溢价就等于市场期望回报率减去无风险回报率。证券风险溢价就是股票市场溢价和一个 β 系数的乘积。

如果一只股票的 β 值大于 1，则这种股票被称为进取性股票，因为该股票收益率的变化大于市场组合收益率的变化。例如，某支股票的 β 值为 1.5，那么，当市场组合的收益率超过无风险利率的部分，即超额收益为 1% 时，该股票的超额收益就是 1.5%；如果一只股票的 β 值小于 1，则这种股票被称为防守性股票，因为该股票收益率的变化小于市场组合收益率的变化。

3. 资本资产定价模型的应用及其局限性

（1）资本资产定价模型的应用。CAPM 最大的优点在于简单、明确。它把任何一种风险证券的价格都划分为三个因素：无风险收益率、风险的价格和风险的计算单位，并把这三个因素有机结合在一起。

CAPM 的另一优点在于它的实用性。它使投资者可以根据绝对风险而不是总风险来对各种竞争报价的金融资产进行评价和选择。这种方法已经被金融市场上的投资者广为采纳，用来解决投资决策中的一般性问题。

（2）资本资产定价模型的局限性。当然，CAPM 也不是尽善尽美的，它本身存在着一定的局限性，主要表现在以下几点。

首先，CAPM 的假设前提是难以实现的。假设之一是市场处于完全的竞争状态。但是，在实际操作中完全竞争的市场是很难实现的，"做市"时有发生。假设之二是投资者的投资期限相同且不考虑投资计划期之后的情况。但是，市场上的投资者数目众多，他们的资产持有期间不可能完全相同，而且现在进行长期投资的投资者越来越多，所以假设二也就变得不那么现实了。假设之三是投资者可以不受限制地以固定的无风险利率借贷，这一点也是很难办到的。假设之四是市场无摩擦。但实际上，市场存在交易成本、税收和信息不对称等问题。假设之五、六是理性人假设和一致预期假设。显然，这两个假设也只是一种理想状态。

其次，CAPM 中的 β 值难以确定。某些证券由于缺乏历史数据，其 β 值不易估计。此外，由于经济的不断发展变化，各种证券的 β 值也会产生相应的变化，因此，依靠历史数据估算出的 β 值对未来的指导作用也要打折扣。总之，由于 CAPM 的上述局限性，金融学家仍在不断探求比 CAPM 更为准确的资本市场理论。

11.1.2 套利定价理论

1. 理论的提出

1976年，美国学者斯蒂芬·罗斯在《经济理论杂志》上发表了经典论文"资本资产定价的套利理论"，提出了一种新的资产定价模型，即套利定价理论（arbitrage pricing theory，APT）。

套利定价理论（APT）是CAPM的拓广，由APT给出的定价模型与CAPM一样，都是均衡状态下的模型，不同的是APT的基础是因素模型。

套利定价理论认为，套利行为是现代有效率市场（即市场均衡价格）形成的一个决定因素。如果市场未达到均衡状态的话，市场上就会存在无风险套利机会，并且用多个因素来解释风险资产收益，并根据无套利原则，得到风险资产均衡收益与多个因素之间存在（近似的）线性关系。而前面的CAPM模型预测所有证券的收益率都与唯一的公共因子（市场证券组合）的收益率存在着线性关系。

2. 理论假设

与资本资产定价模型一样，套利定价理论假设：

（1）投资者有相同的投资理念；

（2）投资者是风险厌恶的，追求效用最大化；

（3）市场是完全的。

与资本资产定价模型不同的是，套利定价理论没有以下假设：

（1）单一投资期；

（2）不存在税收；

（3）投资者能以无风险利率自由借贷；

（4）投资者以收益率的均值和方差为基础选择投资组合。

（5）并未对投资者的风险偏好做出假定。

3. 因素模型

套利定价理论的出发点是假设证券的回报率与未知数量的未知因素相联系。

因素模型是一种统计模型。套利定价理论是利用因素模型来描述资产价格的决定因素和均衡价格的形成机理。这在套利定价理论的假设条件和套利定价理论中都可清楚地体现出来。

线性多因素模型的一般表达为

$$r_i = a_i + \sum_{j=1}^{k} b_{ij} F_j + \varepsilon_i, \quad i = 1, 2, \cdots, N$$

其中：

$r = (r_1, \cdots, r_N)^T$，代表N种资产收益率组成的列向量；

$F = (F_1, \cdots, F_K)^T$，代表K种因素组成的列向量；

$a = (a_1, \cdots, a_N)^T$，是常数组成的列向量；

$B = (b_{ij})_{N \times K}$,是因素 j 对风险资产收益率的影响程度,被称为灵敏度(或因素负荷);

$\varepsilon = (\varepsilon_1, \cdots, \varepsilon_N)^T$,是随机误差项组成的列向量。

4. 法玛和弗伦奇的三因子模型

在资本资产定价模型和套利定价模型诞生之后,学者逐渐发现公司自身的一些特征对股票的收益率具有一定的解释能力。这些因素与公司承担的系统性风险并没有直接的关系,因此,它们对股价的解释能力在很大程度上是对资本资产定价模型以及套利定价理论的一种违背。对此,法玛(Fama)和弗伦奇(French)在1992—1996年间用了一系列的文章来解释这一现象。

法玛和弗伦奇(1992)考察了 β 值、公司规模、市盈率、负债率、账面市值比五个因素对股票收益率的影响,结果发现如下两个结论:①无论是对 β 值进行单独回归还是与其他因素一起进行联合回归,β 值对平均收益的影响都很小。②用 β 值之外的四个因素对收益率进行单变量回归,结果发现四个因素对收益率的影响都是显著的。但是,当四个因素一起放入模型时,公司规模和账面市值比几乎完全覆盖了市盈率和负债率的影响。随后,在1993年,法玛和弗伦奇进一步发现,市场超额收益率、公司规模以及账面市值比三个因素对股票收益有较为显著的影响。

1996年,法玛和弗伦奇再次合作发表了《资产定价异象的多因素解释》一文。在这篇文章中,两人认为许多所谓资产定价的异常现象都是相互联系的,它们绝大多数都能在法玛和弗伦奇(1993)三因素模型的框架下得到解释。该文指出,一个资产组合的风险溢价 $E(r_i) - r_f$ 可用以下三个因素来解释:

(1)市场组合的风险溢价 $E(r_m) - r_f$。
(2)小市值股票组合与大市值股票组合回报率之差 SMB。
(3)高账面市值比的组合与低账面市值比的组合的回报率之差 HML,即

$$E(r_{it}) - r_{ft} = \beta_i [E(r_{mt}) - r_{ft}] + s_i(\text{SMB}_t) + h_i[\text{HML}_t]$$

该文认为,HML 可以表示一个公司危机的相对严重程度。那些长期维持低收入的弱小公司的 HML 相对较大,而且 HML 的斜率为正;那些长期维持高收入的大公司的 HML 相对较小,HML 的斜率为负。相应地,小公司股票的收益有一部分没有被市场所解释,因此会有一部分额外的收益来给予补偿。

法玛和弗伦奇认为,上面的三因素模型是好的,可以解释因公司规模、账面市值比不同而产生的收益率差异。但他们也承认,该模型存在一定的缺陷,市场中的某些异常现象还无法完全用这一模型解释。

5. 法玛和弗伦奇的五因子模型

在法玛和弗伦奇三因子模型提出之后,Carhart 提出了四因子模型,即在三因子模型的基础上加入了第四个因子:动量因子——反映股票价格的变化趋势,是一个技术分析指标;2015年,法玛和弗伦奇又提出了五因子模型。五因子包括市场风险因子、市值风险因子与

市净率风险因子三个因子，这是法玛和弗伦奇提出三因子模型时引入的；此外还包括盈利能力因子、投资模式因子，这是法玛和弗伦奇 2015 年在五因子模型中提出的。法玛和弗伦奇认为，他们提出的五因子模型要优于 Carhart 的四因子模型。

(1) 市场风险因子。市场风险因子即 r_m-r_f，其含义为整个市场的回报率减去无风险利率，衡量的是整个市场的风险溢价；市场风险因子前面的系数即 CAPM 模型中的 β，衡量的是系统性风险，当 β 小于 1 时，说明该资产的系统性风险小于市场风险；当 β 等于 1 时，说明该资产的系统性风险等于市场风险；当 β 大于 1 时，说明该资产的系统风险大于市场风险。简言之，β 值越大，说明该资产相对于无风险利率 r_f 所获得的风险溢价就越高。β 大于 1，即将资金投资于高风险的投资组合；β 等于 1，即购买整个市场，或者说购买指数基金作被动投资；β 小于 1，即购买风险小于市场组合的投资组合；β 等于零，即把钱存银行；β 小于零，即把钱放到家里或收益率小于无风险利率的投资方式。

(2) 市值风险因子。市值风险因子的引入源于"小公司效应"这一金融市场异象，即一般而言金融市场上小公司将获取相对于大公司的超额收益，因此，市值风险因子即样本中的小公司收益减去样本中的大公司收益。小规模公司的市值风险因子前面的系数较高，说明其由于小公司效应而产生的溢价高；而大公司的市值风险因子前面的系数较低甚至为负数，说明大公司在市值方面的溢价很小甚至为负。

(3) 市净率风险因子。市净率也称市账率，即市场价值与账面价值之比；市净率较低的股票一般为价值股，市净率较高的股票一般为成长股。一般而言，价值股将获得比成长股更高的收益，其原因如下：由于投资者对企业历史绩效的过度反应，成长股因其历史表现良好而股价被定得过高，价值股因其历史表现差而股价被定得过低，而过度反应所导致的错误定价最终会被纠正，从而导致价值股具有相对高的收益，成长股具有相对低的收益。市净率风险因子即价值股的收益减去成长股的收益，价值股的市净率风险因子前面的系数较高，说明其由于市净率效应而产生的溢价高，而成长股的市净率风险因子前面的系数较低甚至为负数，说明成长股在市净率方面的溢价很小甚至为负。

(4) 盈利能力因子。盈利能力因子的含义是高盈利股票投资组合的回报与低盈利股票投资组合的回报之差，反映的是高盈利股票投资组合相对于低盈利股票投资组合的溢价。

(5) 投资模式（风格）因子。投资模式因子的含义是高投资比例公司股票投资组合的回报与低投资比例公司股票投资组合的回报之差，反映的是高投资比例模式相对于低投资比例模式的溢价。

11.1.3 期权定价理论

1. 理论的提出

期权定价是所有金融应用领域最复杂的问题之一。第一个完整的期权定价模型由布莱克（Fisher Black）和斯克尔斯（Myron Scholes）创立并于 1973 年公之于世，它也被称为"B—S 期权定价模型"，其发表的时间和芝加哥期权交易所正式挂牌交易标准化期权合约几乎是同时。不久，德克萨斯仪器公司就推出了装有根据这一模型计算期权价值程序的计算器。现在，几乎所有从事期权交易的经纪人都持有各家公司出品的此类计算机，并利用这一模型开发的程序对交易进行估价。这项工作对金融创新和各种新兴金融产品的面世起到了重大的推动作用。

斯克尔斯与他的同事数学家费雪·布莱克在20世纪70年代初合作研究出了一个期权定价的复杂公式。与此同时，默顿也发现了同样的公式及许多其他有关期权的有用结论。结果，两篇论文几乎同时在不同刊物上发表。因此，布莱克—斯克尔斯定价模型亦可称为布莱克—斯克尔斯—默顿定价模型。默顿扩展了原模型的内涵，使之同样运用于许多其他形式的金融交易。瑞士皇家科学协会称赞他们在期权定价方面的研究成果是今后25年经济科学中的最杰出贡献。

> **【专栏11-2】** 迈伦·斯科尔斯

迈伦·斯科尔斯（Myron Samuel Scholes）1941年出生在加拿大安大略省的提民斯。他在1962年获麦克马斯特大学经济学的学士学位，1964年获芝加哥大学MBA学位，1969年获芝加哥大学经济学博士学位。1968—1973年执教于麻省理工学院，1972—1983年执教于芝加哥大学，1983年至今执教于斯坦福大学。

斯科尔斯与已故的经济学家费西尔·布莱克曾于1973年发表《期权定价和公司债务》一文，在这篇文章中，他们给出了期权定价公式，即著名的布莱克—斯科尔斯公式。该公式与以往期权定价公式的重要差别在于只依赖于可观察到的或可估计出的变量，这使得布莱克—斯科尔斯公式避免了对未来股票价格概率分布和投资者风险偏好的依赖，这主要得益于他们认识到，可以用标的股票和无风险资产构造的投资组合的收益来复制期权的收益，在无套利情况下，复制的期权价格应等于购买投资组合的成本，好期权价格仅依赖于股票价格的波动量、无风险利率、期权到期时间、执行价格、股票时价。正是这篇文章的开创性研究为他们带来了极大的荣誉，这篇文章所提出的"B-S期权定价模型"对这一领域具有革命性的意义，也对后续的金融领域的研究产生了广泛而深刻的影响。

由于在期权定价理论方面做出的杰出贡献，斯科尔斯和经济学家罗伯特·默顿（Robert C.Merton）共同获得了1997年的诺贝尔经济学奖。

1979年，约翰·考克斯（John Carrington Cox）、斯蒂芬·罗斯（Stephen A. Ross）和马克·鲁宾斯坦（Mark Rubinstein）的论文《期权定价：一种简化方法》提出了二项式模型（Binomial Model），该模型建立了期权定价数值法的基础，解决了美式期权定价的问题。

2. B-S模型

B-S期权定价模型基于对冲证券组合的思想，使投资者可建立期权与其标的股票的组合来保证确定报酬。期权的这一定价思想与无套利定价的思想是一致的。所谓无套利定价就是说任何零投入的投资只能得到零回报，任何非零投入的投资，只能得到与该项投资的风险所对应的平均回报，而不能获得超额回报。从 B-S 期权定价模型的推导中，不难看出期权定价本质上就是无套利定价。

3. 影响

自 B-S 期权定价模型 1973 年首次在《政治经济学杂志》发表之后，芝加哥期权交易所的交易商们马上意识到它的重要性，很快将 B-S 模型程序化输入计算机应用于刚刚营业的芝加哥期权交易所。该公式的应用随着计算机、通信技术的进步而扩展。到今天，该模型已被期权交易商、投资银行、金融管理者和保险人等广泛使用。

11.2 基于异质信念的资产定价模型

11.2.1 异质信念的定义及其形成机制

异质信念也称为意见分歧，是指相同持有期下的条件期望收益率、方差—协方差矩阵或其变动方式的估计不同。这一假说最早由 Miller（1977）提出，并认为在异质信念和卖空限制双重条件下，股票价格主要反映乐观投资者的意见，导致股价估值偏高。后来的学者分别从理论和实证角度对异质信念理论进行了扩展。理论方面，静态模型的研究主要汲取了 Miller（1977）的研究思路，Diether（2002）和 Chen 等（2012）为 Miller（1977）模型提供了证据支持。后来发展的动态模型则更好地解释了投机现象、股价泡沫形成机制以及各种金融异象（Hong, Stein, 2007；David, 2008；等）。Hong 和 Stein（2007）提出了意见分歧模型，并总结了异质信念的三种形成机制：渐进信息流（gradual information flow）、有限关注（limited attention）与先验的异质性（heterogeneous priors）。

渐进信息流是资本市场的重要特征（Hong, Stein, 1999），是由于信息传播效率、获得渠道及投资者专业化程度的差异，信息无法以相同效果传递，最终导致的投资者信念各异。Hirshleifer 等（2003）及 Peng 和 Xiong（2006）提出了有限关注的观点，即投资者只会注意特定信息集。Foellmi 等（2016）、Hüettner 等（2016）、Hong 等（2007）和 Della 等（2006）都验证了有限注意的存在。面对相同信息，由于个人经历、专业背景等差异，投资者之间仍存在不同预期判断，这就是投资者信念的先验异质性，对股票价值也会产生分歧（Harris, Raviv, 1993；Kandel, Pearson, 1995）。Chakravarty 和 Ray（2010）将先验异质性和私人信息放在同一框架下，发现在解释交易频率和净买入数量的不平衡时，先验异质性的解释力更强。Hansen 等（2016）、Alonso 和 Câmara（2016）都验证了先验信念的异质性存在，认为当今市场中即使是理性投资者也拥有不同的后验信念。Sethi 和 Vaughan（2016）在研究做市商主动行为时，也用先验异质性处理投资者信念的反应。

由于投资者的个性特征、知识背景等不同，投资者对于市场以及投资标的物的信念存在着巨大的差异，进而影响其投资行为的差异，这就是异质信念产生的基础。现有研究将异质信念的形成机制归纳为渐进信息流、有限关注与先验异质性三个方面,但更多地集中于其存在性以及影响的研究上,对于其作用机理的研究还远远不够,有关异质信念与行为金融其他研究方向(如投资者情绪)的相互作用关系,也几乎没有涉及。

11.2.2 异质信念代理指标的选择

要进行异质信念的实证分析,首先要解决工具变量选择的问题。由于异质信念与信息不对称,相关概念存在内生性问题,使得异质信念的独立衡量存在难度。分析师预测分歧、收益波动率和换手率等是公认较理想的工具变量,表 11-1 列示了文献中所采用的主要异质信念指标及其对应的文献。

表 11-1 异质信念指标及相关文献

指 标	文 献
分析师预测分歧	Bamber 等(1999);Hong 等(2000);Deither 等(2002);Verard(2009);Ofek 和 Richardson(2003);Harris 和 Raviv(1993);邓路和廖明情(2013);徐枫(2016)等
收益波动率	Harris 和 Raviv(1993);Boehme 等(2005);Gao 等(2006);王癸元和彭素君(2016);王静(2015)等
换手率	Boehme 等(2005);张峥和刘力(2006);邓路和廖明情(2013);李维安等(2012)等
不明交易量(换手率)	Garfinkel(2009);Garfinkel 和 Sokobin(2006);陆静(2011)等
首日买卖价差百分比	Houge 等(2001)等
标准化的分析师预测标准差	Doukas 等(2004)等
买卖价差	Garfinkel 等(2009)等
基金积极持仓量	Jiang 和 Sun(2014)等
机构投资者"看多、看空"	王凤荣和赵建(2006)等
"央视看盘"指数	高峰和宋逢明(2003)等
投资者达成一致意见所需时间	尹慧和赵国庆(2013)等
封闭式基金折价	史金艳等(2009)等

资料来源:金永红,罗丹.异质信念、投资者情绪与资产定价研究综述[J].外国经济与管理.2017(05):100-113.

从表 11-1 可见,表征异质信念的代理变量虽然比较多,但是只有分析师预测分歧、收益波动率、换手率以及不明交易量得到了更多的关注。上述所列文献中,几乎都是用某一种代理变量来表征异质信念。但是,由于异质信念问题的复杂性和多样性,这些代理变量都只能从一个侧面来表现异质信念的特性,如果只用一种代理变量,则难免以偏概全。因此,像投资者情绪研究一样,选择多种代理变量,运用主成分分析法来合成代理变量,是一种可行的改进方法。另外,异质信念代理变量中有多种和投资者情绪代理变量重合,如何有效区分异质信念和投资者情绪代理变量,也是未来需要解决的一个重要问题。

11.2.3 异质信念下资产定价的理论模型

许多学者选择建立理论模型探究异质信念与资产定价的相互作用机理,可以将其归结为以下三类典型模型。

1. 噪音交易模型

根据投资者所掌握的信息质量的不同,该模型将投资者大体分为两类:一是理性投资者,他们掌握市场中较完备信息,进行理性交易;二是非理性投资者,其交易决定建立于非完备信息。二者并存于市场,非理性交易扰乱市场运转节奏,最终导致噪声交易者获利,而信息交易者亏损。依据噪声交易模型进行研究的还有 De Long 等(1990,1991)、Campbell 和 Kyle(1993)以及 Boco 等(2016)。此外,如 Kyle(1985)、Wang 和 Kyle(1997)将投资者分为内部交易者、噪音交易者和造市商;Vayanos(2001)分为策略交易者、噪音交易者和竞争性造市商;Xiong(2001)分为噪音交易者、长期投资者和收敛交易投资者。

2. 共同信息下形成的异质信念模型

该模型是用数学函数的方式进行阐述和分析的,即所有交易者拥有相同的公开信息,差别在于每个人处理这些信息的方式,也就是每个人的数学函数方程不同。Lintner(1969)改变 CAPM 的原始假设,认为不同交易者的期望方差不同,最后得出微观层面各不相同的股票组合。Mayshar(1982)进一步分析了交易成本与异质信念的相互影响,认为当一部分交易者受制于交易成本而无法参与交易时,均衡价格是平均水平和边际变量共同作用的结果。Harris 和 Raviv(1993)是利用异质信念解释交易量及其价格变化的鼻祖,认为股票持有者始终为乐观投资者。Hong 等(2006)、赵健和石莹(2007)以及徐枫(2016)等也都研究了影响异质信念的因素。此外,异质信念的提出成为解释"股票溢价之谜"的一个有力理论支柱。Varian(1985)、Juini 和 Napp(2006)、Kasa(2014)、Kasa 等(2014)以及 Bayar 等(2015)通过研究都发现,异质信念的存在导致了超额收益,并且造成这个动态过程会持续存在。

3. 不同先验概率下的异质信念模型

Williams(1977)最早在不同先验概率下考虑了异质信念问题,他假设投资者对证券价格的均值有异质信念,对方差同质,在连续交易背景下,投资者通过调整组合预防投资偏差风险。Detemple 和 Murthy(1994)据此分析投资者对总生产期望增长率有不同信念,因而导致对宏观信息的规模(金融创新)有不一致的意见。Zapatero(1998)在纯交换经济模型基础上创新性地提出,对数效用投资者在不同概率空间中以贝叶斯规则更新信念。Basak(2005)在连续时间框架下构建需用条件期望估计投资平均增长率,并使用贝叶斯方式更新信念的模型。此外,Varian(1989)、Morris(1996)、Banerjee(2011)以及刘晋华等(2011)研究发现,异质信念存在的主要原因是不同投资者间的专业知识差异,进一步验证了存在不同先验概率下的异质信念。

11.3 基于投资者情绪的资产定价模型

11.3.1 投资者情绪定义与理论模型

学者多从金融学和心理学角度分别或综合定义投资者情绪。Shleifer（1997）是最早借用心理学概念对投资者情绪进行定义的，他认为投资者情绪反映了一个动态过程，即投资者对于贝叶斯法则的错误使用。Barberis 等（1998）将此动态过程解释为在认知心理学和预期理论基础上对无论利好或是利空消息的过度反应。Chang（2009）认为投资者情绪的不同不仅受到专业知识的限制，还与交易者每一个动态时刻的心情因素有关。王美今和孙建军（2004）也持有相似观点。Mehra 和 Sah（2002）认为投资者情绪是反映风险偏好的指标。Baker 和 Stein（2004）进一步将风险偏好具体化为对定价的错误估值。另有一些学者从投资态度界定投资者情绪。Brown 和 Cliff（2005）将情绪与股票市场的错误定价联系起来，他们发现情绪变量与市场收益呈正向显著关系。Baker 和 Wurgler（2006，2007）认为投资者情绪是交易者针对未来现金流所给出的期望和方差的综合结果，但同时这种判断结果并不能反映当前事实。综合来看，投资者情绪是指投资者在面对市场状况变化时的一种情绪反应，是交易者针对未来现金流所给出的期望和方差的综合反应。但投资者情绪更多情况下是一种非理性的情感判断，因而常常会导致对利好或者利空消息的过度反应（Barberis 等，1998）。

对于投资者情绪的理论研究比实证研究要少，较为重要的理论模型主要有 BSV 模型、DHS 模型和 HS 模型等。

1. BSV 模型

BSV 模型是由 Barberis、Shleffer 和 Vishny 于 1998 提出的。BSV 模型认为，人们进行投资决策时存在两种错误范式：一种是选择性偏差（representative bias），如投资者过分重视近期数据的变化模式，而对产生这些数据的总体特征不够重视；另一种是保守性偏差（conservation），投资者不能及时根据变化了的情况修正增加的预测模型。

这两种偏差常常导致投资者产生两种错误决策：反应不足和反应过度。

BSV 模型是从这两种偏差出发，解释投资者决策模型如何导致市场价格变化偏离效率市场假说的。反应过度和反应不足是投资者对市场信息反应的两种情况。投资者在投资决策过程中，涉及与统计有关的投资行为时，人的心理会出现扭曲推理的过程。事件的典型性将导致反应过度，而"锚定"将引起反应不足。事件的典型性是指人们通常将事情快速地分类处理。人的大脑通常将某些表面上具有相同特征而实质内容不同的东西归为一类。当事件的典型性帮助人组织和处理大量的数据、资料的时候，就会引起投资者对某些旧的信息的过度反应。

2. DHS 模型

DHS 模型是由 Daniel、Hirsheifer 和 Subramanyam 于 1998 年提出的，简称 DHS 模型。DHS 模型是对于短期动量和长期反转问题提出的一种基于行为金融学的解释。

DHS 模型在分析投资者对信息的反应程度时更强调过度自信和自我归因偏差。

投资者通常过高地估计了自身的预测能力，低估了自己的预测误差；过分相信私人信息，低估公开信息的价值。在 DHS 模型中，过度自信的投资者是指那些过高地估计私人信息所发出的信号精度，过低地估计公开信息所发出的信号精度的投资者。过度自信使私人信号比先验信息具有更高的权重，引起反应过度。当包含噪声的公开信息到来时，价格的无效偏差得到部分矫正。当越来越多的公开信息到来后，反应过度的价格趋于反转。

在 DHS 模型中，归因偏差是指当事件与投资者的行动一致时，投资者将其归结为自己的高能力；当事件与投资者的行为不一致时，投资者将其归结为外在噪声，即把成功归因于自己的英明，把失败归因于外部因素。如果一个投资者基于私人信息进行交易，买进股票之后得到好的公开信息，卖出股票之后得到坏的公开信息，在这种情况下，投资者的自信心会增加。但是，当相反的情形出现时，投资者的自信心并不是同等程度地减少，即把证实自己判断的消息作为信息予以重视，把证伪自己判断的消息作为噪声予以怀疑甚至抛弃。这样，归因偏差一方面导致了短期的惯性和长期的反转，另一方面助长了过度自信。

3. HS 模型

HS 模型是由 Hong 和 Stein 于 1999 年提出的，简称 HS 模型，又称统一理论模型（unified theory model）。

HS 模型假定市场由两种有限理性投资者组成："观察消息者"和"惯性交易者"。两种有限理性投资者都只能"处理"所有公开信息中的一个子集。信息观测者基于他们私自观测到的关于未来基本情况的信号来做出预测，他们的局限性是不能根据当前和过去价格的信息进行预测。惯性交易者正好相反，他们可以根据过去价格变化做出预测，但是其预测是过去价格的简单函数。除了对两种投资者信息处理能力方面的限制性假设，第三个重要的假设是，私人信息在信息观测者之中逐步扩散。信息在投资者当中逐步扩散，价格在短期内存在反应不足。这种反应不足意味着惯性交易者可以从"追涨杀跌"中渔利。然而，这种套利企图必然导致长期的价格反应过度。

HS 模型区别于 BSV 模型和 DHS 模型之处在于：它把研究重点放在不同作用者的作用机制上，而不是作用者的认知偏差方面。该模型把作用者分为"观察消息者"和"动量交易者"两类。观察消息者根据获得的关于未来价值的信息进行预测，其局限是完全不依赖于当前或过去的价格；"动量交易者"则完全依赖于过去的价格变化，其局限是他们的预测必须是过去价格历史的简单函数。在上述假设下，该模型将反应不足和反应过度统一归结为关于基本价值信息的逐渐扩散，而不包括其他的对投资者情感刺激和流动性交易的需要。该模型认为最初由于"观察消息者"对私人信息反应不足的倾向，使得"动量交易者"力图通过套期策略来利用这一点，而这样做的结果恰好走向了另一个极端——过度反应。

11.3.2 投资者情绪的测度指标

与异质信念研究一样，对于投资者情绪的研究，首要问题也是要找到合适的代理变量进行量化衡量。研究中的通常做法主要有三种：一是利用实际资本市场交易量数据刻画投资者情绪的高涨或低落，它被称为客观指标，又称间接测度；二是对广大交易者采取问卷调查的方式，以了解对未来市场的走势判断，它被称为主观指标，又称直接测度；三是将二者综合起来考察的复合指标。具体指标形式分别如表 11-2 和表 11-3 所示。

表 11-2　投资者情绪主观指标及相关文献

指标名称	文　献
证券分析师情绪指数	Black（1973）；Copeland 和 Mayers（1982）；Stickel（1985）；Lin 等（1990）；Elton 等（1986）；Womack（1996）；Fisher 和 Statman（2000）；Bjerring 等（1983）；Dimson 和 Mardsh（1984）；Dawson（1982）；Finn（1983）；Jegadeesh 等（2004）；林翔（2000）；唐俊和宋逢明（2002）；饶育蕾和刘达峰（2003）；宋军和吴冲锋（2003）；徐凌峰和叶庆祥（2003）；黄霖华和曲晓辉（2014）等
投资者智能指数	Siegel（1992）；Brown 和 Cliff（2004）；Lee 等（2002）；Solt 和 Statman（1988）；Clarke 和 Statman（1998）；Fisher 和 Statman（2000）等
央视看盘指数	王美今和孙建军（2004）；刘超和韩泽县（2006）；饶育蕾和刘达锋（2003）等
消费者信心指数	Fisher 和 Statman（2003）；Qiu 和 Welch（2006）；Lemmon 和 Portniaguina（2006）；薛斐（2005）等

资料来源：金永红，罗丹.异质信念、投资者情绪与资产定价研究综述[J].外国经济与管理.2017（05）：100-113.

表 11-3　投资者情绪客观指标及相关文献

指标名称	文　献
封闭式基金折价	Zweig（1973）；De Long 等（1990）；Lee 等（1991）；Neal 和 Wheatley（1998）；Swaminathan（1996）；Brown（1999）；Pontiff（1997）；Elton 等（1998）；Baker 和 Wurgler（2006）；伍燕然和韩立岩（2007）；张俊喜和张华（2002）；许承明和宋海林（2005）；金晓斌等（2001）；黄少安和刘达（2005）；Chen 等（1993）；Brown 和 Cliff（2004）；张俊生等（2001）；Doukas 和 Milonas（2004）；Zhang 等（2005）等
基金和股票资金流量	Lee 等（1991）；Brown 和 Cliff（2004）；Ben-Rephae 等（2012）；殷晓峰（2000）；Gemmill 和 Thomas（2002）等
市场交易量	Hiemstra 和 Jones（1994）；Baker 和 Stein（2004）；Brown 和 Cliff（2004）；Baker 和 Wurgler（2006）等
零股买卖比例	Fosback（1993）；Barber（1999）；Greenwood 和 Nagel（2006）；Kumar 和 Lee（2006）；Hvidkjaer（2008）；Neal 和 Wheatley（1998）等
市场流动性水平	Baker 和 Stein（2004）；苏冬薇（2004）；余佩琨和钟瑞军（2009）等

续表

指标名称	文　献
首日公开发行（IPO）数量	Ljungqvist 和 Wilhelm（2003）；Ljungqvist 等（2006）；Baker 和 Wurgler（2006，2007）；Lowry（2003）；俞红海等（2015）等
首日公开发行（IPO）当日收益率	Ljungqvist 等（2006）；Baker 和 Wurgler（2006，2007）；韩立岩和伍燕然（2007）；谢太峰和高艺（2016）等
S&P500 净头寸变化	Brown 和 Cliff（2004，2005）等
新高新低指标	Achelis（1995）；Brown 和 Cliff（2004）等
保证金变化比率	Brown 和 Cliff（2004，2005）等
卖空比例	Brown 和 Cliff（2004，2005）等
波动率指数 VIX	Whaley（2000）；Han（2006）等
开放式基金净买入	王春（2014）；Neal 和 Wheatley（1998）等
基金资产现金比例	Brown 和 Cliff（2004，2005）等
股利溢价	Baker 和 Wurgler（2004，2006）；Fama 和 French（2001）等
股票/债券发行比例	Baker 和 Wurgler（2006，2007）等
内幕交易	Seyhun（1992）；Lakonishok（2001）；Baker 和 Wurgler（2007）等
投资者新开户数	鲁训法和黎建强（2012）等
腾落指数	Brown 和 Cliff（2004，2005）等

资料来源：金永红，罗丹.异质信念、投资者情绪与资产定价研究综述[J].外国经济与管理.2017（05）：100-113.

11.3.3　投资者情绪对资本市场资产定价的影响

投资者情绪对资本市场资产定价的各个方面都产生了深刻的影响，学者们的研究也触及了投资者情绪对资产定价影响的很多方面，其中受关注较多的方向有投资者情绪对市场总体影响的研究、投资者情绪对市场预测能力的影响研究、投资者情绪对市场收益的影响研究以及投资者情绪对市场收益横截面的影响研究等几个方面。

投资者情绪对市场总体影响的研究主要是以心理学、行为学理论为基础，判断二者之间是否存在相互作用机制。Lee 等（2002）认为投资者情绪变化是一种系统风险并应得到相应的补偿。Benhabib 等（2016）得出结论：投资者情绪的冲击造成持续产出，为市场连续运行提供动力。

宋军和吴冲锋（2003）揭示股票市场中投资者心理对其行为结果具有影响作用，得出相似结论的还有崔晓蕾等（2014）、方勇（2010）、徐枫和胡鞍钢（2012）、易志高等（2014）、胡昌生和池阳春（2012）、Mclean 和 Zhao（2014）等。

在投资者情绪对市场预测能力的影响方面，De Long 等（1990）提出了噪音交易的基本理论模型（DSSW 模型），并指出噪声交易者是正反馈交易者，通过 DSSW 模型交易者可以对历史收益进行持续性预测。Kim 等（2014）检查了在发布消息时投资者情绪是否对股票收益、波动和成交量具有预测能力。Ergungor（2016）也得出结论：即期市场措施并不是作用于投资者风险意识的提高,而是引导交易行为的变化。国内学者的研究结论与国外学者并不一致,大多国内学者认为投资情绪不具有市场预测能力(饶育蕾和刘达峰,2003;宋军和吴冲锋,2003;余佩琨和钟瑞军,2009;刘维奇和刘新新,2014)。

在投资者情绪对市场收益的影响方面主要有两种观点。一种观点认为,投资者情绪对股票收益有影响。Fisher 和 Staman(2000)利用华尔街分析师指数进行研究,发现该指标对于未来 S&P500 指数是一个反向指标。Brown 和 Cliff(2004)通过对收益关系进行系统研究,发现投资者情绪与其他常用近期市场收益指标相关。Hribar 和 McInnis(2012)、王宜峰和王燕鸣(2014)、Arif 和 Lee(2014)也得出类似结论。另一种结论认为,投资者情绪对股票收益没有影响。Solt 和 Statman(1988)发现投资者情绪指数与道琼斯工业指数在 4 周、26 周、52 周不存在显著相关性。

在投资者情绪对市场收益横截面的影响方面,Swaminathan(1996)发现作为投资者情绪代理变量的封闭式基金折价可以预测小公司股票的未来收益以及小公司股票组合与大公司股票组合的收益差。相似地,Ben-Rephael 和 Kandel(2012)发现股票基金随投资者情绪的波动,表现为正相关,这在小型股票和成长型股票基金上表现更为明显。Baker 和 Wurgler(2006)、Yu 和 Yuan(2011)也得出类似结论。相应地,国内也开始涌现该方面的研究(蒋玉梅和王明照,2010;刘志远和靳光辉,2013),并得出结论,认为投资者情绪对于不同股票的收益的影响具有差异性。

综上所述,国内外学者从多方面研究了投资者情绪对资产定价的影响,基本都认为投资者情绪是资产定价的一个重要影响因素。

11.4 舍夫林的行为资产定价模型 [①]

异质信念是我们人类生活的一部分,人们在形成判断的方式上存在差异。某些人在形成判断时会依赖诸如表征推断这样的直观推断,而另外一些人在形成判断时会使用贝叶斯法则。即使在那些依赖表征推断的人中,异质性程度也会很大。舍夫林(Shefrin)和斯塔特曼(Statman)(2008)在其经典著作《资产定价的行为方法》一书中的核心思想是假定投资者受制于启发式和代表性偏差,其信念、时间偏好和风险态度具有异质性,在一个一般均衡的框架下进行推导,获得有异于客观的情绪随机贴现因子,并推导出行为的资产定价模型,按照行为贝塔和市场贝塔对个体资产风险进行分解。

11.4.1 证券市场中的异质信念

传统资产定价理论往往使用一个代表投资者,其信念和偏好决定了价格。这位代表投

[①] 此节内容可作为非金融专业读者选读。

资者持有正确信念,并且是在传统意义上的预期效用最大化者,同时会表现出定常的风险规避或者是由于习惯形成的时变风险规避。在证券市场中存在大量的普通个体投资者和职业投资者。毋庸置疑,普通的个体投资者之间由于知识、信息、能力等存在较大差别,会表现出异质性。但是,职业投资者在进行判断时是否会出现"英雄所见略同"的现象呢?

【案例 11-1】
英雄所见略同吗?

自 1983 年开始,Louis Rukeyser 主持的《华尔街钱周刊》电视节目征询其专家小组对道琼斯工业平均指数进行年度预测。统计表明,在 Louis Rukeyser 主持的《华尔街钱周刊》中专家对道琼斯工业平均指数的预测中,专家的判断是很不一致的。特别是在经历过市场的大幅波动后,专家的看法更加分散,观点分歧最大的两次出现在对 1988 年和 1996 年的预测,变差系数(方差与均值的比)分别达到 15% 和 21%。1988 年的预测是在 1987 年股灾发生之后做出的,而 1996 年的预测是在 1995 年道琼斯工业平均指数上扬了 33.5% 的情况下进行的,这是道琼斯指数自 1976 年以来最大的波幅。

其中有两位专家的预测最具代表性:一位是 Frank Cappiello,他是一家管理资产超过 10 亿美元的投资咨询公司总裁、一份互助基金月刊的出版人和 4 本投资书籍的作者。图 11-1 描述了 Cappiello 对道琼斯工业指数预测变化以及实际道琼斯工业指数变化的时间序列。

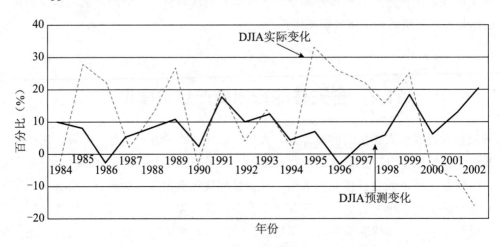

图 11-1 Frank Cappiello 对道琼斯指数的预测与实际值的比较

从图 11-1 中可以发现,Cappiello 指数预测变化与道琼斯指数先前的实际变化值成负相关关系,表明 Cappiello 的预测具有反转性。经统计分析得出,其预测变化相对先前变化的回归表明截距系数是 12.9%,而斜率系数是 -0.35,在 1% 的水平上是统计显著的。

另一位专家是 Ralph Acampora,他是培基财务(Prudential Financial)的技术研究主管,他对道琼斯工业指数变化的预测如图 11-2 所示。

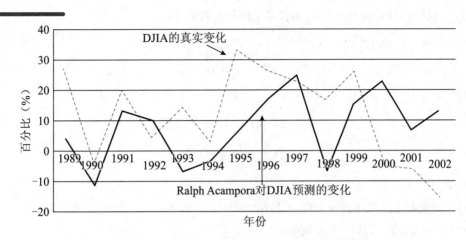

图 11-2 Ralph Acampora 对道琼斯指数的预测与实际值的比较

如图 11-2 所示，Ralph Acampora 的预测和先前指数变化是正相关的，两者之间的相关系数是 10%。在一次访谈中，他认为自己是一个"顺势支持者"，这意味着他是一位跟风者。

从上述案例可以发现，即使是职业投资者在形成判断时也会表现出异质性。很显然，案例中的 Cappiello 运用的是赌徒谬误的判断法则，而 Acampora 运用的是外推法进行判断。不同的投资者使用了不同的预测规则，并且这些规则对于过去的变化是非常敏感的。同时，投资者信念中的异质性程度还是随指数过去变化幅度而递增的时变结构。指数的很大波动会导致投资者出现极端的预测，甚至很多预测完全相反。

行为资产定价方法认为尽管代表投资者可以设定价格，但是行为意义上的代表投资者通常会持有错误的信念。特别是异质性通常会导致时变的信念。

11.4.2　具有异质信念的简单资产定价模型

传统资产定价理论的支持者往往使用一个代表投资者，其信念和偏好确定了价格，并且这位代表性投资者持有正确的信念，是传统的预期效用最大化者，并且表现出定常的风险规避或者由于习惯形成的时变风险规避。而舍夫林（2008）认为这位代表性投资者可以设定价格，但是通常会持有错误的信念。同时，代表性投资者之间会表现出异质性，市场中的代表性投资者不会模仿市场中的任何其他投资者。因此，传统的资产定价模型中仅仅考虑了一个代表性投资者，即具有统一的信念。在舍夫林（2008）的具有异质性的资产定价模型中，设定市场中有两个代表性投资者，且他们对未来事件判断具有不同的信念，体现出异质性。模型中用 $j=1、2$ 分别表示两个代表性投资者，投资者对 t 日出现事件 x_t 的概率判断为 $P_j(x_t)$。由于两个投资者具有不同的信念，那么 $P_1(x_t) \neq P_2(x_t)$，即两个投资者主观概率不同。

经过一系列推导可得资产的状态价格（推导过程略）：

$$v(x_t) = \frac{\delta^t P_R(x_t)}{g(x_t)}$$

其中

$$P_R(x_t) = w_1 P_1(x_t) + w_2 P_2(x_t)$$

$$g(x_t) = w(x_t)/w(x_0)$$

式中，

$v(x_t)$——时日 t 出现事件 x_t 的状态价格；

$P_R(x_t)$——投资者总体的主观概率；

δ——折现因子且 $\delta < 1$；

$g(x_t)$——累积总消费增长率；

w_j——投资者 j 持有的初始财富数量。

从推导结果可以得到，状态价格 $v(x_t)$ 与概率 $P_R(x_t)$ 有关。其中 $P_R(x_t)$ 是两个异质性投资者加权凸组合，说明不仅投资者的异质性以及乐观和悲观的程度会影响资产价格，而且投资者的财富占所有投资者财富的比重即"话语权"也会对资产价格产生影响。由于不同的投资者对事件 x_i 会有一个概率密度函数，可知两个代表性投资者对事件 x_i 也组成一个概率密度函数，那么资产的状态价格 $v(x_t)$ 也是与 $P_R(x_t)$ 相关的概率密度函数，即两个投资者对事件 x_t 的概率密度函数对均衡价格的概率密度函数产生影响。

通过上面的分析可知，当市场中只存在一位代表性投资者，投资者的概率密度函数就是其均衡价格相关的概率密度函数。那么，市场中存在两个代表性投资者，投资者1和投资者2都具有两项信念，也就是说他们会认为总消费增长率按照某个二项过程演进。因此，他们的主观概率密度函数也是二项概率。他们的密度函数具有相同的一般形式，但是由于使用了不同的分支概率而彼此产生差异。实际上真实的概率密度函数也是二项的，并且因为一位投资者是乐观的而另外一位投资者是悲观的，所以真实密度函数的概率群介于两位投资者密度函数的概率群之间。因此，投资者的异质性信念会对资产价格产生非常重要的影响。

11.4.3 行为资产定价模型

行为资产定价模型（behavioral asset pricing model，BAPM）是舍夫林和斯塔特曼在1994年挑战资本资产定价模型时提出的。与CAPM不同，在BAPM模型中，投资者被划分为信息交易者和噪声交易者。信息交易者是"理性投资者"，他们通常支持现代金融理论的CAPM模型，避免出现认识性错误并且具有均值方差偏好。噪声交易者通常跳出CAPM模型，易犯认识性错误，没有严格的均值方差偏好。当信息交易者占据交易的主体时，市场是有效率的，而当后者占据交易的主体地位时，市场是无效率的。在BAPM模型中，证券的预期收益是由其"行为贝塔"（behavioral beta）决定的，行为资产组合（行为贝塔组合）较市场组合要人为调高成长型股票的比例。

通过推导，任何证券 Z 的风险溢价都可以由式（11-1）得到

$$E_{\Pi,0}[r_Z(x_1)] - i_1 = (i_{1,\Pi} - i_1) - \frac{\text{cov}[g(x_1)^{-\gamma_R}, r_Z(x_1)]}{E_{\Pi,0}[g(x_1)]^{-\gamma_R}} + (i_{1,\Pi})\frac{(1-h_{Z,0})}{h_{Z,0}} \quad (11\text{-}1)$$

其中

$$h_{Z,0} = \frac{E_{\Pi,0}[\delta_\Pi \varphi g(x_1)^{-\gamma_R(x_t)} r_Z(x_1)]}{E_{\Pi,0}[\delta_\Pi g(x_1)^{-\gamma_R(x_t)} r_Z(x_1)]} \quad (11\text{-}2)$$

γ_R 表示投资者的风险承受系数。γ_R 是由每个投资者的风险规避系数 γ_j 计算得来的，它是一个随机过程，与 x_t 有关。

这个公式比较复杂。简单来说，公式表明任何证券 Z 的期望回报率是三项之和。第一项是均衡利率错误定价的程度。第二项是价格有效时适用于证券回报率分布 r_Z 的风险溢价。第三项是一个情绪溢价，它体现了同时针对无风险利率和与证券 Z 相关的价格动态而言的错误定价。

同时，从式（11-2）可以发现 $h_{Z,0}$ 显然是非负的，因为所有项都是非负的。但是，$h_{Z,0}$ 可以小于等于 1 或者是大于 1。当在一种情形下情绪溢价成分的符号是非负的，而在另外一种情形下它将是负数。如果在时日 t，代表投资者对于在 $t+1$ 时 Z 的回报率是过分乐观的，此时 $h_{Z,0} > 1$。当 $h_{Z,0} > 1$ 时，Z 在时日 t 的定价就偏高了。我们会看到情绪溢价成分 $(i_{1,\Pi})\frac{(1-h_{Z,0})}{h_{Z,0}}$ 将是负数。也就是说定价偏高的证券组合具有异常期望回报率为负的特征，这符合我们的直觉；或者更为确切地说，Z 的期望回报率将小于仅仅基于基本价值得到的数值。同理，当 $h_{Z,0} < 1$，Z 的期望回报率将大于仅仅基于基本价值得到的数值；当 $h_{Z,0} = 1$，Z 的期望回报率将等于仅仅基于基本价值得到的数值。

美国长期资本管理公司的兴衰

美国长期资本管理公司（Long-Term Capital Management, LTCM）成立于1994年2月，总部设在离纽约市不远的格林尼治，是一家主要从事定息债务工具套利活动的对冲基金。

1. 公司概况

美国长期资本管理公司主要活跃于国际债券和外汇市场，利用私人客户的巨额投资和金融机构的大量贷款，专门从事金融市场炒作，它与量子基金、老虎基金、欧米伽基金一起被称为国际四大"对冲基金"。

LTCM 掌门人是梅里韦瑟（Meriwehter），他被誉为能"点石成金"的华尔街债务套利之父。他聚集了华尔街一批证券交易的精英加盟，包括：1997年诺贝尔经济学奖

得主默顿（Robert Merton）和斯科尔斯（Myron Scholes），两人因期权定价公式荣获桂冠；前财政部副部长及联储副主席莫里斯（David Mullis）；前所罗门兄弟债券交易部主管罗森菲尔德（Rosenfeld）。这个精英团队内有职业巨星、公关明星、学术巨人，真可称之为"梦幻组合"（见表11-4）。

表11-4 LTCM的合伙人情况

LTCM的合伙人	合伙人介绍
John Meriwether	原华尔街投行所罗门副总裁及债券部门负责人
Robert C. Merton	1997年诺贝尔奖获得者；哈佛大学教授
Myron Scholes	布莱克-斯科尔斯期权定价模型的合著者；斯坦福大学教授
David W. Mullins Jr.	原美联储副主席，曾被视为格林斯潘的继任者
Eric Rosenfeld	曾服务于所罗门兄弟的套利部门；原哈佛商学院教授
William Krasker	曾服务于所罗门兄弟的套利部门；原哈佛商学院教授
Gregory Hawkins	曾服务于所罗门兄弟的套利部门
Larry Hilibrand	曾服务于所罗门兄弟的套利部门
James McEntee	经营债券交易
Dick Leahy	原所罗门兄弟高管
Victor Haghani	曾服务于所罗门兄弟的套利部门

2. 致富秘诀

美国长期资本管理公司以"不同市场证券间不合理价差生灭自然性"为基础，制定了"通过电脑精密计算，发现不正常市场价格差，资金杠杆放大，入市图利"的投资策略。舒尔茨和默顿将金融市场历史交易资料，已有的市场理论、学术研究报告和市场信息有机结合在一起，形成了一套较完整的电脑数学自动投资模型。他们利用计算机处理大量历史数据，通过连续而精密的计算得到两种不同金融工具间的正常历史价格差，然后结合市场信息分析它们之间的最新价格差。如果两者出现偏差，并且该偏差正在放大，电脑立即建立起庞大的债券和衍生工具组合，大举套利入市投资；经过市场一段时间调节，放大的偏差会自动恢复到正常轨迹上，此时电脑指令平仓离场，获取偏差的差值。

3. 发展历程

自创立以来，LTCM一直保持骄人的业绩，它成立之初，公司资产净值为12.5亿美元，到1997年年末，则上升为48亿美元，净增长2.84倍。公司每年的投资回报率分别为：1994年28.5%、1995年42.8%、1996年40.8%、1997年17%。

公司的交易策略是"市场中性套利"，即买入被低估的有价证券，卖出被高估的有价证券。LTCM将金融市场的历史资料、相关理论学术报告及研究资料和市场信息有机地结合在一起，通过计算机进行大量数据的处理，形成一套较为完整的电脑数学自动投资系统模型，建立起庞大的债券及衍生产品的投资组合，进行投资套利活动，LTCM凭借这个优势，在市场上一路高歌。

1996年，LTCM大量持有意大利、丹麦、希腊政府债券，而沽空德国债券，LTCM模型预测，随着欧元的启动上述国家的债券与德国债券的息差将缩减，市场表现与LTCM的预测惊人的一致，LTCM获得巨大收益。

LTCM的数学模型，由于建立在历史数据的基础上，在数据的统计过程中，一些概率很小的事件常常被忽略掉，因此，埋下了隐患——一旦这个小概率事件发生，其投资系统将产生难以预料的后果。

所谓Black-Scholes-Merton公式仍以正态分布为基础（这是因为该公式涉及Wiener过程，而Wiener过程的定义涉及正态分布），故"长期资本"的风险投资策略仍以"线性"和"连续"的资产价格模型为出发点。具体来说，该对冲基金的核心策略是"收敛交易"（convergencetrading）。此策略并不关心某一股票或债券的价格是升还是降，而是赌在相关股票或债券的价格向"常态"收敛上。"长期资本"的一项赌注下在美国30年国库券和29年国库券的价格收敛上（卖空前者，买入后者），本以为可以不论价格升降都稳操胜券。不料，亚洲和俄国的金融危机使惊恐的投资者一窝蜂地涌向似乎更安全的30年国库券，结果造成30年国库券和29年国库券的价格发散，而非收敛。类似的其他几个"收敛交易"也都以发散而告终。

1998年，金融危机降临亚洲金融市场，LTCM模型认为：发展中国家债券和美国政府债券之间利率相差过大，LTCM预测的结果是：发展中国家债券利率将逐渐恢复稳定，二者之间差距会缩小。

同年8月，小概率事件真的发生了，由于国际石油价格下滑，俄罗斯国内经济不断恶化，俄政府宣布卢布贬值，停止国债交易，投资者纷纷从发展中市场退出，转而持有美国、德国等风险小、质量高的债券品种。结果LTCM所沽空的德国债券价格上涨，它所做多的意大利债券等证券价格下跌，它所期望的正相关变为负相关，结果两头亏损。它的电脑自动投资系统面对这种原本忽略不计的小概率事件，错误地不断放大金融衍生产品的运作规模。LTCM利用从投资者那儿筹来的22亿美元作为资本抵押，买入价值3 250亿美元的证券，杠杆比率高达60倍，由此造成该公司的巨额亏损。公司从5月俄罗斯金融风暴到9月全面溃败，短短的150天资产净值下降90%，出现43亿美元巨额亏损，仅余5亿美元，已走到破产边缘。同年9月23日，美联储出面组织安排，以美林、摩根为首的15家国际性金融机构注资37.25亿美元购买了LTCM的90%股权，共同接管了该公司。

该基金在2000年已倒闭清算，参与发起的1997年诺奖得主斯科尔斯和默顿的理论也被公开批评，美林证券在其年报中评论数学风险模型"或许会提供比担保更高的安全感，但可信度有限"。但布莱克—斯科尔斯公式仍然是金融学教科书中重要的数学公式。

问题:
(1) 结合所学知识谈谈你对传统定价模型的看法。
(2) 从美国长期资本管理公司的兴衰中能得到哪些启示?

【在线测试题】扫码书背面的二维码,获取答题权限。

扫描此码 自我测试

参 考 文 献

[1] 罗伯特.J. 希勒. 非理性繁荣 [M]. 李心丹,译. 北京:中国人民大学出版社,2008.

[2] 丹尼尔·卡尼曼,保罗·斯洛维奇,阿莫斯·特沃斯基. 不确定状况下的判断:启发式和偏差 [M]. 方文,等,译. 北京:中国人民大学出版社,2008.

[3] 赫什·舍夫林. 行为公司金融——创造价值的决策 [M]. 郑晓蕾,译. 北京:中国人民大学出版社,2007.

[4] 赫什·舍夫林. 资产定价的行为方法 [M]. 王闻,译. 北京:中国人民大学出版社,2007.

[5] 赫什·舍夫林. 超越恐惧和贪婪 [M]. 贺学会,译. 上海:上海财经大学出版社,2005.

[6] 罗闻全. 金融异术:与顶级技术分析师的对话 [M]. 刘寅龙,译. 北京:机械工业出版社,2010.

[7] 饶育蕾,彭叠峰,盛虎. 行为金融学 [M]. 北京:机械工业出版社,2018.

[8] 孙惟微. 赌客信条:你不可不知的行为经济学 [M]. 北京:电子工业出版社,2010.

[9] 陆剑清. 行为金融学 [M]. 上海:立信会计出版社,2009.

[10] 史金艳. 行为金融理论与应用 [M]. 大连:大连理工大学出版社,2010.

[11] 董志勇. 行为金融学 [M]. 北京:北京大学出版社,2009.

[12] 李国平. 行为金融学 [M]. 北京:北京大学出版社,2006.

[13] 刘力,张圣平,张峥,熊德华. 信念、偏好与行为金融学 [M]. 北京:北京大学出版社,2007.

[14] 丹·艾瑞里. 怪诞行为学 [M]. 赵德亮,夏蓓洁,译. 北京:中信出版社,2008.

[15] 赫什·舍夫林. 行为公司金融 [M]. 孔东民,译. 北京:机械工业出版社,2019.

[16] 赫什·舍夫林. 金融的冒险:危机背后的心理陷阱与行为管控 [M]. 张田,等,译. 北京:中信出版社,2018.

[17] 崔巍. 行为金融学案例 [M]. 北京:中国发展出版社,2013.

[18] 陆剑清. 消费行为学 [M]. 北京:清华大学出版社,2015.

[19] 金雪军,杨晓兰. 行为经济学 [M]. 北京:首都经济贸易大学出版社,2009.

[20] 郑毓煌,苏丹. 理性的非理性 [M]. 北京:中国商业出版社,2013.

[21] 董志勇. 生活中的行为经济学 [M]. 北京:北京大学出版社,2018.

[22] 薛冰岩. 超脑行为金融学 [M]. 南昌:江西人民出版社,2018.

教师服务

感谢您选用清华大学出版社的教材！为了更好地服务教学，我们为授课教师提供本书的教学辅助资源，以及本学科重点教材信息。请您扫码获取。

》 教辅获取

本书教辅资源，授课教师扫码获取

》 样书赠送

财政与金融类重点教材，教师扫码获取样书

 清华大学出版社

E-mail: tupfuwu@163.com
电话: 010-83470332 / 83470142
地址: 北京市海淀区双清路学研大厦 B 座 509

网址: http://www.tup.com.cn/
传真: 8610-83470107
邮编: 100084